キャロリン・ソブリチャ
舘かおる・徐阿貴［編］

徐阿貴・越智方美
ニコルス林奈津子［訳］

フィリピンにおける女性の人権尊重とジェンダー平等

御茶の水書房

日本の読者へ

キャロリン・I・ソブリチャ

二〇〇六年の春から初夏にかけて、私は東京の文京区にあるお茶の水女子大学で過ごしました。その間、フィリピンの教育者ならびにフェミニズム研究者として、フィリピンや広くアジアの女性たちが抱えているさまざまな問題を取り上げ、五回にわたる公開セミナーで講義をしました。本書はその講義録を日本の読者のためにまとめ、さらに日韓で発表された論文二本を加えて一冊の書物に編んだものです。

実は、私はもともと文化人類学者として学問の道を歩み始めました。文化人類学から女性学・フェミニズム研究への転向に驚く方も多いのですが、実は文化人類学から得たものが私のフェミニズム研究の確固たる土台を築いています。例えば、ジェンダー不平等の原因を究明するには、不平等の問題が具体的に投影される文化、政治、社会のありようを綿密に観察、調査、分析する必要がありますが、文化人類学の全体論・統合論的アプローチから、私は個と全体の関係性や連続性――つまり、個人と社会・国家との連関――に目を向ける必要性を認識し、また個々の事象がもつ意義を常に歴史的文脈で思考し、理解する必要性を学びました。フィリピンの漁村における文化人類学的フィールドワークと東南アジア諸国でおこなった考古学的な調査の経験をとおして、私は経済的、社会的出自の異なる女性たちと日常的にふれあい、ジェンダー不平等がいかに構造的に、しかも日常生活の隅々にまで組み込まれているかを認識させられました。

本書で扱うテーマは、今日のフィリピンならびに周辺諸国の女性たちが抱えている切迫した問題の中から、教育者とフェミニスト研究者の立場から見て特に重要だと思うものを選びました。各章では、その章のテーマに沿った形でフィリピンの事例を詳細に記述し、本書全体を通じて、女性の人権を尊重・推進するさまざまな分析の視座と実践の手法について詳しく紹介しました。講義録をまとめるにあたって目指したものは、アカデミズム内外のさまざまな分野で女性の地位向上を実現するために活躍してきたフィリピン女性たちの活動の場を、フィリピンの政治・社会的文脈の中で理解してもらうことであり、彼女たちが展開してきた運動の軌跡とこれからの運動のありようを歴史的文脈で探求することです。本書で明らかにされるように、フィリピンならびにアジア諸国のフェミニストたちが今日まで築いてきた学術的功績と活動の実績を、私は敢えて〈国際的人権〉といった、より普遍的な言葉で説明することを試みています。なぜならば、アジアのフェミニストたちの努力と貢献をアジアと世界との接点において位置づけることで、援助の受け手側にいるフェミニストたちとドナー国側にいるフェミニストたちの連携が真にアジアの女性たちのニーズに応える形で結実しつつあることを強調するためであり、また称えるためでもあるからです。本書が女性学・フェミニズムを研究する方々に限らず、幅広い層の読者の目にとまり、日本にとって近くて遠い存在であるフィリピンを理解する上でお役に立てることを望んでいます。

お茶の水女子大学ジェンダー研究センターより外国人客員教授として招聘していただくことがなければ、私はセミナーで講演する機会もなく、またフィリピンの女性学・フェミニズム研究に関する日本語による初の専門書となる本書を日本の読者に届けることもできませんでした。お茶の水女子大学ジェンダー研究センターの前センター長である舘かおる先生に心より感謝の意を表したいと思います。また連続セミナーのコメンテーターとして、講義内容に深い示唆を与えてくださった先生方に感謝いたします。本書の刊行に向けて、舘先生とともに編集を担当したジェンダー研究センター研究機関研究員の徐阿貴さん、前任者のニコルス林奈津子さんにも多大なご協力いただきました。最後に、本書の刊行にご尽力いただいた御茶の水書房、編集者の橋本育氏に厚くお礼申し上げます。

二〇一一年十一月

フィリピン、マニラにて

【付　記】

本書の第一章から五章までは、キャロリン・ソブリチャ教授の五週間にわたるお茶の水女子大学での講義を改稿し、講義の後に行われた総勢十名の方々のコメントを含めて、収録した。また、本書の主題となる、フィリピンの女性たちの活動や社会的背景をより深く理解するために、ソブリチャ教授が書かれた二本の論考を加えて構成した。第六章は、韓国の梨花女子大学のアジア女性学センター、韓国女性研究所の研究誌 *Asian Journal of Women's Studies*（AJWS）の十一巻二号（二〇〇五）六七―八八頁に掲載された、"Representation of Gender Inequality and Women's Issues in Philippine Feminist Discourses"を翻訳したものである。貴重な論考の翻訳・掲載を許諾された、梨花女子大学並びに両研究機関に感謝する次第である。第七章は、国際基督教大学で二〇〇四年十一月に開催されたワークショップでの報告原稿を、田中かず子編『アジアから視るジェンダー』（二〇〇八年一月刊、風行社）に岡史子氏が翻訳し掲載された論考である。翻訳原稿の転載を許諾された国際基督教大学ジェンダー研究センターに謝意を表するものである。

シリーズ〈国際ジェンダー研究〉別巻②

フィリピンにおける女性の人権尊重とジェンダー平等——目次

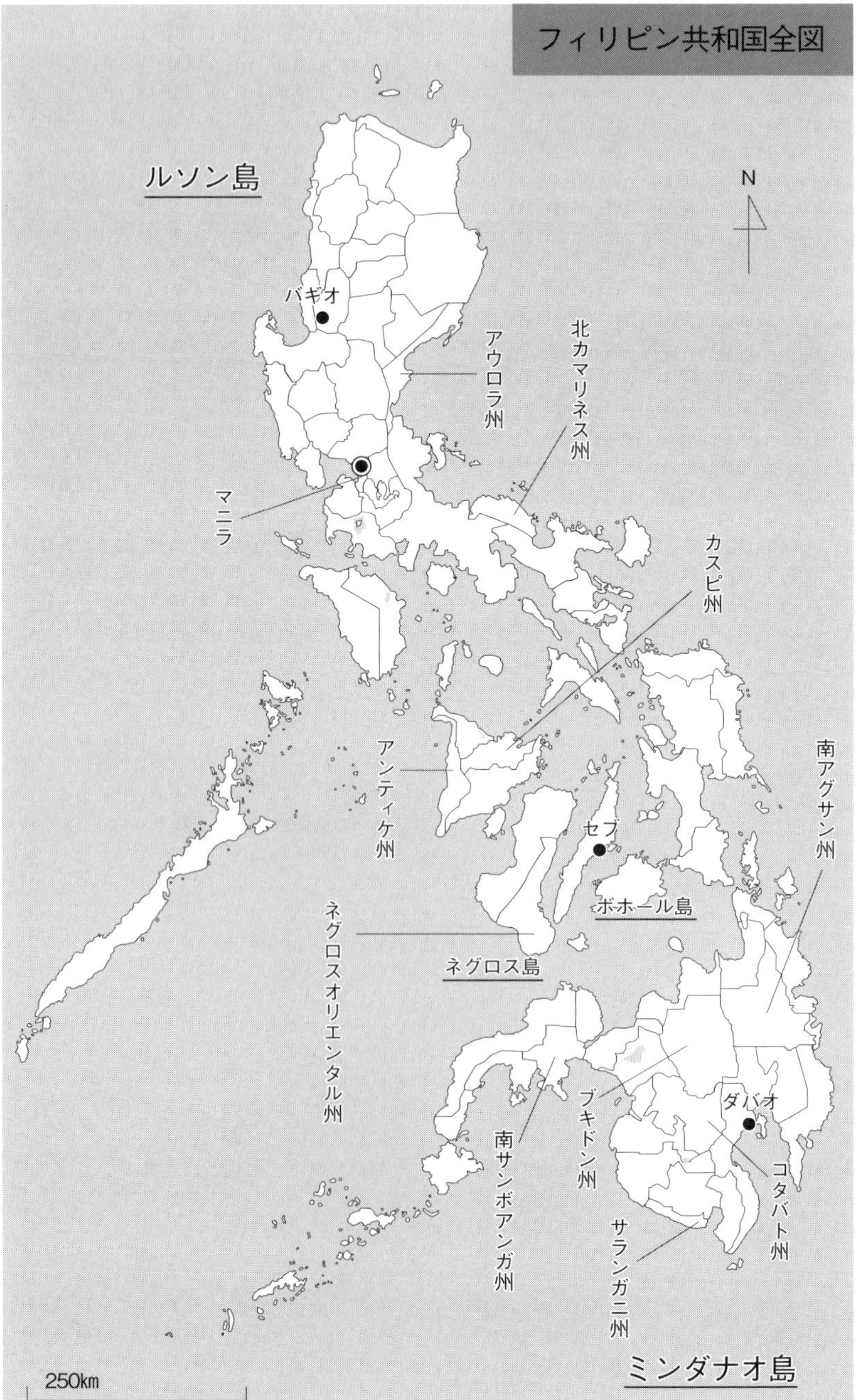

フィリピン共和国全図
ルソン島
N
バギオ
アウロラ州
北カマリネス州
マニラ
カスピ州
アンティケ州
セブ
南アグサン州
ボホール島
ネグロスオリエンタル州
ネグロス島
ブキドン州
ダバオ
南サンボアンガ州
コタバト州
サランガニ州
ミンダナオ島
250km

フィリピンにおける女性の人権尊重とジェンダー平等

第一章　フィリピンの女性運動とフェミニズム研究—その収斂と争点の分析—

はじめに

筆者はフィリピンのフェミニスト研究者として、これまでフィリピンの女性運動について幅広く議論し、精力的に執筆活動に携わってきた(1)。本章で扱うおもなテーマもフィリピンの女性運動であるが、ここでは従来とは少し違った視点からフィリピンの女性運動を考察してみたい。

今日のフィリピン女性運動の牽引力となっているのはアクティビズムである(2)。このアクティビズムを理論と実践の両面から追求してきたのが、フィリピン女性の人権を擁護・促進し、女性の地位向上を目指すフェミニスト研究者、女性グループおよびＮＧＯの活動家たちであり、各々の活動はその分析視点と実践方法によって多様に特徴づけられる。しかし、分析の視座や実践の手法が多様であるといっても、それがどのように変移してきたのか、あるいは多様性をもつに至る過程で争点がどのように収斂、または分化してきたのかという問いに、研究者はあまり取り組んでこなかったように思う。そこで、その問いに答えることによって、フィリピン女性運動の歴史と現状への理解を深め、フィリピン女性運動の持続のありようを検証していくのが本章のねらいである。女性解放という目標を共有する一方で、異なる社会階級、文化的アイデンティティ、政治思想を代表する幾多の女性グループが、それぞれの視点から独自にフィリピンの社会、経済、政治問題のジェンダー的側面に関心を注ぎ、問題に取り組んできた様相を明らかにしていく。

本章ではまず、フィリピンのフェミニストたちが一般に「フィリピン女性運動の第二波」と呼ぶ現象の起源と発展の軌跡を概観する。女性運動の第二波が押し寄せた一九七〇年代に遡り、当時の政治的・社会文化的背景を明らかにしながら、女性運動の内外で何が争点となり、何が問題として認識され始めたのかを議論していく。その上で女性運動を支えてきた人たちの争点が八〇年代に入りいかに収斂し、また分化してきたのかを考察する。なぜフィリピン女性運動史を振り返ることが重要であるのか。それは女性運動史がフェミニズムの視点に立つ研究の発展史と密接に関わっているからである。本章では特に、政治的にはしばしば立場を異にする二つのグループ――つまり、フェミニスト研究者グループとNGO活動家グループ――がこれまで築いてきた関係に主眼を置き、その両者の協働がいかにフィリピン女性の地位向上の実現に貢献してきたかを明らかにする。

実は、フィリピンではフェミニズム研究者グループに属する女性活動家と、開発や草の根支援運動に携わる女性NGO活動家たちの間に、それほど大きな隔たりがあるわけではない。むしろ女性学、フェミニズム研究者の中には教育や研究に携わる一方で、NGO活動に積極的に関与している者も少なくない。反対に女性NGO活動家の中には大学で教鞭をとり、大学が推進する政策研究に深く関わっている人たちがいる。フィリピンではフェミニスト研究者グループとNGO活動家グループの二〇年余にわたる協働があったからこそ、女性の地位向上が徐々に実現してきたのだといえよう。しかし、こうしたフェミニスト研究者グループとNGO活動家グループの一方から他方への積極関与は必ずしも両者の高い親和性を意味するわけではない。それはアカデミズムの内外におけるフェミニズムの収斂と分化の動きを活発化させたと同時に、フェミニストたちの間に、ある種の緊張関係を生み出してきたという点も見落としてはならない。アン・ブルックスの言葉を借りれば、「旧来のフェミニストたちによる政治活動とは対立するような視点を、今日のフェミニズム研究者たちが敢えてアカデミズムの言説に持ち込んだことで生じた緊張関係」だといえる(3)。言いかえれば、今日のフェミニズム研究者たちは、言説の対立――例えば、「個人」と「社会構造」、「実在論」と「唯名論」など――が政策に与える示唆やアクティビズムに与える影響に常に留意する必要があるいうことである。それは今日のフェミニスト研究者たちが主観性、多様性そして差異をめぐるさまざまな問題に直面していることへの表れでもある。

一　フィリピンの第二波フェミニズム――起源と発展の軌跡(4)――

過去二五年にわたってフィリピンで展開した女性運動は、大きく色鮮やかなタペストリーにたとえられる。それはおそらく、一つ一つ異なる色の縦糸と横糸を幾重に織りなすことで大きく美しい絵柄を表現するタペストリーの製作過程が、女性解放という目標の実現に貢献する個々の女性団体の活動と重なり合うからではないだろうか(5)。では、そのように形容されるフィリピン女性運動の起点とは、どこにあるのだろうか。

フィリピンで女性解放をもとめるグループの組織化が始まるのは一九八〇年代前半であるが、女性運動の原点はフィリピンに戒厳令が施行された一九七〇年代初期に遡る(6)。つまり、フィリピンで女性運動がある種のまとまりと勢いを示し、いわゆる第二波フェミニズムがフィリピンで大きなうねりを見せるのが、この時期ということになる(7)。

草創期のフィリピン女性運動に参加した女性たちの多くは、地下組織や社会運動を組織したNGOの出身で、民族主義的な運動に参加した経験を持つ。その意味では反マルコス運動の産物である。しかし、彼女たちは最終的には反マルコス運動を離れていった。なぜかというと、一つは民族運動の外に自分たちの居場所を求め、「闘争を個人レベルに降ろす」ためであり、もう一つは、民族運動の内面にある「男性至上主義《マチスモ》」という文化に挑戦するためである。つまり、民族運動内部にあるジェンダー不平等に対して異議申し立てをするための離脱という選択肢を迫られたのである(8)。しかし、反マルコス運動から離れることを何よりも強く動機付けたのは、フィリピン国軍による不当な監禁や暴行の経験であり、その経験を持つ女性活動家たちが自らの怒りと痛みをアクティビズムに還元する必要があったからにほかならない。

このように、フィリピン女性運動の起点は一九七〇年代初期の反マルコス運動の流れの中に見出すことができるが、より正確には、そこからの離脱こそが女性運動の組織化の第一歩であり、女性解放という新たな目標実現のための組織化への前進であった。組織化の最初の例が、マキバカ MAKIBAKA（Malayang Kilusan ng Bagong Kababaihan, Movement for Freedom by Progressive Women 新しい女性の自由な運動）の結成である。同組織は、ＳＤＫ（Samahang Demokratikong Kabataan, Movement of Democratic Youth 民主青年運動）と対置する形で結成されており、設立の主な目的はフィリピンの民主化であった。だが、女性を政治活動に動員し、フィリピン女性の経験や女性たちが抱える問題に社会的関心を向けることが、マキバカが結成された最大の理由であった。女性メンバーだけによって構成され、女性たちのために結成されたマキバカが、とりわけ関心を向けたのは、フィリピン女性が直面する劣悪な社会経済的状況とジェンダー不平等をつくり出してきた家父長制と、それを支えてきた封建的、文化的要素である。フィリピンの女性運動史において、反マルコス運動の流れの中で誕生した、民族主義というイデオロギー性の高い、最初の女性組織として位置づけられるマキバカは都市から農村にかけて幅広い範囲で女性の動員と組織化を目指した。

だが、不幸にも、フィリピン女性運動の草創期である一九七〇年代初期には、民族主義の流れを汲む社会運動の中で、女性解放を前面に押し出し、女性に関する問題を共通の争点とすることへの抵抗は決して小さくなく、必ずしも一枚岩的な結束をみたわけではなかった。おそらく、当時のマキバカを中心とする女性運動の組織化と、女性問題を共通の争点とすることの妨げとなったのは、民族的な運動の理論的根拠となってきた既存の階級理論が、ジェンダー平等に関する言説としては少なからず限界を露わにしていたことにも起因しているであろう。要するに、階級格差と男女格差をめぐる二つの問題の間には、優先順位をめぐる摩擦と対立が常につきまとっていたのである。その意味では、フィリピン女性運動が次の段階へと発展するためには、女性に関する問題を運動の中心的争点とするためのパラダイム転換と、フィリピン女性にとってより切迫したジェンダー不平等の問題を正確に把握し、説明し得る理論の構築を待たなくてはならなかった。それが、一九八〇年代前半である。

一九八〇年代に入って、フィリピン女性運動の変容を最も特徴づけたのは、女性問題を運動の争点とすることへの批判的な見方に対する挑戦と、階級問題の優位性に対する挑戦という動きが維持、強化される一方で、それよりもフェミニズムの視点に立つ知の構築そのものに努力を傾注するべきだという、もう一つの動きとが平行して進んでいったということであろう。しかし、この時期の女性運動に共通点がないわけではなかった。すなわち、女性運動の根底にあったものとは、国家の重要課題として誰もが認めるフィリピンの従属経済や貧困の問題に鋭い関心を向け、貧困の影響が男女間で大きく異なることを炙り出すことで、ナショナリズム運動を牽引してきた言説を「ジェンダー化」するという試みと、フィリピン女性の劣悪な政治、経済、社会的環境と経験を広く分析に取り込もうとする努力である。[9]

一九八〇年代前半に誕生したフェミニストグループの代表例として、ピリピナ PILIPINA（The Philippine Women's Movement フィリピン女性運動）とカラヤーン KALAYAAN（Movement of Women for Freedom 自由のための女性運動）がある。それぞれ一九八一年、一九八三年に設立されている。カラヤーンは、女性運動に対して民族運動からの自律と独立を強く求めたフェミニストたちによって結成された、フィリピン最初のフェミニストグループである。実は、筆者自身も設立メンバーとして、その活動に積極的に関わってきた。カラヤーンが結成された一九八〇年代初期から、八〇年代中期にかけての活動を振り返るとき、何が最も難しい課題であったかというと、それは男女格差、ジェンダー不平等を数値の上で目に見える形で示し、フィリピン女性の置かれた劣悪な環境を是正する必要性について、説得力ある議論を提供しなくてはならないことであったと記憶している。当時は、女性問題を分析、説明する理論と方法論のほとんどを欧米からの輸入に頼らざるを得なかったが、それでも、職場、社会階級、世代の違いを超えて、フィリピンの女性たちが社会的、経済的、政治的空間においてあらゆる不平等に直面しているかを目の当たりにし、その是正のために必要な知の蓄積

ガブリエラによる抗議活動　（C. Sobritchea 提供）

に全力を注いだのが、一九八〇年代のカラヤーンを通しての活動であった。

一九八〇年代半ばになると、農民や都市貧困地区の女性たちを構成メンバーとする諸団体の連合体としてガブリエラGABRIELA（General Assembly Binding Women for Reform, Integrity, Leadership, and Action 改革・統合・リーダーシップ・行動のための女性連合）が誕生し、設立当初からガブリエラに所属する団体は百以上を超えた[10]。全国的に組織化されたもう一つの例として、三万人前後の都市の貧困女性たちを構成メンバーとするカババ KaBaPa（Lipunan ng Bagong Pilipina）の設立がある。カババは長年にわたり、スラム街の家屋撤去や貧困層に対する都市公共施設・医療機関へのアクセスの制限に対して抗議運動を組織してきたが、カババの協力なくして、暴力・虐待の被害者である女性と子どものためのシェルターがマニラ市内に設立されることはなかったであろう。

一九八〇年代初期から中期にかけて誕生し、今日の主要な女性団体の母体となったこれらのフェミニストグループの多くは、組織化が進むにつれて次第に女性特有の問題――例えば、メディア上の性差別、性暴力、売春、そして女性が持つ再生産の権利など――について考える研究会やセミナー、キャンペーンを開催するようになる。そして、ジェンダーの意識向上を促すだけでなく、社会的構造、アイデンティティ、身体、言語などに照射された家父長制について幅広く議論するまでに発展していく。私自身カラヤーンの設立メンバーとして研究会に積極的に関わるとともに、社会の要請に応えるためにフェミニスト・スクールを設立した。当時は同スクールの参加者全員が教員と学生を兼任するという状況であり、大学の外にある非公式の学習会としてスタートしたに過ぎなかった。しかし学習会の場で海外から招聘したフェミニストの知人に講義をしてもらったり、文献講読を通して他国のアクティビズムを研究したりと、フィリピンの状況とニーズを反映する形で海外の経験をフィリピンに応用する可能性を模索しつづけた。そして遂にフェミニスト・スクールは五年間継続された後にマニラ市内の幾つかの大学内の女性学プログラムに継承されることになる。今日では、フェミニスト・スクールの卒業生の多くが幾多の女性団体ならびに大学の女性学プログラムのリーダーとして活躍している。

二　マルクス主義が女性運動に残した遺産

上述のとおり、反マルコス運動に起点をもつフィリピンの女性運動は八〇年代に民族主義的な思想および運動との対立と限界に直面し、次第に分離独立するという経路をたどった[11]。しかし、民族運動が残した左翼のアクティビズムという遺産は、女性の従属やジェンダー不平等の原因を解明しようとする言説の骨格の中に、しかと受け継がれていったことは否定できないであろう。階級分析が女性問題を分析するための主流のパラダイムとなり、女性の地位が低い理由として社会の階級不平等――すなわち、寡少の富裕層とフィリピン人口の大半を占める貧困層との間にある大きな格差――が批判された。そして、富裕層の支配から自律した政治システムを提供しえないフィリピン政府の無能さに、非難の矛先は向けられた。

一九七〇〜八〇年代を通して、階級不平等のジェンダー的側面に向けられた強い関心は、女性運動を担う団体や連合体の組織化形態にも少なからず影響をもたらした。つまり、女性運動の主体が農民、労働者、先住民など階級や職業単位のものに変わっていったのである。その過程で、貧困と家父長制の相互関連や、女性の利害関心が法律により制限されることへの問題認識が高まっていった。国家は地元エリート集団や外国資本の利益を偏重するのみで、農村および都市の貧困女性を搾取する存在でしかない。そう認識するからこそ、女性活動家たちはフィリピン政府に対して農村地区における反政府ゲリラ撲滅の軍事活動に対する抗議活動やデモ行進を展開する一方で、都市部では性産業、セックスツーリズム、花嫁斡旋、売春に抗議するために数々の集会を組織していったのである。地方での軍事行動や反共的自警団、紛争における性犯罪の増加に反対する街頭キャンペーンが数多く展開された。

一九七〇年代のフィリピンにはわずか一二の女性団体が存在したに過ぎず、また活動拠点も都市部に限られていた。しかしその数は飛躍的に増加し、活動範囲も全国的に拡大していった[12]。一九九〇年代の半ばまでには地域単位の女性組織、女性NGO団体、課題別のコアリション（連携体）の総数は一〇〇以上を超える。新たに誕生した組織・団体の中には女性のリプロダクティヴ・ライツ（女性の性に関する権利）の認知を高めるシボル SIBOL（Alliance for Women's Health, the Network for Legislative Advocacy 女性の健康のための同盟・議会アドボカシーを目指すネットワーク）や、女性虐待被害者にカウンセリングを提供する七つの女性団体を集めたコンソーシアムであるカラカサン KALAKASAN などがある。これらの各団体、コアリションが誕生した経緯や今日まで辿った軌跡は決して同一ではない。しかし今日では貧困、ジェンダーに関わる暴力、行政・司法改革、性と生殖に関する女性の健康および権利、女性と子どもの人身売買対策など、どのグループもこれらの重要な問題に取り組み続けていることに変わりはない[13]。

三　政治的アクティビズムから開発問題への取り組みへ

一九八〇年代後半になると、フィリピンの女性運動は女性問題に対する社会的関心の盛り上がりという形で結実する。女性運動を活発化させた要因は二つ考えられる。一つめは、国際的な要因であり、具体的には、国連による政府機関、開発援助機関、市民社会に対する強い働きかけである。これは国連が後ろ盾となって、各政府機関、開発援助機関、市民社会による女性のキャパシティービルディング（能力の開発・向上）、組織化、および調査を促すプロジェクトへの経済支援を通じて行われ、開発における女性の役割を強化するねらいがあった。さらに、アキノ、ラモス両政権下では、フィリピン女性に有利になるような法の制定やプログラムが実施され、女性運動の活発を促した。

その一つの例が、一九七五年に大統領令第六三三号により設立された「フィリピン女性の役割に関する委員会」（The National Commission on the Role of Filipino Women, ＮＣＲＦＷ。二〇〇九年に「フィリピン女性委員会」（The Philippine Commission on Women, ＰＣＷに改称された）である。フィリピン女性の役割委員会は、フィリピン女性の地位向上のための政策およびプログラム策定のために大統領府および議会に対し助言を与える機関であり、「国家、地域および国際的な水準において女性が経済社会文化的に統合され、男女間の平等推進を確実なものとすることを優先課題とする政策に関する調査、評価、勧告」することが任務とされた。一九八六年の政権交代により、この機関の任務が見直され、すべての政府機関に関わる政策立案、策定、設計において女性視点を主流化させることを活動の中心に据えることが決定された。一九八七年成立のフィリピン共和国憲法では、ジェンダー平等の原則が統合されたことと同時に、女性への配慮は政策課題の中核を占めるようになった。以上の展開は、大統領およびジェンダー主流化に取り組む政府に対して市民団体が積極的に政策助言・提言する力を強化することとなった。(14) これにより、国連やその他の多国間援助組織が支援する国

表1-1　フィリピン女性団体のプログラム内容
（計111団体への調査結果、複数回答）

	プログラム	回答比率
社会福祉	家庭訪問	17%
	暴力被害にあった女性および子どものケアおよびシェルター提供	26%
	法律サービス	11%
ジェンダーに関するトレーニング・教育	訓練者トレーニング	10%
	ジェンダー啓発セミナー	19%
	女性リーダーシッププログラム	25%
	リプロダクティブ・ヘルス、および権利	15%
	識字教育	8%
保健・医療	危機カウンセリング	20%
	医療サービス	12%
	リプロダクティブ・ヘルス診療	20%
	薬物乱用者ケア	2%
	精神疾患カウンセリング	4%
生活および女性による小規模ビジネス	小規模ビジネス / 企業開発	45%
	マイクロクレジット（少額融資）	31%
アドボカシー	ジェンダーと開発	11%
	女性および子どもへの暴力	12%
	人身売買および売春	6%
	メディアでの性差別	3%
	経済改革	10%
調査研究	女性と健康	27%
	女性、雇用、経済	18%
	人身売買および売春	16%
	女性に対する暴力	16%
	女性と政治	11%
	女性とメディア	2%

出　典：Sobritchea（1999）*Survey of Programmes for Women and Children in the Philippines,* Quezon City: Center for Women's Studies, University of the Philippines and Consuelo Algers Foundation, Inc.

際的、あるいは地域的な規模で開かれる会議に女性が参加する機会や、女性参画を促すための社会空間が造りだされた。

なかでも一九八五年にナイロビで開催された第三回世界女性会議と、同会議で採択された将来戦略行動計画がフィリピンに与えた影響は決して小さくない。例えば、将来戦略行動計画のもとで、フィリピンの開発援助プログラムは、開発業務とリーダーシップに向けた女性のキャパシティービルディングに多くの予算を配分するようになった。同行動計画にそってフィリピン女性団体が計画・実施するプログラムの内容も再構成され、プログラムの対象は次第に政治から開発分野へと移っていった。フィリピン女性の役割委員会に関していえば、研究成果や政策提言の場を世界に広げていったただけでなく、国際的連携を築く努力もなされた。その結果、カナダ国際開発庁（以下、ＣＩＤＡ）との提携が実現し、フィリピン女性の役割委員会がＣＩＤＡの受け皿になったことでＣＩＤＡからの支援がフィリピンのＮＧＯ、教育・研究機関、政府機関に効率的に配分されるようになる。[15]

表一―一が示すのは、過去一〇年間にフィリピン女性団体が関わったプロジェクトの内容である。各団体が担うプロジェクトはアドボカシーと研究活動に加えて、小規模ビジネス、ＤＶ被害者のシェルター提供やリプロダクティヴ・ヘルスに関するサービス・情報の提供と、非常に多岐に渡っているのがわかるであろう。

フィリピンの女性運動の中核にあった政治への関心が徐々に開発問題に移行するにつれ、フィリピン女性団体が享受できる支援額は格段に増え、構成員の増加や組織の強化が容易になっただけでなく、より幅広い層の女性たちを対象としたプロジェクトに着手できるようになった。しかし、開発問題への参入には否応なく負の影響が伴った。つまりフィリピン女性運動の争点の拡散が、一つの共通課題を軸に幅広い層から支持を集めることをかえって難しくしてしまい、女性運動そのものを分裂させる結果となったのである。実際、急進的なフェミニストの中からは、経済支援を受けた女性ＮＧＯ団体が支援を継続的に受けるために政治色を希薄化させ、資金を供与する組織や政府機関のアジェンダへの批判的立場を弱めていることに対し、強い批判が出ている。

四　フィリピンの女性学とフェミニズム研究

以上の考察から明らかになったように、フィリピンでは一九八〇年代前半から半ばにかけて、女性運動は地域的な広がりをみせただけでなく、組織的な発展をみる。実はこの時期に、フィリピンでは女性学、フェミニズム研究の場が徐々に整い始め、女性学発展のためのインフラが形成されている。その代表的な例が、八〇年代前半まで女性運動を牽引してきた教育者や研究者によって設立された「女性学コンソーシアム（Women's Studies Consortium）」の設立である[16]。これはマニラ首都圏にある六大学から構成されたもので、今日の「フィリピン女性研究学会（Women's Studies Association of the Philippines, 以下、ＷＳＡＰ）」の前身として、フェミニストたちによる女性学研究を促し、女性学の正規教育制度への導入やカリキュラム開発などに取り組み、設立以来いくつもの地域・国際会議、教員養成講座、カリキュラム開発ワークショップなどを主催している。その他にも大学のセクハラ対策の強化を訴える学生運動で積極的な役割を果たし、現在では女性学コンソーシアムの後身であるＷＳＡＰに加盟している教育機関は六〇校にも及び、三〇〇人の大学教員・研究者が加盟している。

では、女性学の学術研究は具体的にどのような方向性をもって進展してきたのだろうか。ここでは主に二つの潮流について述べたい。一つめは、既存の理論や方法論に対して批判主義と脱構築の立場をとるもので、それはフィリピン女性の置かれた状況への理解を深め、あらゆる形態のジェンダー不平等を告発するために熱心な取り組みと活発な運動を展開するという流れで発展した。フィリピン女性学研究の第一段階の特徴といえる。八〇年代、九〇年代を通して「女性が置かれた現況の解明」を目指すさまざまな研究会が立ち上がり、これらの研究会の成果は女性団体やＮＧＯが政策提言する上で必要な情報を提供するのに役立った。中でも卓越した成果といえるのが、ジェンダー不平等における文化的、政治的、経済的要素の解明につながる精緻なデータの抽出に成功したことであろう。従来の法学、自然科学、農業・水産学、医学などのそれぞれの専門分野で生産されてきた科学的専門知に潜むジェンダーバイアスの問題に、批判的に光を当てたことも女性学、フェミニズム研究の重要な成果の一つである。

フィリピンの女性学研究は、教育現場や調査及び政策提言活動に有用なフェミニストの視点に基づく知の産出という形で、もう一つの潮流をつくり出した。一九八〇年代初期からフィリピンの女性学、フェミニスト研究者たちは国内だけで

表1－2　フィリピンの教育研究機関における女性学／ジェンダー研究者の活動領域

活動内容	1995年調査（総数91）	2003年調査（総数162）
大学レベルの運営組織・委員会への参画		
女性学／ジェンダー研究会	55%	32%
女性学に関する学部レベルの委員会	26%	20%
ジェンダー研究の専門委員会	23%	38%
教育カリキュラム委員会で女性学研究を代表する役割	33%	38%
大学間コーディネート委員会	データ無	21%
大学内に設置されたジェンダーあるいは女性学センター	データ無	6%
ジェンダーと開発に関する教育ユニットあるいはセンター（公開講座事務局）	データ無	6%
セクシャル・ハラスメント対策室	データ無	6%
その他の学内業務		
政策提言および実施	33%	20%
カウンセリング	28%	26%
出版	29%	26%
啓蒙活動（学生・教員・職員向けジェンダー啓発セミナー）	56%	53%
調査	46%	71%
カリキュラム開発	47%	42%
学校教師を対象とした教育トレーニング	33%	38%

出典：C. Sobritchea（2004c）

なく海外においても精力的に出版活動に携わり、さまざまな女性問題を扱う論文、著書、教科書の出版や、アドボカシーと教育のための指針とマニュアルの刊行に積極的に取り組んでいる。この時期を二〇世紀のフェミニスト・アクティビズムとフェミニスト研究の「黄金期」と呼ぶ論者がいるのも、学術および政策分野における執筆活動がさかんに行われたことによる。女性学・ジェンダー学に携わる研究者を対象とした二〇〇三年に行った調査結果によれば、調査対象の三分の二にあたる研究者がリサーチ、カリキュラム開発、その他の付随的な活動に関わっている。つまり、今日では女性学・ジェンダー学に携わる研究者の活動範囲は教育分野を越え、大学のジェンダー問題を扱うさまざまな委員会への参加などを含めて、その任務は年々拡充しつつある。表一―二が示すのはフィリピンの女性学、フェミニズム研究者の研究関心が非常に多様化しつつある現状である。また同じく二〇〇三年調査による表一―三は、フィリピンにおける女性学研究のおもな研究関心および

表1－3　女性学／ジェンダー研究のテーマ（総数111）

テーマ	件数	比率
女性／ジェンダー、労働、移動および貧困	40	36%
女性の健康、リプロダクティブ・ヘルス	40	36%
女性に対する暴力	32	29%
ジェンダー・アイデンティティ、セクシュアリティ	25	23%
農業、漁業、林業における女性／ジェンダー	16	15%
女性／ジェンダーと家族	15	14%
ジェンダー分析、ジェンダー・プランニング	14	13%
女性／ジェンダーと人権	13	12%
女性／ジェンダーと政治	12	11%
女性／ジェンダーと宗教	10	9%
女性／ジェンダーとエスニシティ	10	9%
女性／ジェンダーと美術／文学	8	7%
女性とマーケティングおよびビジネス・マネジメント	3	3%
女性／ジェンダーとメディア	2	2%
その他（歴史、科学、技術、教育）	7	6%

出典：C. Sobritchea（2004c）

優先課題を示している。

研究の対象が多様化してきたのは、フィリピンのジェンダー状況の現実とフィリピン女性が置かれた複雑な境遇を理解するために、豊富な情報が必要とされているからである。女性学、フェミニズム研究者のあいだで労働、移動、リプロダクティヴ・ヘルス、ジェンダー暴力の領域などのジェンダー問題が幅広い関心を集めるなかで、最近の動向として特に興味深いのは、ジェンダーとビジネス・マネジメントあるいはマーケティングとの関係性、ジェンダーと宗教の問題にも研究の射程が広がってきたことである。こうした新しい視点に立つ研究はまだ寡少ではあるが、新しいジェンダー研究の分野が今後も開拓され続け、女性学研究、ジェンダー研究の益々の発展につながることが期待される。

フィリピンのフェミニズム研究者が果たすもう一つの重要な役割とは、開発援助国や多国間援助組織によって委託される政策・プログラムに対する評価の作成である。国連や国際女性団体が開発政策や開発プログラムにジェンダーの視点を取り入れる必要性を訴えてきたのを受け、実際にジェンダー・プログラムのコンサルタントとして起用される研究者の需要は年々高まっている。それに伴って、フェミニスト研究者たちも自らの手で開発問題のジェンダー分析を行ない、さらに開発プログラムのモニタリングにジェンダー主流化原則を活かすにあたってはアドバイザーとして積極的な役割を果たすようになっている。最近では、性暴力の被害者である女性と子どもたちのためのシェルター設立にあたり、心理学、精神病学、ソーシャルワーク分野の専門知を生かしたシェルター運営のための手続きや長期カウンセリングのための計画・実施案もフェミニスト研究者によって作成されている。最新のデータによれば、フィリピン政府が直営する一四二の病院の約半数が、ジェンダー暴力の被害者である女性と子どもたちに治療とカウンセリングを提供する「ワン・ストップ・ショップ」を設け、その設営と運営にはジェンダー問題に通じたケアギビング（介護）を提供できるソーシャルワーカー、看護師、医者を備えている[17]。

フェミニスト研究者がもつ役割の拡大と多様化に関しては、法改正に取り組む大学や女性団体に所属するフェミニスト弁護士たちの活躍も無視できない。彼女たちの活躍なくして、一九九五年から二〇〇五年の一〇年間にフィリピンで成立した女性の利益となる一六の法律は存在しえないのではないだろうか。その他、女性学／ジェンダー研究に携わる教員および研究者養成方針およびプログラム開発は以下のようになる。

・ジェンダー・プランニング、ジェンダー予算、ジェンダー主流化等のトピックに関する政府職員向け訓練および政策立案者へのブリーフィング
・国際／地域レベルおよび二国間会議／交渉担当の政府代表向けのジェンダー配慮に関する技術的支援の提供
・行政、立法、司法機関職員向けのジェンダー配慮に関するブリーフィングおよび政策白書の準備
・国及び地域レベルでの質的・量的調査を実施するドナー機関、政府組織、民間組織へのサポート

五　アカデミズムの内外におけるフェミニズムの収斂と分化

フィリピン女性の地位向上をもたらした重要な要因の一つに、市民の活動家とフェミニスト研究者との協働がある。市

民社会で女性のための活動を行ってきた人たちは、大学等で女性学の学位を取得するための課程や短期コースを通じてジェンダーに関する知識を得ようと努力してきた。他方で、フェミニスト研究者らはいわゆる「NGO活動」に活発に取り組んできた。しかし先述の通り、両者の間には常に緊密な協力関係があったわけではなく、緊張関係が両者の亀裂をもたらしたこともしばしばである。市民活動の関係者によれば、フェミニスト研究者の理論志向と抽象的記述は貧困地区の女性たちの現実からあまりにもかけ離れている。なぜならば、市民運動関係者が「フィリピンの切迫した問題」とみなす問題とフェミニスト研究の内容とが必ずしも整合しないからである。そして何よりもこの両者の関係をよりギクシャクさせてきたのが、フェミニスト研究者が開発問題への参入をきっかけに築いたフィリピン政府との協力関係である。

戒厳令解除後の民主化の流れの中で開発援助の対象として女性に関心が集まり、女性団体の多くが開発に着手するようになると、女性支援のためにコミュニティレベルでの政府との協力が必要不可欠になった。ところが、開発問題を接点にフェミニスト研究者グループが政府や援助機関に参画、協働することを容認しようとしない非政府組織（NGO）関係者たちは少なくなかった。特に革新的な女性運動家たちは、政府に協力する研究者らを「政府の言いなり」だと辛辣に批判し、政府への協力はフェミニストの言葉を借用するだけの政府の力をかえって強化するに過ぎない、政府のプロジェクトは単なる「緩和剤」に過ぎないと主張した。つまり、政府はジェンダー主流化というアプローチを通して、女性を対象とした瑣末なプロジェクトを実施する一方、フィリピンが抱える貧困問題や軍事化といった、より逼迫した問題から社会の関心をそらしているというのだ。確かに、ジェンダー主流化政策は学歴のある中産階級の女性たちに有益ではあっても、政治的に周辺化された貧しい女性たちをますます不利な立場に追いやったのかもしれない。革新的な女性運動家たちが政府の開発政策の枠組みを抜本的に見直し、政治・統治の透明性と信頼性を高めることを最優先する理由がないわけではない。

フィリピンの女性運動と女性学の発展を振り返るとき、収斂と分化を決定づけてきた争点は開発の問題だけではないことに気づく。アカデミズム内外で分裂と統合が繰り返される中で、避妊具の配布をめぐる問題もまた同様に重要な争点であり続けている。カトリック教会（特に原理主義的宗派）は避妊具の配布が中絶を推奨し、家族崩壊をもたらす非道徳的な行為であるとしてフィリピン政府に避妊具の配布の停止を求めてきた。避妊具の配布をめぐる問題に対してフィリピン政府はどのような態度をとってきたかというと、あまりに曖昧な姿勢をとり続けている。フィリピンが他の開発途上国に比べて出産時死亡率、望まれない妊娠率、ＨＩＶ／エイズのケースの増加数のすべてにおいて高い数値を示しているにもかかわらずだ[18]。ところで研究者に関していえば、フィリピンでは国公立大学に所属するフェミニストたちの方が、女性のリプロダクティヴ・ライツを支持する立場を表明しやすい状況がある。反対に、ミッション系スクールに所属する場合には個人的にはリプロダクティヴ・ライツを支持しながらも、所属組織や機関への配慮あるいは内部圧力によって自分の主張を公表できないというジレンマに直面することが多い。

女性のリプロダクティヴ・ライツ問題から派生する売春や中絶の問題もまた、ＮＧＯグループと学界を分断してきた争点である。フィリピンは国内的、地域的、国際的に率先して売春反対運動を展開しており、ここ十数年にわたって、政府は女性の人身売買に関連する凶悪犯罪の発生状況を示す正確なデータを収集してきている。フィリピンの女性団体の多くは女子差別撤廃条約（ＣＥＤＡＷ）の条文にしたがって、売春は女性の人権侵害であるという見解を共有している[19]。ただしＨＩＶ／エイズ予防の分野に携わっている人たちの中には、「セックス・ワーカーの権利」を推進するための措置を模索する動きもないわけではない。最近の動向としては、女性学のポスト構造主義、ポストモダン主義理論によって売春に対する新しい解釈が生まれ、それによって売春の解釈をめぐって学界内外に新たな論争を巻き起こしている。まだ新しい問題であるだけに議論は十分熟していないため、議論をより深めていく必要がある。

六　ジェンダーと開発（GAD）枠組みの再流用の危険性

本章における最後の議論として、「ジェンダー」「ジェンダー平等」「ジェンダー研究」といった、女性の地位向上のための用語の使用をめぐって浮上している争点についてとりあげたい。フィリピンをはじめ多くの国々では、開発における女性（WID、Women in Development）、南米諸国に多い女性と開発（Women and Development）、そしてジェンダーと開発（GAD、Gender and Development）へというアプローチの推移を経験してきた。とくに北京世界女性会議（一九九五年）以降、GADアプローチの導入に関してはフェミニストの間で全世界的に支持が合意されているが、他方でこの用語の、ジェンダー平等や女性のエンパワーメント[20]の推進を意味しない事柄への流用が徐々に拡大しつつある。

フィリピンでは、GAD枠組みの援用に関し、女性グループの間では明確に概念規定がされているが、ジェンダー問題について認識が浅い政策立案者やプロジェクトの運営管理に携わる者は、男性による種々のサービスや手当への平等なアクセスという意味で、文字通りこれを利用する風潮が現れている。ジェンダーとは男性と女性と両方に関わる事柄であり、よって開発プロジェクトでは両性に対して平等な配慮がなされるべきだとする反論によって、GADの枠組みにおけるアファーマティブ・アクションは機能不全に陥っている。フィリピンの一部の大学では、ジェンダー研究プログラムを設置したものの、男性がこれらのトップや指導的立場に就任し、自ら研究その他プロジェクトの運営に関わるようになってきた。同様にNGOの間においても、地域のコミュニティでは男性を主な対象とするプログラムがすでに存在しているにもかかわらず、当初対象が女性に特化されていた活動予算を男性のニーズにも適用するために、わずかな予算をさらに分割するというジレンマに直面している。女性の人権および地位向上という、強力な意味をはらんでいる言葉であるからこそ、言葉の流用や意味が逆転されて使用されるという可能性にわれわれは注意しなければならないのである。政策立案、予算配分、プログラム開発に対し、GADアプローチがどのように解釈され、適用されているのか、緊急に検討すべきことと思われる。

結　論

女性のアクティビズムはアジア諸国に先駆けて西洋諸国で誕生した。私自身を含めてアジアの女性たちが欧米諸国の経験を学ぶとき、そこには女性問題への社会的関心を高め、ジェンダー平等を獲得するまでに数知れない抗議運動、デモ行進があり、そしてフェミニスト運動家たちによる厳しい闘いがあったことを認識させられる。女性学、フェミニズム研究の誕生と発展においても、欧米諸国が残した理論的、実証的功績が今日のアジアのフェミニストたちの研究手法や問題設定のあり方に大きく影響し、さらなる発展に貢献している。昨今、欧米諸国では女性の政治的アクティビズムとフェミニズム研究の接点が失われつつあるが、こうした傾向もまた、アジアに波及しているように思う。女性学の隆盛は女性問題の「一般化」あるいは「非政治化」を招いたとの主張がアジアと欧米に共通して聞かれるのも、そのためではないだろうか。

また、いわゆる「フェモクラシー」[21]による統制が強まっていることに関する議論も起きている。もし将来、フェミニスト研究が生み出してきた知識体系が女性の地位向上やジェンダー平等推進に貢献することにあまり価値を置かなくなったとしたら、フェミニスト研究は存在意義を失う可能性が現実にあるといえよう。

本章の最大の主眼は、フィリピン女性運動の歴史と現状への理解を深め、フィリピン女性運動の持続のありようを検証していくことにあった。それはフィリピン女性運動史を振り返ることであると同時に、フェミニズムの視点に立つ研究が誕生、発展した軌跡に光をあてる作業でもあった。研究者と活動家という属性を異にするフェミニストたちが、いくつかの重要な争点をめぐって時には対立しながらも、それぞれの視点からフィリピンの社会、経済、政治問題のジェンダー的側面に関心を注ぎ、協働して問題に取り組んできたフィリピン特有の様相が明らかにできたのではないか。両者の協働から、フィリピン女性は直接あるいは間接的に利益を得てきたといえよう。

今日、若手研究者の高い関心はポストモダン的な視座に向けられているが、この傾向はますます女性学、ジェンダー学を政治的アクティビズムから乖離させていくのではないかと懸念している。私たちはこうした流れを止め、学問とアクティビズムの架け橋となる研究を蓄積していかなくてはならない。一人ひとりが、教員、学生ならびに研究者として、女性学およびジェンダー研究が誕生した理由と常に向き合いながら、知識の構築を続けて行く必要があるといえよう。

（翻訳：ニコルス林奈津子・徐阿貴）

注

（1）Sobritchea, 2004a, 2004b, 2005a.

（2）［訳注］原文にある〝Activism〟とは「積極的行動によって社会的・政治的変革を求める運動スタイル、あるいは変革を求めて意図的に行動する主義」を意味する。本章では心理学、方法論でいう「行動主義（Behaviorism）」との違いを明確にするために「積極（的）行動主義」と訳さずに、以下「アクティビズム」と訳す。

（3）Ann Brooks, 1997.

（4）［訳注］一九六〇年代後半の先進国において、新左翼運動を契機として始まったのが、第二波フェミニズムである。国際平和や人権の平等を訴え、権力に抗し個人を尊重する運動の内部にさえ性差別が根強く残っていることに失望した女たちが、草の根団体を組織するようになった。第二波フェミニズムという語が作られた米国では、一九六〇～七〇年代に爆発的とも言える大きなうねりを見せ、日本ではウーマン・リブとして広がりを見せた。実際には米国も他の国も一枚岩的ではなかったが、「女の解放」というスローガンははっきりとした効力を持った。なお、英米で一九世紀中庸以降およそ一九二〇年代にかけておこなわれた組織的な参政権運動は、第一波フェミニズムとして知られるが、最初からその名前で呼ばれていたわけではなく、第二波フェミニズムと差異化するために作られた言葉である。竹村和子編『〝ポスト〟フェミニズム』（作品社、二〇〇三年）を参照されたい。

（5）Angeles, 1989: 207.

（6）一九七二年から一九八六年までの一五年間、フィリピンは戒厳令下にあった。戒厳令が施行されたことで、活動家たちは地下組織に活動の場を移したが、国軍や政府による残虐行為、不当逮捕などあらゆる人権侵害は避けられなかった。そして、多くの女性活動家たちは性暴力の被害者となった。

（7）Sobritchea, 2004a: 44-47; 2005a: 69.

（8）Sobritchea, 2004a: 46.

（9）Sobritchea, 2005a: 71-72.

（10）ガブリエラは政党登録もしており、女性党員のみから構成される政党としてはフィリピンで三番目の政党にあたる。ガブリエラはその他の女性党員からなる政党と協力し、果敢なロビー活動の末に一九九五年に女性のための法案の可決を実現している。

（11）Santos, 1987〔2004〕: 36.

（12）Angeles, 1989.

（13）フィリピンの主要女性団体の一覧表は巻末参照。

（14）一九八七年のフィリピン新憲法には統治（ガバナンス）における市民社会の役割と男女の平等が保障された。また新憲法の下で施行された新しい法律は、地方および国家レベルでの開発計画とその実施に市民団体やＮＰＯの参画を促し、また保障している。

（15）NCRFW, 2002.

（16）６大学は以下のとおりである。Miriam College, St. Scholastica's College, the University of the Philippines, College of Social Work and Community Development, Ateneo de Manila University, Philippine National University, Philippine Women's University, La Salle University and St. Paul's College Manila.

（17）*A Report of Philippine NGOs 2005*, n.d.

（18） NCRFW, 2005a.

（19） ［訳注］CEDAWは"Convention on the Elimination of All Forms of Discrimination Against Women"の略で、一九七九年の第34回国連総会において採択され、一九八一年に発効した女子差別撤廃条約（女子に対するあらゆる形態の差別の撤廃に関する条約）である。同条約に関しては本書の第五章で詳述。

（20） たとえばGeorge（2004）を参照。http://www.isismanila.org/index.php?option=com_content&view=article&id=532:wia-2004-2-table-of-contents&catid=116:examining-feminist-and-social-movements

（21） フェモクラシーの用語は多義的に使用されているが、ここでは、政策立案のトップレベルにジェンダー専門家あるいは「フェモクラット femocrats」として参画する女性学研究者に対する運動家からの批判としての使用を意味している。

コメント1

原ひろ子

1．私の女性学との出会いと活動

ソブリチャ先生の講義は、フィリピンにおける女性運動の原点が一九七〇年代前半の戒厳令下の状況にあるとしている。そしてその後の女性運動の展開、フェミニズムの視点による学術研究の生成、さらにその両者の相互関係に見られる多様な様相に関して、コンパクトな紹介がなされており、大変参考になった。まず、ソブリチャ先生に感謝申し上げたい。私のコメントは、次に述べる私自身の文化人類学及び女性学との出会い、フィリピンとの関わり、それに関連する自身の体験と立場から行うことにする。

まず、第1に、私の女性学との出会いと立場性を述べておこう。

私は、日本と米国で文化人類学の訓練を受け、一九六一～六三年にはカナダ北西部の狩猟採集民のフィールドワークを行い、米国で博士論文を書き、一九六四年秋に帰国した。一九六〇年代末に、筑摩書房から連続刊行された『女性と仕事』に関するシリーズの中の第五巻において一編の執筆を担当し[1]、日本の働く女性の状況に見られる男女格差の問題に遅まきながら開眼させられ、その時から日本の実態を実証的に検証する必要を痛感し続けている。一九七八年の国際女性学会の設立を契機として研究担当幹事となり、一九八〇年代には、女性学の研究活動の推進に力を注いだ。一九七九年三月にお茶の水女子大学に一般教養科目「婦人問題」の担当として赴任し、同大家政学部助教授となり、その後同大女性文化研究センター教授（一九八六年七月～九六年五月）、同学ジェンダー研究センター教授（一九九六年五月～二〇〇〇年三月）を勤め、日本における女性学・ジェンダー学が学問の一領域として確立するために、仲間の研究者たちとともに努力してきたつもりである。日本では、一九七〇年代および八〇年代にフェミニズム運動に出会い、後に女性学・ジェンダー研究の担い手となった人々も多い。しかし私の場合、自分の役割は「女性学はちゃんとした学問だ」ということを世間に納得してもらうために、実証的な論考に基づく成果の発表を推進することにあると考えていたので、一九九〇年初頭まで女性運動とは一線を画していた。そのスタンスを私が変更したのは、一九九三年一一月以降のことである。（もっとも、八〇年代半ばには、自宅のある地域の中で学童保育施設増設運動に関り、区役所、区議会議員や関係ＮＧＯのやりとりに参加したことはあった）。具体的には、一九九四年九月にカイロで開催された国連の国際人口・開発会議にむけて、日本の女性の声を届けようというＮＧＯ（女性と健康ネットワーク）に参加したことがきっかけで、日本政府、日本の環境問題や保健問題に関わるＮＧＯ、国連人口開発基金、その他と交渉し、女性にとって何が重要であるかを世間に理解して頂く活動に入った。その後、第四回世界女性会議（一九九五年北京）の成果文書の内容の実現などに向けて活動する日本女性監視機構（ＪＡＷＷ）やその他のＮＧＯ活動に関り、二〇〇〇年のお茶の水女子大学退官以降、アジア・太平洋地域や世界各地の女性ＮＧＯ活動家との協働にも携わっている。

つまり、ソブリチャ先生が、学生運動から女性運動を経て、フィリピン（大学）でのフェミニズムの視点に立つ学術研究の確立に尽力され、国際的にも高い評価を得ておられる経緯とは異なる道筋をたどってきたのが私である。もっとも、現在では、相互に志を同じくしている。

なお、日本の数多くのＮＧＯやＮＰＯの団体の中に、一見「志」を同一にするかに見えて、様々な理由から分裂したり対立したりしている民間団体がある。それらの団体の間で、ゆるやかな連帯が成立している場合もあるが、その持続は容易ではない。現在の私の立場は、日本国内の多様な民間団体が同一の目標に向かって、ゆるやかな連帯を保ちつつ、時には大同団結できるようになるには、どのような条件が整うべきであるかという実践上の工夫に、大きな関心を持っている。

次に、私が初めてフィリピンを訪れた時のことを述べておこう。それは、一九九六年であり、フィリピン大学ディリマン校の開発と女性プログラム（所長アマリリス・トレス教授・当時）の教員方とお目にかかった。その際に、マニラ市内のリサール公園（当時はサンティアゴ要塞と呼ばれていた）で「アジアのナショナリズムの原点」といわれ、「スペイン植民地下での民主化運動の英雄」とされ、女性運動に取っても重要なホセ・リサール（Jose Rizal、一八六一～九六）について知る機会を得た。その後、二〇〇四年から二〇〇五年にかけて、お茶の水女子大学二一世紀COEプログラムC四班のチームリーダーとして、マニラ市、ケソン市、ダバオ市などで女性に対する暴力とリプロダクティブ・ヘルスとの関連について、フィリピン共和国の施策・地方自治体における実践、法律家、医療関係者、社会福祉関係者、研究者、NGOの人々の連携の様相などの調査をさせて頂いた。(2) さらに二〇〇六年二月には、独立行政法人国立女性教育会館の研究プロジェクトのメンバーとしてフィリピン人女性の人身取引被害者たちに対する支援のあり方に関し、マニラ市、ケソン市、セブ市に短期間の調査に赴いた経験がある。

2. フィリピンの女性運動の展開について

ソブリチャ先生が話されたように、「フィリピン女性運動の第二波」が、その起源として、フェルディナント・マルコス元大統領(3)の政権下における戒厳令時代（一九七二年九月二三日～一九八一年一月十七日）に、女性たちが体験した自由への希求と、反マルコス運動としての国家主義運動に潜んでいた男性至上主義への批判があったということに、深い興味をおぼえる。さらに何にも増して、その時代のフィリピン国軍による不当な監禁や暴行を受けた女性たちが、フェミニストとしての実践活動を開始したという説明を聞き、かねてより敬服しているフィリピン女性運動家たちの、コミットメントの深さと、行動力の旺盛さに納得した。

私が関心があるのは、戒厳令時代に二〇歳であったフィリピン女性たちは、いまや四五歳を過ぎているが、現在でも若手（二〇歳代、三〇歳代）の活動家や研究者に一九七〇年代の体験がどのように語り継がれているのか、さらに今日の若手フィリピン女性たちの中に、多様なNGOの一員として能力や情熱をもって活動している人びとを知っているが、その人たちは、どのようにして運動に参入して来ているのかという点である。加えて、これらの「若手」NGOメンバーの中には、男性も含まれているが、彼らの運動への参入と活動についても興味が湧く。

コラソン・アキノ大統領（一九八六～九二）、フィデル・V・ラモス大統領（一九九二～九八）、ジョセフ・エストラーダ大統領（一九八八～二〇〇一）、グロリア・マカバガル・アロヨ大統領（二〇〇一～一〇）の時代にも、フィリピン国内における政治的な論争が活発であり続けていることは、貧困層出身の若者たちが一定の学校教育を受け、NGOに参加するなどして、国の内外での研修の機会に恵まれることが、その背景にあるのではないかと私は推察している。またその際に、国連機関や、外国の政府、国内外の民間財団の支援をうけて、研修機会や実践活動を経験し、知識・技能のエンパワーメントを達成している女性が、数多くいるように感じている。

スペイン統治時代のフィリピン（一六～一九世紀）が、現代の女性運動の原点になったことは、良く指摘されるが、私は現代フィリピンの多様な女性運動が、平時には「小異」をめぐって激烈な論議を交わすが、何か大きい課題を前にすると大同連結して、ロビー活動、デモ行進などの行動に出ることのつながりを、次のような歴史の記述から感じとる。


一五二一年三月一六日にスペインの大航海者フェルディナンド・マゼランがフィリピン・セブ島近くの小さい島マフタンに上陸、島民に殺害された。のちに一五六五年、ミゲル・ロペス・デ・レガスピ提督が、セブに最初の植民基地を設置した。そして一五七一年にレガスピはマニラに移り、町を建設してフィリピンの首都とした。スペインの植民者は、先住民にスペイン語を教えなかったという。一八六九年のスエズ運河の開通が、スペイン本国にいた、リベラルなスペイン人たちのフィリピン移住を促し、植民地での権力者たちへの批判者となった。先住者であるフィリピン人たちは、その窮状をリベラル派スペイン人に伝え、交流を深めていった。さきに触れた民衆運動の英雄とされるホセ・リサールは、一八九六年にマニラのサンティアゴ要塞で処刑されたのであった。それまで、フィリピン人インテリ層によって担われた改革運動と下層階級出身者によって導かれた独立ないし革命運動の間には大きな溝があったが、リサールの追放

と処刑は、両者が一体となって自由と独立のために戦う誓いの輪を広げた（萩野、二〇〇二、八三―九八頁より抜粋）

また、アメリカ植民地時代とその後の比・米関係、二〇世紀のフィリピン人高学歴者の英語使用能力の高さも、フィリピン女性運動展開への大きな要因になったと思われる[(4)]。

一八九八年二月二五日に、当時米国の海軍副長官であったテオドール・ルーズベルト（後の米国第二六代大統領）は、米国アジア艦隊軍司令官に打電し、艦隊の基地を日本から香港に移し、スペインに宣戦布告してアメリカ艦隊によるスペイン艦隊の全滅に成功した。米国はスペインを倒すためにフィリピンの革命軍を利用しようとした。その時の革命軍のリーダーの一人、エミリオ・アギナルドが一八九八年五月二四日に大統領が強い権力を持つ独裁的なフィリピン第一共和国の独立政府を樹立した。アギナルド大統領がアメリカをはじめとする国際社会にフィリピン共和国の承認を得ようと東奔西走している間に、一八九八年一二月一〇日、米国はパリでスペイン政府と交渉をして、スペインに二〇〇〇万ドルを支払ってフィリピンを領有する取り決め（パリ条約）を締結した。そして、アギナルド大統領は一九〇一年三月二三日、米軍により囚われの身となり、同年四月一九日に降伏した。そして、アメリカによる植民地体制の時代に入ったのである。（萩野、前掲、一〇七―一五一頁）。第二次世界大戦時の日本占領時代（一九四二～四五）を経て、一九四六年七月四日にフィリピン第三共和国が誕生した。それは宗主国である米国に祝福されながらの独立であったという。（萩野、同上、一五二―一七三頁）

そしてその後は、フィリピン大学その他の大学卒業生や在学生の中の優秀とされる者たちは、米国留学の機会を得た者が多かったと聞く。それらの留学生の中には、国連機関に勤務するようになる者が輩出し、さらには勉学期間終了後、フィリピンに戻らず、米国を中心とする北米やヨーロッパその他世界各地の国際機関やNGO、あるいは大学・研究機関で仕事に就く者も増えていったようである。このような状況の中で、国連機関の重要な地位に就く初めての非欧米人がフィリピン人である場合が一時期は目立った(例えば一九六九年～一九八七年、UNFPA国連人口基金の初代事務局長にラファエル・M・サラスが就任した)。私の理解では、このようにして、フィリピン本国と世界各地との間での情報交換が促進され、IT時代の今日に到っていると思われる。その中で、ソブリチャ先生と夫君は頭脳流出しないことを誓い合ったという。

このような歴史的な状況の中で、フィリピンにおけるエリート女性たちの女性運動や一九七五年以降のフェミニスト視点に基づく学術研究の世界においても、地球規模での論潮の流れをフィリピンの実情に即して考察し、行動するという状況が成立してきたのではないかと思われる。そしてそれは、国内外の研究資金や、NGOの運営資金、活動資金の調達に関する情報へのアンテナを高くしてきていることもある。先に指摘したが、フィリピンでの大学教育はほとんど英語で行われているので、英語で考える、説得力ある英語の文章を書く、発言するといった修練を若いときから重ねている人びとが多いことは、現在に受け継がれている。

3．フィリピンにおける女性運動、フェミニズム視点に基づく研究者、NGO

ソブリチャ先生のお話にもあったように、フィリピンでは、戒厳令（一九七二年九月二三日～一九八一年一月十七日）終焉後の、一九八〇年代前半誕生したフェミニストグループの多くが、今日の重要な女性団体の母体となった。一九八〇年代のフェミニストグループのメンバーが非公式の学習会を開き、相互に学習を重ねる中から、その開始の五年後にマニラ市内の大学内に女性学プログラムが設置されたという。このような現象はフィリピンのみならず、一九七〇年代、一九八〇年代の世界各地で見られた現象ではあるが、フィリピンでは特に女性たちが戒厳令下の抑圧と暴力被害の中から思想を練り上げ、実践の手法を工夫してきた点に特徴が見られる。研究者たちの出自は、どちらかというと中流あるいは上流の社会階層で、高等教育の機会を享受した少数派である場合が多いようである。実践的運動家の出自の幅は貧困層出自の非識字者から、富裕な階層の者まで、実に幅広いと感じられる。

ソブリチャ先生は全国に数多く散在するフィリピン大学の分校に設置されている女性学研究センターの活動を数年来、統括してこられている。その一貫した方針は、フィリピン各地の現実に即した実践プログラムを教育カリキュラムの中に組み込み、学生が、地域の現実に根ざした思考回路を錬磨することを一つの柱としているとのことである。そのため、教員たちも率先して、地域に対する大学の貢献の可能性の検討を研究テーマとしたり、実践的サービス活動としてデザインするためのどのような工夫と人材の組み合わせが望ましいかをつねに考えたりしている。しかしながら、若い研究者たちの中には、そのような地域に根ざした研究のスタイルをとらず、いわゆる理論的研究の追求を求めて、国外の研究機関に頭脳流出する人もあるようだ。

なお、フィリピン国内でフェミニスト視点に立つ研究を行っている人びとは、草の根の女性のニーズに対して活動している人びとから常に点検と評価を受けている状態にあるといえよう。一九八七年二月二日に施行されたいわゆる「一九八七年憲法」のもと、女性の人権や安全に関する特定の法律の制定を求める運動や、特定の法律の形成過程において、多様な実践家や研究者たちが、政治家、法律家、医療関係者、自治体議員などと活発に論議を重ね、最終的には大同団結して特定の法律の制定をもたらすといった過程をふんでいるようである。その活動の多様性はソブリチャ先生作成の「表一―一．フィリピン女性団体のプログラム内容」を見てもご理解いただけるであろう。

二〇〇四年三月八日に成立した「女性とその子ども達が受ける暴力に関する定義を確立する法律（An Act of Defining Violence Against Women and Their Children）」（共和国法第九二六二号）といわれる法律（「女性とその子ども達に対する暴力防止法」と略する）が制定されるまでの約一〇年もの長い間に、大学における研究者、被害者を支援してきたNG

Ｏｓ、その他の女性運動家たち、法曹関係者、医療関係者、国会議員などが、討論を重ね、時には対立しながらも、法律の制定にどのようにしてこぎつけていったかを知ると、誠に感銘深い。

「女性とその子ども達に対する暴力防止法」（共和国法第九二六二号）の成立に際しては、大統領府直轄のフィリピン女性の役割委員会[5]が、各省庁、地方行政府、多様な立場のＮＧＯｓ、研究者、そして国会における委員会などとネットワークを形成し、三権分立の原則を守りながら要《かなめ》の役割を果たしたと考えられる。

マルコス政権下で巨大化した官僚制は、アキノ政権とそれに続くラモス政権において縮小に向かった。さらにマルコス専制後の民主化の波を国際社会が大きく支援しているため、政府は、研究者やＮＧＯのメンバーを政策決定や施策の実行に（お飾りでなく）幅広く活用しているようである。なお、フィリピンの官僚は、日本と異なり民間からも随時採用され大統領や首長の交代により、再び民間人となる場合も多く、流動的なキャリアパスをとるようである。ここにも政府と民間の間の壁の低さの要因が存在する（川中、二〇〇一、一三六―一五五頁）。

上記のような動向がフィリピンの女性運動において、一九八〇年代以降、次々と有能な若手活動家を生み出し、国際的な活躍の土台を形成していると言えるのかもしれない[6]。

このような現代フィリピンの政治・社会状況が研究者による実践的活動や、実践につながる研究を促し、かつ多様なＮＧＯとの交流（協働と対立を含めて）を成立させているようである。ソブリチャ先生のフィリピン大学ディリマン校における多彩な活動も、間違いなく、その一例と言えよう。

注

（1）原ひろ子 一九七二「どこに生活の軸をおくのか―女のライフサイクルと仕事―」山川菊栄ほか著『女と仕事』（講座おんな五）筑摩書房、一七二―一九四頁。

（2）原ひろ子・中山まき子・渡辺美穂による共著。“Policies for the Elimination of Violence against Women and their Children in the Republic of the Philippines -Case Studies in Metro Manila and Davao City-”（*F-GENS Publication Series 16* — Studies on “Development” and “Reproductive Health/Rights” Team C-4, The 21st Century COE Program Frontiers of Gender Studies, Ochanomizu University, Tokyo, 2005）. 及び、“Reproductive Health / Rights in Asia within the Process of Policy Making for the Elimination of Violence – A Case Study in the Philippines”（*F-GENS Publication Series 8* — Studies on “Development” and “Reproductive Health/Rights” Team C-4, The 21st Century COE Program Frontiers of Gender Studies, Ochanomizu University, Tokyo, 2005）.

（3）フェルナンド・マルコス（一九一七―八九）に関しては、多くの本や論考が発表されているが、ここではそれを列挙することはさしひかえる。

（4）フィリピン大学での講義は主に英語で行われているようであり、教科書なども英語が多い。書店にはフィリピンの言語のものもあるが、英語のものも豊富である。フィリピンの法律は英語で書かれ、国会での論議もほとんど英語で行われている。

（5）The National Commission on the Role of Filipino Women（NCRFW）

（6）フィリピンでNGOのメンバーや研究者が政策決定過程に参入する法的根拠や、NGO活動の財源、その活動分野のほか、政府によるNGOの認証制度、政府とNGOの相互関与の様相など、今日的状況に加えて、スペイン統治以来のフィリピンにおけるNGOの変遷に関しては、川中豪（二〇〇一）を参照されたい。

参考文献

荻野芳夫　二〇〇二『フィリピンの社会・歴史・政治制度』明石書店。
川中豪　二〇〇一「フィリピン―代理人から政治主体へ―」重冨真一編『アジアの国家とＮＧＯ　一五カ国の比較研究』明石書店。

コメント2

李　麗華／中村雪子

本コメントは、お茶の水女子大学大学院博士後期課程ジェンダー学際研究専攻所属の大学院生である李と中村が協同で作成し、プレゼンテーションを、李が担当したものである。また、両者は、お茶の水女子大学の大学院生を中心としたフェミニスト企画体ｐｐｐのメンバー[1]であり、昨年（二〇〇五年）、韓国で開催された第九回国際学際的女性学会議、通称ＷＷ０５にはｐｐｐメンバー（一三名参加）の一員としてヤングフォーラムに参加した[2]。このヤングフォーラムは、アジアのヤングフェミニストの交流・研究報告を意図して、数か月にわたる主催者―参加者間のやり取りを経て実現した場である[3]。今回は、李自身の研究関心（韓国の性労働と女性運動）／背景、さらに、今回の夜間セミナーに合わせて開催されている院生自主勉強会[4]での議論（日本のフェミニズム運動の現状や同時代を生きるアジアのヤングフェミニストへの関心が背景にある）を踏まえ、李が自主勉強会を代表して夜間セミナー初の「院生コメンテーター」として壇上にあがることになった。

ソブリチャ先生の原稿を読んで、最初に印象的だったのが、アメリカの植民地支配の経験やアメリカからの独立宣言以降のマルコス独裁政権下で同政権への抵抗をとおして、女性運動体が成長していったという歴史的な背景である。なぜなら、韓国においても非常に似た経緯があったためだ。しかし、独裁政権から現在に至るまで、各時代における女性運動の展開とその内容には少し相違があるようだ。ここでは、七〇年代から九〇年代の韓国における女性運動の特徴の概観を紹介する[5]。韓国の七〇年代は、朴大統領の独裁政権に対抗し民主社会を建設しようとするエリート女性や女性労働者らによる女性運動の存在に特徴づけられる。一方、学術的な場では、西欧の女性解放理論が紹介され始め、一九七七年には初めて大学に女性学が新設された。さらに、八〇年代の韓国女性運動の最大の特徴と言えるのは、様々な女性ＮＧＯが結成され活発な活動が行われたことである。[6] これらの団体は、女性問題の解決を課題にし、女性に対する政治的・経済的・社会的不平等を訴えていった。また、様々な課題を解決するためには、女性に対する政治的エンパワーメントが必要とされ、女性の政治参加が進んだ。このような流れの中で、九〇年代に入ってから女性運動は独自性を持つようになる。韓国の政治的環境の変化により、女性運動は労働、民族、民主化といった領域から女性のセクシュアリティ、家族といった私的領域にも焦点をあてるようになったのだ。つまり、セクシュアリティ、家族、恋愛、結婚などに対する従来の言説を批判し、新たなフェミニズム文化を作ろうとしたのである。一方、大学では女子大学生に対する性暴力反対、同性愛などが運動のテーマとなり、いわゆるヤングフェミニズムの始発点となった。また、九〇年代は、家父長制の改革を目標にした法制化運動も行われた。[7] その結果、韓国フェミニズムは政治的な活動やパワーが強くなっていった。

一般的に第二波フェミニズムといえばアメリカやヨーロッパにおける女性解放運動が主流であると理解されるが、フィリピンでは女性NGOや大学における女性学の新設といった女性のエンパワーメントや政治的な活動が主流をなしていることがわかった。これらは韓国と非常に似ている。日本で七〇年代前半に盛んであったリブ運動は、女性の個人的な自己解放と共同で政治的な課題に立ち向かう場合の水平的な連帯が特徴であったと言われている。韓国、フィリピンと日本においては、第二派フェミニズムという同じ呼称が用いられていても、内実には相違があり、各々の歴史的な背景が今日の各国の女性運動やフェミニズムのあり方に影響を及ぼしていると思われる。

さきほど触れたリブ運動にも関連するが、現在のフィリピンで活躍する女性研究者や女性団体のリーダーを多く輩出し、ソブリチャ先生も参加したという「フェミニスト・スクール」に、院生自主勉強会メンバーの関心があつまった。それは、現在の日本を生きる私たちの日常的リアリティの中に、真剣に／気軽に「フェミ四方山話」をできる場がないという認識が、ppp発足動機の一つであったことが関係する。それはなぜなのか?という問いを追いかけて、出会ったのが七〇年代リブであった。日本のリブ運動において、個々の勉強会が各地に組織され、さらに「リブ合宿」という形で全国のリブが一同に会する機会があったことは衝撃的で、心が浮き立つような「発見」であった。同時に、そのような活動があったこと自体をわたしたちはなぜ知らず、知る機会がこんなにもなかったのかという新たな疑問も生まれた。このように、私たちは、日本におけるフェミニズムの歴史や蓄積を再発見し、それが私たち世代の女性たちの社会的リアリティに反映していない現状を変えていく方法を探求している途上にある。そのため、日本のリブ運動において展開された勉強会やリブ合宿との共通性がみとめられる「フェミニスト・スクール」（最終的に大学内の女性学プログラムに継承された点で、その帰結はリブ合宿とは異なるが）は非常に興味深い歴史的事実として映った。

また、GADアプローチに関するくだりから「ジェンダー」概念の受容のされ方が日本と異なることにも関心が集まった。現在、日本においては、ジェンダー主流化が「中性人間をつくる」、「伝統文化を壊す」などという言説のもと、バッシングの対象になっている。また、日本では「ジェンダー」＝「女性」の図式が強いようであるが、韓国ではフェミニズム、女性主義という呼称が一般的であり、「ジェンダー」というタームが使用される場合でも「女性」を示すことが多い。一方のフィリピンでは、「ジェンダー」を文字どおり「男女両方の性別に関わる事項」と受け取り、「男性」にも予算を配分することになったため、「女性」を対象にしたプロジェクトの予算が削られているという現象が起こっているという事実は興味深い。「ジェンダー」という言葉が、フィリピンではこのように受容されているのは、その歴史的政治的背景に違いがあるためではないだろうか。

最期に、講義の中心的内容ではないが、若い世代のフェミニズムについて触れる。韓国では、熱心に活動する「ヤングフェミニスト」たちの姿が社会のあちこちで見られ、李も韓国ではヤングフェミニストとして熱心に活動してきた。そのため、来日当時は、日本の特に若い人たちの間にフェミニズムが「ない」ようにみえることに驚いた。このことは、当事者であるpppメンバーにとっても歯がゆい現状であり、韓国のヤングフェミニストとしての李の指摘は、日本の若い世代のフェミニズムの状況を比較の視点からとらえ直す契機となった。また、そのことはしばしば年長のフェミニストや研究者からも指摘され、数回前の夜間セミナーにおいても「問題」として取り上げられたことがあり、「世代間の断絶」とも呼べるような状況がある。このような関心から、フィリピンでは先輩フェミニストと後輩フェミニストはどのような関係性にあるのかということを含め、フィリピンの若い世代のフェミニズムに関して興味をもっている。また、ｐｐｐはＷＷ０５では惜しくもISIS Manila[8]のヤングフェミニストたちと出会いそびれたのだが、ヤングフォーラムの経験から、漠としてはいるが同時代を生きるアジアのヤングフェミニストたちのまだ顕在化していないうねりのようなものも体感した。同時に、ｐｐｐメンバーには「日本のヤングフェミニスト」と呼ばれることや、「アジアのヤングフェミニスト」という括り方に違和感があるものもいた[9]。その違和感は、同時代でありながら「アジアのヤングフェミニストたち」があまりに異なる政治的経済的コンテクストを生きていると肌で実感したことに起因しているかもしれない[10]。

今後、日本においては断絶があると言われているリブ以降のフェミニストとヤングフェミニストが共に考え行動できる道、また、韓国や日本、フィリピンなど同時代を生きるヤングフェミニストが国境を越えてつながっていける方法を模索していきたい。

注

（１）　ｐｐｐは「project of the personal is political」の略称である。ｐｐｐは主に二〇〇四年から二〇〇六年にかけて活動した。

（２）　“The 9th International Interdisciplinary Congress on Women, Women's Worlds 2005”この会議の詳細は左記ＵＲＬ参照。http://www.ww05.org/english2/index.htm

(3) 報告者のうち四名は、お茶の水女子大学二一世紀COEプログラム「ジェンダー研究のフロンティア」の「若手支援」を受けた。
(4) 本コメント作成者の一人である中村が幹事を務めた。
(5) ここで紹介される内容は、韓国女性研究所編（한국여성연구소편）一九九九『新たな女性学講義』（새 여성학강의）を参考にした。
(6) 一九八三年に女性平友会、女性の電話（女性ホットライン）、民主化運動青年連合の女性部、一九八七年に韓国女性団体連合（結成当時は、二一の女性団体、現在は六支部と二九の女性団体）を始め、韓国女性労働者会、韓国女性民友会が次々と組織された。
(7) 性暴力特別法（一九九二年）、DV防止法（一九九七年）が制定され、二〇〇〇年代に入ってからは、性買売防止法（二〇〇四年）、戸主制度の廃止（二〇〇八年）を達成した。
(8) 報告者はWW05の同じセッションでISIS Manilaのメンバーと議論を交わす予定になっていたが、ビザがおりなかったために彼女たちはWW05に参加できなかった。
(9) 韓国においては「ヤングフェミニスト」は、「ヤング」とは世代なのか?新しい手法なのか?といった論点から議論を呼ぶ呼称ではあるが、社会的にも認知されているため、李には当初からあまり違和感がなかった。
(10) ISIS Manilaの二人がビザの問題で参加できなかったことや、大挙してヤングフォーラムに参加していたのは、「日本のヤングフェミニスト」であるpppのみであったこと。

第二章　ジェンダー主流化は女性に何をもたらしたか

ジェンダー主流化という考えは、家父長制に対する挑戦とならなかったために、フィリピン政府や国内外の主要援助機関にとって非常に魅力的であり、その安全性ゆえに、多額の援助資金と資源がジェンダー主流化プロジェクトに投入されるのである。しかも、ジェンダー概念を用いることで、女性たちが直面している女性特有の問題の位相がずらされることになる。すなわち、ジェンダー主流化という用語を用いる危険性とは、男女双方を許容するという包括的な響きを持つがために、かえって女性が議論の中心からはじき出されるということである。(1)

はじめに

ジェンダー主流化は、第四回世界女性会議（以下、北京会議）で採択された『北京行動綱領』の中で、ジェンダーと開発（GAD、Gender and Development）枠組みを定着させるための方法として、また、ジェンダー平等への手段としてはじめて明記された。女性のエンパワーメントに関するアジェンダである『北京行動綱領』は、全世界の女性たちが直面する十二の重点問題領域――例えば、女性と貧困、女性と教育と訓練、女性と健康、女性に対する暴力、女性の地位向上のための制度的仕組みなどの課題群――に沿って取組むべき具体的行動の中に、ジェンダー視点の主流化を組み込んでいくことを求めている。(2)

しかしながら、メキシコのグアダラハラで二〇〇二年に開催された「開発における女性協議会国際会議（International Conference of the Association of Women in Development）」では、各国の有識者が地域、国籍、人種、社会的階級を超えて、女性の戦略的利害を促進するはずのジェンダー主流化という概念の有効性に対し、懸念を表明した。同様の意見は、『北京行動綱領』の評価をおこなった二〇〇五年にニューヨークで開催された「女性の地位委員会」を含む、多くの会議に参加した女性団体からも表明されている。同会議での合意事項のひとつは、「ジェンダー主流化がもたらす影響と問題を見極める」ことであった。(3)ジェンダー主流化は実際には、どのような問題を引き起こしているのだろうか。

本章は、フィリピンの経験をもとに、ジェンダー主流化の限界と問題点に関する言説に寄与することを目指す。

なお、ここで議論のため用いるデータと知見は、当然のことながら筆者の現在の立場に影響されていることをあらかじめお断りしておきたい。筆者はフェミニスト研究者、教育者である一方で、ＮＧＯが実施するプロジェクトに参加しながら開発の仕事に関わり、アジア諸国の政府や多国間機関に技術的助言をする立場にある。ジェンダー主流化を積極的に支持してきた人たちと、主流化の有用性や結果に疑問を呈示する人たちの狭間で、いわば綱渡りをしなければならない立場にある。実際ジェンダー主流化戦略が実施された当初、この戦略を推進してきた人たちの多くは、その適用のされ方に失望している。ジェンダー主流化戦略は、軍国主義や原理主義、グローバリゼーションなどのグローバルな力のもとで発生している女性問題を解決することに失敗したと主張する人々さえいる。一方、ジェンダー主流化戦略の考え方自体は健全であるが、その実施方法に問題があったという意見もある。

一　ジェンダー主流化戦略とは何か

フィリピンのジェンダー主流化の経験を詳述するに先立ち、まずはジェンダー主流化についての解釈と定義について確認しておこう。現在もっとも広く使われているジェンダー主流化の定義は、一九九七年の国連経済社会理事会（ECOSOC, United Nations Economic and Social Council）の決定によるものであろう。

ジェンダー概念の主流化とは、あらゆる領域・レベルにおいて、法律、政策およびプログラムを含むすべての計画行動が女性と男性に及ぼす影響を評価する過程である。女性と男性が等しく便益を享受し、不平等が永続しないようにするために、すべての政治的、経済的、社会的な場において、男性の関心と経験と同様に女性を政策やプログラムの計画、実施、モニタリングおよび評価に不可欠なものとするための戦略である。究極の目標はジェンダー平等を達成することである。(4)

『北京行動綱領』では、ジェンダー主流化の政策やプログラム開発への応用が、具体的に明記されている。『北京行動綱領』は政府に対して、以下に述べる女性の地位向上を促進するための三つの戦略目標を設定することを求めている。（a）国内本部機構その他の政府機関を創設または強化すること、（b）法律、公共政策、計画およびプロジェクトにジェンダーの視点を組み込むこと、（c）立案および評価のための男女別のデータおよび情報を作成・普及すること、の三点を挙げ、各戦略目標の達成のために取るべき行動や必要な具体的措置への指針を示している。

まず一点目の戦略目標の達成のためには、女性の地位向上に対する責任を政府の最高レベルの機関に帰属させるよう、その保障を要請している。また二点目に国内本部機構を強化し、政策に影響を与え、法律を策定し見直すための充分な資源、能力および力量を与え、その機構が政策分析をおこない、啓発、連絡、調整および実施の監視を引き受けるよう努めることを、やはり政府に求めている。三点目は、公的、民間、ボランティアセクターの多様な主体による積極的な参画を推奨することを要請するものである。四点目としては、政府がジェンダーに起因する諸問題と原則を、適切な能力開発ツールの開発やデータ整備、ネットワーク構築を通じて政府の政策、制度、プログラムに反映することを要請している。最後に、ジェンダー関連政策の提言やプランニングに必要な性・年齢別統計や社会・経済階層別統計の整備や普及、それらの効果的な活用を政府がおこなうことを要請している。

『北京行動綱領』の文書にはほとんどすべての国連加盟国において、女性の地位向上を目的とした国内本部機構が設置されてきたにもかかわらず、こうした組織の多くが女性の地位向上や福利の促進のために充分機能していないと注記されている。国内本部機構は往々にして当該国政府機関の中で周辺化されており、組織目標が不明確で人員、訓練も不十分であり、データや必要な資源が欠如していることが多く、政府の上層部からの支援が欠如しているからである[5]。

ジェンダー主流化の基本的な解釈と定義が明らかになったところで、次節以降ではフィリピンの事例を紹介しながら、ジェンダー主流化への理解をより深めていくことにしたい。

二　フィリピン政府によるジェンダー主流化への着手

一九九五年の北京会議で採択された『北京行動綱領』は、各国政府、国内本部機構、国際機関などに対して、女性の地位向上のための制度的、財政的整備への取り組みを要請しているが、これを受けて、フィリピンでも北京会議直後からさまざまな取り組みが進展している。その推進役を担ったのが、「フィリピン女性の役割委員会（The National Commission on the Role of Filipino Women, NCRFW）」である。一九九六年、女性の役割委員会の評議委員会において、『北京行動綱領』の十二の重点問題領域をフィリピンにおいても重点課題として位置づけ、その内容をフィリピン政府が遵守すべく、フィリピン独自の戦略目標と具体的な行動が明らかにされている。

ところで女性の役割委員会とは、フィリピン大統領令第六三三号により、国連が一九七五年から一九八五年までの期間を「国連婦人の一〇年」と宣言した一九七五年に設立された組織である。「全国、地域、国際レベルで、両性の平等が達成されるよう政策の見直しと評価をおこない、提言する（後略）」という責務に基づき、女性の役割委員会は女性の地位向上に関して、大統領と内閣の政策諮問／立案機関として機能している。[6] 設立初期の女性の役割委員会は、女性を対象としたBalikatan sa Kaunlaranという名称の上意下達型の生計、健康、教育プログラムを実施し、また政策に関する調査・研究や女性関連の法案の成立にむけてのロビー活動をおこない、「女子差別撤廃条約」の進捗状況を監視している。なおフィリピン女性の役割委員会は、二〇〇九年に「フィリピン女性委員会（The Phillippine Comission on Women, ＰＣＷ）」に改称された。[7]

一九七五年に誕生した女性の役割委員会に大きなインパクトを与えたのが、一九八六年の政権交代である。フィリピンに民主化をもたらした政権交代を契機に、女性の役割委員会の評議委員会に市民社会の代表者が任命されるようになり、同時に女性問題が政府の政策やプログラムに確実に組み込まれるよう、同委員会の責務とプログラムの優先順位が見直された。評議委員も増員され、しかもその半数がＮＧＯ代表者に割り当てられたのである。残念ながら女性の役割委員会、そして改編後のフィリピン女性委員会は、高度なレベルの統治に影響を及ぼすには至っていない。このことは大統領が委員長の任命権を有していることと関連している。評議委員会では、市民社会組織の代表枠の人選過程をより参加型とする試みはなされたものの、委員の幾人かは依然として、貧困女性の窮状には関心を示さないエリート階級の団体に割り当てられたままとなっている。

一九八六年以降、女性の役割委員会はジェンダー主流化という目的を遂行すべく、その陣容を立て直していく。そのひとつは、「ジェンダーと開発のためのフィリピン三〇年計画」と、全省庁にジェンダー・フォーカルポイントを設置するための政策策定である。ジェンダー・フォーカルポイントとは、各組織の上位二番目の高位の役人が責任者となり、テクニカルワーキング・グループ（ＴＷＧＧ）、あるいはジェンダー委員会が実務面での補佐をおこなうものである。いまひとつは、北京会議が開催された一九九五年に、フィリピン政府は全省庁がそれぞれの分野におけるジェンダー問題に対応するため、全予算の最低五パーセントをジェンダーに関連するプログラムに充当するという、ジェンダーと開発予算政策を採択した。同時に、ジェンダー予算の効果的な活用のための指針——具体的にはジェンダー・プランやジェンダー・プラン達成政策および手順など——が策定された。さらに、フィリピン全土の教育機関やNGOからの協力を得て、多数のワークショップや能力開発のための試みが女性の役割委員会により組織され、政府職員を対象としたジェンダー・プランニングやジェンダー予算に関するトレーニングを実施している。

制度的連携という意味では、女性の役割委員会はこれまで国家経済開発庁、予算管理省、内務自治省と緊密な連携を保ちながら、ジェンダー主流化のための制度的整備にあたってきた。国家経済開発庁は政府の計画策定機関として、ジェンダーと開発にかかわる課題を、国家開発計画や政策調整、投資プログラムやプロジェクトの監視と評価において反映する責務を負っている。一方、予算管理省は、政府や地方自治体におけるジェンダー予算三ヵ年計画作成のための指針を整備、更新し、普及させる責を負う。この責務とは具体的には、ジェンダーと開発計画に関連する三ヵ年分の予算が各年度の予算要求に反映され、管轄下の省庁に拠出が義務づけられている（予算総額の）五パーセントに相当する金額のジェンダーと開発予算を、確実に遵守させることを意味する(8)。上記に加え、予算管理省は政府機関に対して、ジェンダー予算に関する定期的なオリエンテーションを実施する義務も担う。なお、各地方自治体によりジェンダー予算が遵守されているかどうかを判断する責任は内務自治省にあるが、ジェンダーと開発計画と予算策定に関するガイドラインは、予算管理省で個別の地域の特色やニーズを考慮しつつ作成されている。地域開発審議会と、地域レベルでの立法機関であるSangguniang Bayan／Panlalawiganは、各州および市の地域開発と投資三ヵ年計画と年間投資計画に、ジェンダーと開発計画が反映されることに責任を持つ。

一九七五年の成立以来、フィリピン女性の役割委員会は何度かの改組を経験しているが、特に一九九〇年代後半以降は、政策提言能力と政策開発能力を強化するための組織変更を重ねている。二〇〇九年以降はフィリピン女性委員会として、調査・政策分析部門、技術サービス・振興部門、計画部門と監視・評価部門の四つのプログラムを統括している。各部門の具体的な機能については、資料二―一を参照されたい。

三　ジェンダー主流化の概念枠組み

一九七五年に誕生した女性の役割委員会は、一九八六年の政権交代をきっかけに組織面、運営面で大きく変容を遂げるが、同じ頃、同委員会の理念や政策を支える概念枠組みにおいても、大きな移行を経験している。それは、開発概念である「開発における女性（Women in Development, ＷＩＤ）」から、「ジェンダーと開発（Gender and Development, ＧＡＤ）」への移行である。(9) 女性の役割委員会はジェンダーと開発を次のように定義している。

ジェンダーと開発とは、女性に関わるものではなく、ジェンダー役割や責任、ジェンダーに起因する期待にまつわる責務に関わる開発の視点である。世帯の内外の両方で行われる労働への女性の貢献を分析対象とする。ジェンダーと開発とは、女性と男性の開発過程への参画、資源のコントロールと開発による便益をうける社会的、経済的、政治的、文化的な力に着目するものである。(10)

ジェンダーと開発という概念枠組みは、女性たちが必ずしも男性と同等に開発事業に参画できていないこと、また、社会で声をあげることが困難であること、そして女性たちの経済・社会的な役割の多くが認識されにくいという事実に着眼している。この新しいアプローチに焦点が移行してきた背景には、女性たちのニーズと利害が、しばしば開発計画の設

資料2-1　「フィリピン女性委員会」の各部門の機能

フィリピン女性委員会（PCW）は大統領府所轄の政府機関である。委員長のもと、運営委員会が政策、フィリピン女性委員会のビジョンとミッションを達成するための事業および細則を定め、事務局長が同委員会の事業計画とその実施を監督する。2名の事務局長代理と5名の部長が事務局長を補佐する

委員長

・委員長は、フィリピン女性委員会が実施する事業とプログラムの実施全般に対して責任を持つ・委員長職は事務次官職に相当し、フィリピン共和国大統領に直接報告義務を負う

運営委員会

・運営委員会は政府機関・女性団体と連携をはかりつつ、あらゆる領域の女性が、女性の福祉の増進に資する取組や、社会開発過程に参画できるよう努める
・女性関連法案の細則の策定、実施に際し、フィリピン女性委員会に対して助言をおこなう
・委員長が承認した業務と財務計画の承認作業をおこなう
・委員長より依頼された職務を遂行し、委員長が開催する会議に出席する

事務局長

・フィリピン女性委員会の日常業務を統括する
・運営委員会が策定した政策の実施に対して責任を持つ
・政策分析部長、プログラム開発部長、監視・評価部長、情報資料部長、総務・財務部長、プロジェクトマネジメント部長が、事務局長に報告義務を負う

政策分析部門

・審議中あるいは既存の政策/法律のジェンダー分析を実施し、初期の政策立案過程への効果的な介入を確実に実行する
・政府機関/NGOが用いることができる、一定の政策分野の分析に、ジェンダーの視点を取り入れた枠組みや手法、ツール、ガイドラインを開発する
・多様な集団やセクター、政府機関やNGOとの協力のもと、ジェンダーと開発に関連する課題の調査ならびに立法アジェンダの定義策定に参加する
・女性問題に関する政策提案を策定しジェンダーに対応する法案の策定、ロビー活動、成立に関して議会や政府機関、NGO、民間部門との連携をはかる

プログラム開発部門

・全国および各地域の省庁に対して、ジェンダー主流化の計画、プログラム、政策、システム、プロセスに関する技術支援を提供する
・ジェンダーに配慮したプログラムやプロジェクトの開発や実施のためのツールを開発し、パッケージ化する
・GADアドボケイト/ネットワークを構築、強化する
・地方や地域の開発計画におけるジェンダーと開発視点の統合のモデルを提示する

監視・評価部門

・女性の地位向上に不可欠とみなされる関連法、政策、主要なプログラムに女性が参加し、確実に便益を得ることができるよう全国的な監視システムを立ち上

げ、維持する
・女子差別撤廃条約や北京行動綱領に代表される国際条約ならびに協定の全国的な実施と遵守を監視、評価する
・ジェンダーと開発計画、政策、法律の実施状況における進捗をモニターし、実態との乖離を特定し、実施にむけた政策提言をおこなう
・女性に影響を及ぼす重要な法律、政策、プログラムの実施を監視している議会の関連委員会ならびに監視グループと連携をはかる

情報資料部門
・ジェンダー問題に関する統計を充実させるため、よりジェンダーに対応した統計システムの整備をはかる。国家統計調整委員会、国家統計局、統計調査・訓練センターなど統計を管轄する省庁と連携しながら、アドボカシー活動と各種プログラムを実施する
・フィリピン女性委員会の女性情報センターを維持、強化し、ジェンダー問題に関するデータと情報収集、情報サービスの向上をはかる
・女性・ジェンダーと開発に関連する情報と資料を作成、普及する
・コンピュータ化された情報システム、ローカルエリアネットワーク(LAN)やフィリピン女性委員会のウェブサイトを管理し、コンテンツの充実をはかる

総務・財務部門
・人事、予算、会計、物品の購入や総務関連手続きなど、日常の業務にかかわる、庶務ならびに財務・会計上の支援を提供する
・フィリピン女性委員会人事部門がおこなうプログラムの策定と助言、実施をおこなう
・職員の採用/昇進、苦情処理、表彰/報奨等に関する検討委員会を立ち上げ、機能させる

プロジェクト管理部門
フィリピン女性委員会と国連人口基金(UNFPA)による連携プロジェクト
・リプロダクティブヘルス・人口問題・女性に対する暴力の撲滅に関するジェンダー主流化を通じた政府機関強化プロジェクトの実施管理をおこなう
フィリピン女性委員会とカナダ国際開発庁(CIDA)による連携プロジェクト
・ジェンダーに配慮した女性の変容を促す経済活動(GREAT)プロジェクトの実施管理をおこなう

出典: PCW, http://pcw.gov.ph/ 2011年11月15日ダウンロード

計と実施段階において真剣に考慮されてこなかったことがある。しかし現実には、女性のニーズと利害は多層的であるだけでなく、社会階級、年齢、民族的背景によって非常に多様である。女性たちは、日常的に経験される、社会構造やジェンダー関係を決定する支配的な慣習との交渉や世界観にも、大きく左右されている。

女性の役割委員会が北京会議直後に採択した政策文書の中で、ジェンダーと開発という枠組みが明確に記されたが、そこでは女性が単なる開発における受動的な裨益者ではなく、「変革の担い手（チェンジ・エージェント）」として位置づけられている。すなわち、ジェンダーと開発という概念枠組みの中で、労働者、地域住人、母親、一般市民である女性たちが、自らの地位や福祉を改善するためにジェンダー関係を変革する主体となることを要請しているのである。

さらに、女性の役割委員会は一九八七年に制定した憲法が謳うジェンダー平等という目的を、ジェンダー公正アプローチを通じて達成しようとしている。ジェンダー公正アプローチとは、今日までにフィリピン女性が被ってきた歴史的、社会的な不利益を相殺するべく、政府の介入によって両性の公平な競争の場の提供を実現しようというものである。[11] ジェンダー公正アプローチによる取り組みの例として、今日のフィリピンでは便益や収入、機会へのアクセスにおいて深刻なジェンダー格差が存在することから、性別にかかわらず開発プログラムに参加することを促すとともに、ジェンダー格差の根本的原因の究明を求めている。より正確にいうと、プログラムの実施レベルでは、ジェンダー公正アプローチは「ジェンダー平等と女性のエンパワメント枠組み（Gender Equality and Women's Empowerment Framework, ＧＥＷＥＦ）」という名称の下で適用、応用されており、同プログラムは女性の役割委員会が「二〇〇〇―二〇〇四年 女性のための枠組みプラン（Framework Plan for Women, ＦＰＷ）」の中で採択している。これは、福祉、各種資源へのアクセス、意識改革、参加、コントロールという五つのエンパワーメントの基準に沿って、ジェンダー問題や女性に対する偏見に注意を喚起する必要性を訴えるものである。[12]

ジェンダー主流化アプローチの鍵を握る要件は下記のとおりである。

・男女別データの提供と統計出版物の作成
・ジェンダー分析を実施するスキルと機会の提供
・効果的なモニタリング、体系的な評価方法およびツールの確立
・ジェンダー主流化の推進主体となる国、州、地域レベルでの機構の設置および説明責任と責務の明確化
・効果的なコミュニケーション・ネットワークと組織間の連携
・技能をもつ人材の育成と確保
・市民社会による継続的参画(13)

近年、女性の役割委員会（現フィリピン女性委員会）は、ジェンダーと開発アプローチに人権の原則を組み込む動きを見せているが、この点については本書の第五章で詳述したい。

四　ジェンダー主流化を支える行政の仕組み

フィリピン共和国大統領府直属の政策諮問／立案機関として創設された女性の役割委員会（現フィリピン女性委員会）は、既述のとおり、フィリピン政府の包括的な組織の中に戦略的に位置づけられている。その責務とは、ジェンダー平等という国家レベルの開発目標を達成するために不可欠な、政府や地方自治体におけるジェンダーにかかわる業務の遵守を監視し、政策上の助言を与えることである。女性の役割委員会を構成しているのは、重要性の高い一〇の省庁の高官であり、その意味で、同委員会は少なくとも理論的には、政府の政策決定に大きな影響力を行使できる立場にある。特に、評議委員の半数の枠をＮＧＯの代表者に提供していることがあげられよう。二〇〇九年に制定された「女性のためのマグナカル

タ法」では、女性の役割委員会の組織変更が謳われ、その結果フィリピン女性委員会に改称された。このように、評議委員が今後改組されたり、機能が再定義される可能性がある。

言うまでもなく、フィリピン女性委員会は行政府の一部であるが、フィリピン国内の喫緊のジェンダー課題に対応するため、立法府や司法府にも、過去数年にわたり、影響を及ぼしている。主に、計画策定過程での専門的な助言と各種資料の提供などが、影響を行使する手段となっている。現在、フィリピンの司法府は、フィリピン女性委員会の助言をもとに法案の作成を手がけている女性団体とも緊密な作業をおこない、最高裁判所はジェンダープランやジェンダー予算を有する。

フィリピン政府の各省庁が担うジェンダー予算の作成と執行に関して言えば、フィリピン女性委員会は予算編成から、より有効的な予算の執行において重要な役割を果たしている。まず、同委員会はジェンダーと開発予算の編成と執行に関する既存のガイドラインを抜本的に見直し、ジェンダーと開発に関する年間計画と予算の策定と実施報告書の提出を義務づけている(14)。これまでとは異なり新ガイドラインによれば、全省庁はフィリピン女性委員会にジェンダーと開発予算案を提出し、同委員会による内容の審査を経て、予算案の正式な提出となる。すなわち、フィリピン女性委員会の承認を得ないことには、省庁は予算案を予算管理部門に提出することはできないのである。

省庁と地方自治体から提出された成果報告書は、フィリピン女性委員会がまとめて、毎年上院に報告している。このほか、ジェンダーと開発予算の執行へのフィードバック方法としては、フォーカルポイントの年次大会の開催と、委嘱をうけた研究者や、地域のジェンダーリソース・センターや、ジェンダーリソース・ネットワークに登録しているジェンダー担当トレーナーによる評価が、随時おこなわれている。

ジェンダー予算のより一層の活用を促進するために、フィリピン女性委員会は予算編成の際に人権基準に配慮するなど、新たなプランニング・アプローチの活用を呼びかけてきた。長年にわたり、フィリピン女性委員会はジェンダー主流化の

資料2-2 「女性の役割委員会」が関係省庁およびドナーと作成したジェンダー主流化のためのツールと関連資料

- 『女性問題に取り組むＮＧＯ総覧』2003年
- 『ジェンダーと開発とともに進む：女性と家族に関するSanggunian委員会のための開発とジェンダーハンドブック』
- 『予算編成過程におけるジェンダー主流化と制度化のための手引き』2002年
- 『地方自治体でのジェンダー問題の対応を活性化するために：自治体首長のための手引き』2002年
- 『ジェンダーに対応した地域開発計画のための統計活用ガイドブック』2002年
- 『ジェンダー主流化ガイドブック：現状と課題』2002年
- 『ジェンダーに対応した組織作りへの道のり：政府機関をジェンダー対応型組織にするためのツールと指針』2002年
- 『開発計画におけるジェンダー主流化：フレームワークとガイドライン』2002年
- 『2001年度版　女性と子供に対する暴力に関する統計ハンドブック』2001年
- 『女性関連法律』第１巻　解説付き一覧及び第２巻　総覧　2000年
- 『女性/ジェンダーに対応する取り組みに関する論文集』1999年
- 『コミュニティベースの森林管理のためのジェンダーに対応した参加型ツールハンドブック』1999年
- 『開発過程にジェンダー課題を組み込むためのガイドライン：北部ミンダナオ地域における女性のためのフィリピン開発計画実施マニュアル』1998年

出典: NCRFW, http://ncrfw.gov.ph.

ためのツールを開発し、学識経験者やＮＧＯのジェンダー・トレーナーと協力しながら、ワークショップを開催し、プランニング・アプローチの適用をとおして、省庁や地方自治体職員の能力開発に努めている。また、フィリピン女性委員会は、全国および地域レベルの政府機関の業務をより円滑に推進するために、ジェンダー主流化のためのガイドラインや、使いやすく改良されたマニュアルの出版も手がけている（資料二―二）。

五　ジェンダー主流化政策の成果

一九九六年、女性の役割委員会（当時）はフィリピン議会の下院に対して、「ジェンダー予算は女性の健康、教育、住宅、貸付の促進や生計プロジェクト、マーケティング、貧困女性の支援訓練など、女性への直接的なサービス、プログラムに使われた」と報告した[15]。これらのプログラムの総予算は、一四億ペソ（約三三億六千万円[16]）にのぼる。女性を対象としたプログラムに次いで、八億六千四〇〇万ペソ（約二〇億七、三六〇万円）が、「ジェンダーに配慮した政策・計画策定・見直し」のための政策関連調査に支出された[17]。

ジェンダー予算はこれまで概して、政府職員が業務の効率的な執行に悪影響をあたえるジェンダー関連の課題に対応できるような力を身につけるために活用されてきた。ジェンダー予算の成果としては、政府機関による男女別データの整備やジェンダー・プランニングへのデータの活用があげられる。フィリピン政府の積極是正政策の結果、暴力を受けた女性を対象としたカウンセリング・サービスや、シェルターの提供、警察署内での女性専用デスクの設置などがおこなわれている。

五—一　法制度と地方政策の拡充

女性の役割委員会主導によるジェンダー主流化の取り組みが、フィリピンにもたらした成果のひとつが法制度の整備・拡充である。一九九六年以降、一四にのぼる女性の立場に立った法律とふたつの大統領令が成立したことは特筆すべきであろう。一四の法令には、家族法廷の設立（共和国法第八三六九号）、全警察署での女性担当窓口の設置（共和国法第八五五一号）、女性と未成年に重点的に配慮した人身売買撤廃に関する施策の制度化（共和国法第九二〇八号）、女性と子どもに対する暴力の撤廃（共和国法第九二六二号）が含まれる。

一方、多数の地方自治体においても、上記法律の効果的な実施のための法令や仕組みが同様に整備されていった。「女性のためのマグナカルタ法」の制定（二〇〇九年）は、フィリピン政府がおこなったジェンダーと開発政策の制度化の最も重要な成果のひとつとみなすことができる。

二〇ヵ所の地方自治体でジェンダーと開発への取り組みについて調査したところ、下記のようなジェンダー主流化の取り組みが法整備や地方政策の拡充として実施されたことが明らかになった。

・バランガイ内の保育所と保育センターの設置決議
・子どもの権利と福祉法
・女性を対象とした財政・貸付支援を提供する条例
・親密圏における暴力撲滅のための条例
・女性と開発／ジェンダーと開発法
・分野横断的プログラムやプロジェクトのためのジェンダー予算を地方自治体、NGO、学術機関の三者で共有することに関する協定書
・ジェンダー関連プログラム、プロジェクトの実施における女性団体の役割を制度化する条例

ここでは、もうひとつの例として、「ダバオ市女性と開発条例（市条例五〇〇四号）」とジェンダー監視プロジェクトを取り上げ、その内容を以下に詳述する。

「ダバオ市女性と開発条例」は、一九九七年一〇月に成立した。同条例は、学識経験者と一九九五年に開催された北京女性会議に直接関わった女性団体とフェミニストの活発なロビー活動の成果である。女性と開発条例の成立にいたるまでの過程では、さまざまな分野や職能団体におけるジェンダー課題に関する調査、政府機関、市民社会組織との会合を重ね、地方自治体の職員へのアドボカシー活動を通じて、ジェンダー問題への意識を高める努力がおこなわれた。

五三頁におよぶ女性と開発条例は、基本理念と開発と女性に関する諸問題について述べた一般条項と、罰則規定と実施規則を定めた細則からなる。条例は、開発に関連する以下の十一項目を網羅している。①女性に対する暴力、②政治、

公共の場における女性、③女性を抑圧する文化的役割に関する問題、④労働と雇用における女性、⑤女性のヘルス／ライツ、⑥教育の権利に関する問題、⑦女性のための社会・経済的便益、⑧農村女性が直面する問題とその権利、⑨特殊なセクターの問題、⑩女性と児童のための支援システム、⑪女性と開発。条例ではまた、ダバオ市の政策とプログラムへのジェンダー視点の完全な統合を義務づけている。

条例を効果的に実施するために、女性の人権に関するアドボカシーグループ、NGOならびに公的機関の職員からなる分野横断的なグループが、一九九七年にジェンダー監視委員会を立ち上げた。同委員会は、各部門が提出したジェンダーと開発計画と予算に基づき、条例の内容がどの程度まで、またどのように遵守されているかを監視する。一九九七年と九八年に、すべての利害関係者とのコンサルテーション・プランニングに関するミーティングをおこない、NGO、地方自治体、住民組織の代表者数百人が、条例の内容をわかりやすい言葉に直し、監視のための指標と、データ収集の手法について合意している。委員会は複数のモニタリング結果を公表しており、その内容は次年度のプランニングとプログラム開発に反映させている。

ジェンダー監視委員会のメンバーは設立当初の二四団体から現在は二八団体に増え、個人会員の五八名の内、女性が八二％を占める。二八団体には、ダバオ市が管轄する一七の地域事務所、これらの地域事務所の管轄下にある一〇の部署、大統領府管轄の一機関が含まれる。

二〇〇三年度には、ダバオ市は、「ダバオ市女性と開発条例プログラム」を確実に施行するために、覚書第一〇一一―〇三号を発行し、財務、庶務、都市工学、法務、観光局を含む、二〇のすべての市関連部署に「ジェンダーと開発担当官」を任命した。ダバオ市の二〇〇三年度のジェンダーと開発委員会の予算は、二七〇万ペソ（約六四八万円）を計上している。

五―二　意思決定過程におけるジェンダー主流化の浸透

法整備と地方行政に加えて、ジェンダー主流化の成果を占うもひとつの重要な要件は、意思決定過程へのジェンダー主流化の浸透である。国内本部機構であるフィリピン女性委員会は、政府機関内外の意思決定過程に一人でも多くの女性たちが参画できるよう働きかけ、そのための支援活動を展開している。とりわけ、ジェンダー課題に通じた女性リーダーの発掘と、指導的な立場にたつ女性たちがさまざまな場で意思決定過程に参画できるよう、必要な訓練を提供している。実は、こうした取り組みの背景には、フィリピン女性委員会と地方自治体との協力関係、より正確にいえば、地方主導の取り組みがある。複数の地方自治体がジェンダーと子どもに関する条例を成立させ、ジェンダー予算確保のためのロビー活動を実施したことに起因しているのである。

フィリピン女性委員会が作成した『女性のためのフレームワークプラン（NCRFW 2000）』は、政治とよい統治（ガバナンス）への女性の参画を要請し、そのための具体的な措置として以下の手段を提起している。すなわち、①地方における女性政治リーダーを対象とするリーダーシップ・トレーニング、②ジェンダーに対応するマネージメント、ジェンダー・プランニング、ジェンダー予算のトレーニング、③選挙時により多くの女性候補を擁立するための提言、④政治への関与を望む地方や草の根の女性を対象とした支援サービス、⑤ジェンダーに対応するマネージメントとリーダーシップモデル確立のための調査、の五項目である。

意思決定過程にジェンダー主流化の浸透を促す取り組みの結果、新規に選出された地方自治体の首長を対象とした定期オリエンテーションプログラムに、ジェンダー視点が組み込まれた。また、フィリピン女性市長協議会や女性地方法制定者協議会のような団体を通じた、女性議員のネットワーク構築や能力開発と、「ジェンダーに敏感な統治に関するマニラ宣言」（二〇〇三年施行）の成立も、主要な成果といえるだろう。「マニラ宣言」とは、フィリピン全土で選出された女性議員による政策提言と、プログラム開発の指針となる原則と取り組みに関する宣言である。(18)

最高裁判所が策定したジェンダーと開発計画は、裁判制度におけるジェンダーバイアスを是正するための最も効果的な見取り図を提供している。現時点での成果として、判事や検察官や裁判所職員を対象とする、ジェンダー視角を身につけるためのトレーニングの実施、裁判制度におけるジェンダー課題に関する基礎資料や、プランニングのためのデータの収集、女性に対する暴力事件の訴訟をより女性や子どもの立場に立ったものにするための政策やガイドラインが成立している。一連の取り組みはまた、刑法制度改革、とりわけ服役中の女性囚人の待遇改善にもつながっている。

五―三　困難を抱えた女性を対象としたジェンダープログラム／サービスの拡充

政府機関と国際的支援機関、ＮＧＯや民間団体との協働を通じて、フィリピンの最貧困州でのジェンダー主流化の取り組みでは、ドナー支援によるプログラムと、フィリピン政府と地方政府のジェンダー予算を組み合わせることにより、貧困世帯の出身者を含むより多くの女性にプログラムを提供することが可能になった。その成果は、貧困地域の住人、特に女性たちの数々の便益として現われつつある。保健省が実施した「女性の健康と母性の安全」プロジェクトや、社会福祉開発省が実施した貧困撲滅プロジェクトへの支援を行ったドナーによる最終評価報告では、貧困地域に暮らす女性たちがこうした取組から得た恩恵の事例が紹介されている。

例えば、レイテ州やサマール州では、バランガイレベルで女性による健康問題に取り組むＮＧＯおよび民間グループが連合体を形成し、州政府の健康への取り組みに対して、発言力を増している。六年間に及ぶ「女性の健康と母性の安全」プロジェクトに参加した、二〇ヵ所の最貧困地域と一七五のバランガイでは、バランガイの女性たちが組織化され、地域の健康計画を策定し、ジェンダー予算をそのために使うようロビー活動を展開するに至っている。また、複数の地域で女性リーダーが選出され、各バランガイの健康プログラムを運営している。ジェンダー平等と女性のエンパワメント枠組みのガイドラインに従い、地域における組織活動を担当したNGOは、参加型ニーズ評価や地域でのプロジェクト開発といった活動を展開し、さらに、ジェンダー・セミナーを実施し、地域の女性たちが、自身のリプロダクティブ・ヘルス／ライツを推進するにあたり、重要とみなした活動を確定できるよう、女性たちを組織化することに努めている。

同プロジェクトの第一フェーズ終了時の評価報告書によれば、貧困地域で以下の点が達成されたことが記載されている。①水道システム、診療所、健康保険システムをバランガイ役員と共同で運営する女性団体の存在が確認された、②地域の治療薬と近代的な医薬品の製造と安価での販売促進活動、③リプロダクティブ・ヘルス／ライツの枠組みに従い、医療従事者が訓練をうけた、④地域ベースの健康のための貯蓄スキームと保険パッケージの導入、⑤主として重篤な病気や緊急を要する産科のケースや高い妊産婦死亡率に関する地域内における医療紹介制度の導入、などである。

そのほか、女性の健康、貧困の女性化に焦点を絞ったプロジェクトに加えて、能力開発、政策改正のためのアドボカシー活動、世帯単位の所得創出活動、各種サービス提供施設の設立などのプロジェクトが最貧困地域で官民協力のもとで実施された。

フィリピン政府と海外ドナーとの協力で進められたジェンダーと開発プロジェクトの具体的内容については、表二―一を参照されたい。

六　ジェンダー主流化の限界と障害

ここまでの考察で明らかになったように、フィリピン政府がジェンダー主流化に取り組むにあたって、フィリピン女性

表２－１　20の貧困州におけるフィリピン政府とドナーの協働で実施されたジェンダーと開発プロジェクト

北京行動綱領の重点問題領域	地方自治体で実施されたプログラム、プロジェクト、活動
女性と貧困	ドナーからの支援のもと貧困撲滅プログラムをとおした、所得創出プロジェクトの実施
経済的資源への女性のアクセス	所得創出プロジェクト、商品開発およびマーケティングに関する情報、技能へのアクセス
教育と訓練	地域の住人、地方公共団体職員やサービス担当者を対象としたジェンダーセンシティビティー・トレーニングの実施・世帯単位の所得創出、ジェンダー・プランニング、予算策定、に関する各種技術訓練の実施・地域社会の組織化
ヘルスケアへの女性のアクセス	リプロダクティブ・ヘルスサービスへのアクセスを含む、女性の健康と安全な母性プロジェクトの実施（例:家族計画、母体の健康、思春期のリプロダクティブ・ヘルス、リプロダクティブ・ヘルス問題への男性の参画の促進）、手頃な価格帯の伝統的/近代的医薬品の提供・地域内の医療施設への紹介制度・コミュニティー・ヘルスプランの策定・助産師を対象とするリプロダクティブ・ヘルス訓練、助産師のための、母性・子どもの健康オペレーションマニュアルの整備、保険証の発行・妊産婦・授乳中の母親を対象とした栄養プログラムの実施
女性に対する暴力	虐待の被害者である女性と子どもたちが直面している危機的状況へのカウンセリング、法的扶助、医療・経済的援助の提供・警察署での女性専用窓口の設置・女性に対する暴力防止のキャンペーンの実施
女性の人権	女子差別撤廃条約やジェンダー問題、議会を通過したジェンダーと開発関連条例・条約に関する普及啓発フォーラムの実施・ジェンダーと開発プログラムの進捗状況の監視・刑務所訪問
女性と権力・意思決定	政策提言・ロビー活動を通じて、指導的地位への女性の任命・住民組織での女性の参画の促進と影響力の強化
女性と環境	「Clean, green and bloom キャンペーン」を通じた、地域ベースの海洋資源管理への女性の参画の促進・「ごみゼロ」プログラムの実施
マスメディアにおける女性	親密圏における暴力に関する政策提言キャンペーン（例：メディアキャラバン）・女性/ジェンダー問題をテーマとしたラジオ番組、トークショウの放映・マスコミ関係者を対象とした、ジェンダーと開発問題に関するアドボケイトの養成
武力紛争と女性	食糧配布を伴う緊急援助活動、心理カウンセリング、生計プロジェクトのための訓練、資源サポートの実施・平和審議会での女性委員の任命

女子児童の生存、保護と権利	児童の保護のための法的審議会の設置・児童の権利に関する条約の発布・UNICEFの支援対象地区を中心とした、児童の健康と栄養改善プログラムの実施・保育所、育児センターの運営・保護者セミナーの実施・学校や地域社会にティーンエイジャーセンターの設置
女性の地位向上のためのメカニズム	開発審議会内に、ジェンダーと開発委員会の設置・ジェンダーと開発フォーカル・ポイントの任命・ジェンダーと開発計画、予算の策定・ジェンダープランニングやジェンダー予算に関する訓練の実施・複数の州における、州の開発計画へのジェンダーと開発計画が完全な統合

出典：Rodriguez and Sobritchea（2003）.

委員会の果たした役割は決して小さくなく、『北京行動綱領』が要請した国内本部機構として機能してきた同委員会と、ドナー、地方自治体、ＮＧＯや民間団体との協働は、ジェンダー主流化がフィリピンに一定の成果をもたらすのに大きく貢献したといえる。しかしフィリピン女性委員会は、政策諮問／立案機関という非常に戦略的な位置づけを与えられているからこそ、その時々の政権の政治色と指導者の考え方や発想に大きく左右される脆弱性も兼ね合わせている。

実際に、フィリピンの指導者層にみられるジェンダー意識の欠如や、強力な利益集団への資金的依存などの問題は、女性の地位の向上の大きな障害となっている。それ以上に、政府の役人やプログラムの策定担当者の頻繁な人事異動や、ジェンダー・オリエンテーションセミナーへの不参加、政府のジェンダー主流化の政策実施に対する拒絶反応なども障害となっている。このような事態を改善するためには、今後、フィリピン女性委員会に内閣と同等の地位を与え、その権力を強化する、あるいはより多くの資源を配分し、ジェンダー主流化の進捗状況を監視する機能を付加するなどの政策転換が必要になってくるであろう。

六―一　低調なジェンダーと開発計画の提出状況

一九九六年度に総予算額一五億ペソ（三六億円）のジェンダーと開発計画を提出した政府機関は一五省庁であった。一九九七年度にジェンダーと開発計画を提出し

表２－２　「ジェンダーと開発」計画の提出状況　(2008-2010年度)

組織の種別	組織数	計画を提出した組織数			
		2008年度ジェンダーと開発計画	2008年度ジェンダーと開発計画実施報告書	2009年度ジェンダーと開発計画	2010年度ジェンダーと開発計画
大統領府	1	1	1	1	1
副大統領府	1	0	0	0	1
省庁/部局	21	13	14	14	11
関連省庁/関連機関	109	55	64	48	62
上記以外の部門	59	7	9	7	3
政府所有・政府系企業	24	5	4	5	3
国立大学とカレッジ	115	30	2	16	3
その他の行政機関	36	12	13	16	17
司法機関	4	4	4	4	4
憲法規定委員会	4	2	1	2	2
フィリピン議会	3	0	1	1	1
その他	3	1	0	1	1
合計	380	130	113	115	109

出典: NCRFW. Senate Economic Planning Office, *Policy Brief*, March 2010, p.5.

た機関数は七一省庁に増加し、予算総額も二九億三千万ペソ（七〇億三二〇〇万円）となった。[19]二〇〇四年一一月時点で一六二省庁がジェンダーと開発計画を提出しているが、その予算総額は二〇億ペソ（四八億円）に減額されている。減額の要因としては、予算管理省が訓練や訓練関連事業の支出に供される政府資金の使途に制限を設けたことが一因と推察される。

直近の統計でも、提出率は低いままである。ジェンダーと開発計画の提出数は、二〇〇八年度は一一三件、二〇〇九年度は一一五件、二〇一〇年度は一〇九件にとどまっている。

フィリピン女性委員会によれば、省庁がジェンダーと開発予算の遵守に消極的であるのは、以下の四つの要因による。第一に煩雑な予算執行とジェンダーに敏感なプログラムを計画、執行する技術的な能力の欠如、[20]第二にジェンダー関連予算の策定や計画、プログラムの執行の基盤となる性別データや統計数値の未整備、とりわけ地方レベルでの整備の遅れ、第三に、フィリピン女性員会が、省庁によるジェンダーと開発関連プログラムやプロジェクトの進捗状況を確認できるような、モニタリング・評価制度の欠如、そして最後に、国家経済開発庁や予算管理省などの監督官庁が、ジェンダープランやジェンダー予算の現行基準を執行するための技術的支援を提供する能力に欠如している点である。[21]

ジェンダーと開発予算が充分に活用されていないことに加え、複数の政府機関による予算の転用も起きている。ジェンダーと開発予算政策が実施された当初は、この予算を社交的な活動やジェンダー問題の解決や、女性のエンパワーメントの促進にはつながらないプロジェクトに振り分けるなどの事例が報告された。最近ではジェンダー予算を職員の手当に充当した政府機関に対して、「フィリピン女性委員会」が抗議声明を出している。[22]

国連児童基金（ＵＮＩＣＥＦ）による第五次カントリープログラムの一環として実施された、一六州、四都市におけるジェンダー主流化の実績評価には、ジェンダー主流化政策を遵守するに際して、地方自治体が直面した課題について、示唆に富む考察が記載されている。二〇〇三年に実施された調査によれば、ジェンダーと開発計画や予算を承認したのは一二州にすぎない。[23]また、自治体の予算総額に対するジェンダーと開発予算の割合を把握している担当官も少数にとどまる。ジェンダー予算が使われている割合に関するデータも非常に限られている。このような低調な業績を招いている原因としては以下の項目が考えられる。①不明確なガイドライン、②地方自治体の予算の中で、より優先順位が高く必要とされる他の課題の存在、③ジェンダープラン策定に関する重要性の認識や実務知識が限られている点、④ジェンダーと開発予算の政策の重要性や知識に関する欠如、などである。上記の州や都市の予算総額である一八億ペソ（約四三億二千万円）のうち、（一％に満たない）一五〇万ペソ（約三六〇万円）がジェンダー関連プログラムに配分されるにとどまる。

ところで、フィリピンのジェンダー主流化の限界は、政府主導のジェンダー主流化に対する地方のさまざまな対応、協力の程度にも現われている。要約すれば、ジェンダー主流化への政府による介入への呼びかけへの対応は、州、市によってさまざまである。ダバオ市やケソン市、セブ市や、北カマリネス州やミサミスオリエンタル州、イロイロ州が、地域に

表２−３　自治体レベルでのジェンダーと開発主流化の進展度合いを示すデータ（2003年度）

州名	自治体数	ジェンダーと開発ポリシーが整備されている自治体	ジェンダーと開発計画を提出済みの自治体	ジェンダーと開発予算が整備されている自治体
南アグサン	12	0	0	0
アンティケ	18	0	4	0
アウロラ	8	0	0	0
ブキドン	10	0	0	0
北カマリネス	12	12	通常の計画に統合	通常予算に統合
コタバト	18	7	16	17
サランガニ	7	6	7	7
南サンボアンガ	9	9	9	該当データ無し
カピス	17	10	0	0
ネグロスオリエンタル	12	12	1	11
	ケソン市		有り	有り
	セブ市		有り	有り
	ダバオ市		有り	有り
	バギオ市		有り	有り

出典:　Rodriguez and Sobritchea (2003), Center for Women's Studies, Univ. of the Philippines (2003).

おけるジェンダー問題に対処するために迅速で確固たる対応をとってきた一方で、その他の州では、多くの地域で活発に活動を展開する女性団体は存在するものの、まだ同様の肯定的な動きはみられない。

六―二　政府の開発アジェンダに対するフィリピン女性委員会の影響力の欠如

しかし、国内本部機構に関し最も重要な問題は、おそらく政府の開発アジェンダ全般に及ぼす影響力の欠如にある。過去に実施されたフィリピン国家の開発計画は、女性、とりわけ貧困女性のリプロダクティブ・ヘルスに関する情報やサービスへのアクセスの欠如、加速する貧困の女性化、貿易自由化が女性をとりまく治安に及ぼす負の影響といった、重大なジェンダー課題に対応していないという批判が、数多くのセクターによりこれまでなされてきた。実際、ジェンダー主流化の推進、とりわけ地方自治体やローカルレベルの計画に組み込む危険性として、長期的な観点からみると、女性たちの利害に反するようなプログラムや活動につながるという問題がある。ジェンダー主流化への着目は、ジェンダーに関する提言を行う側の関心を、主流の開発アジェンダそのものと、長期的なジェンダーへの影響を精査することからそらすことにつながった。

フィリピン女性委員会が直面している重大な挑戦とは、国家開発の枠組みと、国家予算や地方自治体の予算の枠組みに影響力を行使することである。二〇〇三年度の防衛予算は、保健関連予算の四倍を上回っており、債務返済に至っては健康プログラムやサービスの二〇倍をはるかに上回る。このため、政府の保健関連予算は一九九一年の三・七%から二〇〇三年の一・三%に激変している。[24] 現行の開発アジェンダに、女性へのリプロダクティブ・ヘルス情報やサービス提供や加速する貧困の女性化といったジェンダー課題を盛り込み、有効な形で、かつ断固たる決意でこれらの課題に取り組むことが、切実に求められている。

結論

フィリピンにおける女性の地位を向上させるために国内本部機構が達成した業績は、女性たちの生活やジェンダー関係に及ぼした影響という観点から評価されるべきである。しかし本章で提示したデータは、ジェンダー主流化の取り組みの進捗状況が一様でないことも示している。政府機関には、ジェンダー課題に適切に対処してきた機関と、まだ取り組みが始まったばかりの機関が混在している。政府職員の頻繁な異動、政策担当者やプログラム実施担当者のジェンダーに対する意識の欠如、ジェンダーと開発への取り組みのモニタリングの弱さなどは、現在でも繰り返し生じている問題であり、今後組織的に対処していく必要がある。しかしながら、過去一〇年間のジェンダー主流化の経験は、今後につながる数多くの有益な実践事例を提示してくれる。例えば、①能力開発や調査、ジェンダーと開発計画の実施のモニタリングにおける政府機関、NGOと学識経験者の緊密な連携の構築、②喫緊のジェンダー課題に適切に対応できるようなジェンダー提言による継続的な調査と提言、③地域の女性組織や住民組織が開発プランニングとプログラムモニタリングに積極的かつ批判的に参画し、力をつけることができるよう重視すること、④ジェンダー主流化の枠組みに人権原則を組み込むようたえず務めること、などである。

ジェンダーの主流化は、フィリピン人女性の地位の向上に貢献したのであろうか。この問いに対する筆者の答えは、イエスでありノーでもある。イエスというのは、フィリピンにおけるジェンダー不平等を生み出す、社会・文化的な原因を撲滅するための政策や資源、プログラムや仕組みの整備といった必要な取り組みが行われているからである。一方、ノーと答える理由は、フィリピンの貧困やジェンダーに起因する暴力の源泉の数々を撲滅する、持続的な経済成長の達成という観点からは、いまだ肯定的な結果がみられないからである。実際、政府はジェンダー計画や結果報告書の提出率一〇〇%を達成しておらず、これはジェンダー平等という目標を達成する政治的な意思の欠如をいみじくも語っている。それゆえに、純粋な社会変革のためのジェンダー予算を最大限活用するための実行可能な説明責任をともなう仕組みを機能させる必要がある。他の国々・地域における女性の行動主義が提起するいまひとつの解決方法は、人権枠組みをジェンダー主流化のアプローチに組み込むことである。これが、おそらくより実行可能で戦略的な選択肢であろう。また、リベラルフェミニストによる、機会獲得における男性対女性という図式的なジェンダー平等の追求の仕方を乗り越える必要性もある。ジェンダー平等を追求する試みは、武力紛争や、グローバリゼーションの新自由主義的な表出といった、家父長的な権力を再生産し続ける世界規模の開発に関わる事象にも目を向ける必要があるのである。

（翻訳：越智方美）

注

（1）"Gender Mainstreaming: An Obsolete Concept? A Conversation between Two Long-Time Feminist Activists," *Women in Action*, No. 2, 2004, pp.79 -82.

（2）本文中に記載した以外の重点問題領域には、女性と武力闘争、女性と経済、権力および意思決定における女性、女性の人権、女性とメディア、女性と環境、女児がある。

（3）2005 CSW Review of the Beijing Platform for Action（Beijing +10）NGO Discussions at the 4th Session of the Commission on the Status of Women（March 1-12, 2004）, Report from the Center for Women's Global Leadership, the NGO Committee on the Status of Women and the Women's Environment and Development Organizations, unpublished report, n.d.

（4）Report of the Secretary-General on mainstreaming the gender perspective into all policies and programmes in the United Nations system（E/1997/66）.

http://www.un.org/womanwatch/daw/csw/GMS. PDF, accessed 30 April 2006.

（5）UN Department of Information and the UNESCAP. 1997. http://www.un.org/documents/ecosoc/docs/1997/e1997-66.htm

（6）National Commission on the Role of Filipino Women, "About the NCRFW." http://www.ncrfw.org.ph .

（7）「女性のためのマグナカルタ法」は二〇〇九年九月に上院で可決された。同法に従い、フィリピンの国内本部機構の名称も「フィリピン女性委員会」に変更された。同法の三六条は「実施細則が定める期間内に、女性の役割委員会はジェンダー主流化プログラムの進捗状況の評価をおこない、必要に応じてプログラムの修正をおこない、目標達成のために求められる効果的な戦略をとること」と定めている。　http://www.ncrfw.gov.ph/, accessed December 26, 2010.

（8）Barua-Yap, Marilyn B., 2003, "Engendering Development," *Review of Women's Studies*, Vol. 13, No. 2（July-December）: 43.

（9）［訳注］ジェンダー平等の国際的な取り組みについては、一九七五年の国際婦人年女性会議から四回にわたる世界女性会議をはじめ、様々な形で進められていった。その中で、開発途上国の女性の地位向上に着目した「女性と開発」というアプローチに加え、「ジェンダーと開発」というアプローチが一九八〇年代以降重視されるようになる。「ジェンダーと開発」アプローチは、開発におけるジェンダー不平等の要因を、女性と男性の関係と社会構造の中で把握し、両性の固定的役割分担やジェンダー格差を生み出す制度や仕組みを変革しようとするアプローチとされている。一九九五年の第四回世界女性会議以後、ジェンダーと開発アプローチを定着させる方法として、ジェンダー主流化が国際社会で重視されるようになる。開発におけるジェンダー主流化とは、すべての開発政策や施策、事業は男女それぞれに異なる影響を及ぼすという前提に立ち、すべての開発政策、施策、事業の計画、実施、モニタリング、評価のあらゆる段階で、男女それぞれの開発課題やニーズ、インパクトを明確にしていくプロセスである。

(10) National Commission on the Role of Filipino Women, 2002, *Gender Mainstreaming and Institutionalization in the Budgeting Process*, Manila: NCRFW, p. 3.

(11) Ibid., p. 7.

(12) National Commission on the Role of Filipino Women, 2003, *On the Mainstream: Women's Agenda and Women's Empowerment: Term Report 1998-2001*, Manila, p. 7.

(13) National Commission on the Role of Filipino Women, 2002.

(14) 二〇〇一年に内務自治省と地方自治体、女性の役割委員会と予算管理省はMomorandum Circular 2001-01において、ジェンダーと開発を地方自治体レベルでのプランニングと予算策定システムに統合し、ジェンダーと開発計画を作成するためのガイドラインを通達している（NCRFW, 2001）。

(15) Ibid., p. 24.

(16) 一ペソ＝二・四円（二〇〇八年時点）のレートで換算。以下同じ。

(17) Ibid., p. 24.

(18) Center for Women's Studies, University of the Philippines, 2003, *National Summit of Women Local Chief Executives and Legislators: Summit Proceedings*, Quezon City.

(19) National Commission on the Role of Filipino Women, n.d., *From the Margins to the Mainstream: Six Years of Advancing Gender and Development in Government, 1992 -1998*. Manila, p. 15.

(20) "Engendering a gender-responsive budget: A look at the GAD Budget policy," http://www.senate.gov.ph/publications/PB202010-0320-20Engendering20a20genderE2%8090responsive20budget.pdf

(21) Ibid, pp. 9-10.

(22) "PCW Condems Inappropriate Use of Gender Budget"
http://www.ncrfw.gov.ph/index.php/ncrfw-press-statements/445-pcw-statement-mwss-gender-development-budget 9-10

(23) Rodriguez, Luz and Carolyn Sobritchea, 2003.

(24) Ibid., p. 6.

コメント1

橋本ヒロ子

キャロライン・ソブリチャ氏は、フィリピン女性の役割委員会（NCRFW、現フィリピン女性委員会）が進めるジェンダー主流化を理論的、実践的に支えてこられた。氏の総合的でかつ示唆的な講義と著作、ならびに提示された参考文献は大変有用であり、まず感謝を述べたい。また、ジェンダーの主流化が、第四回世界女性会議で採択された北京行動綱領で明記されてから十一年目にあたる今年、「ジェンダー主流化は女性の地位向上のために貢献したか」というこのテーマを取り上げたことは、時宜を得ている。

ソブリチャ氏の論文と報告に基づき、フィリピンにおけるジェンダーの主流化を日本の状況と比較しながら六点コメントしたい。

第一に、女性団体とドナーの関係についてコメントする。

フィリピンなどの開発途上国におけるジェンダー主流化の推進には、女性団体など市民社会の運動が影響を与えているが、ドナーの意思に負うところも多い。

ソブリチャ氏ご自身もNGO活動にかかわってこられたが、フィリピンの場合、女性団体の長年の活動の成果は無視できない。しかし、女性団体の力のみでなく、ドナーの支援がなければこれほど成功しなかったのではないかと思われる。一九八六年から女性の役割委員会の事務局長を務めたレミー・リケン（Remmy Rikken）氏は、つとに講演などでフィリピンの男女平等政策は、小麦粉、卵、ココナッツを材料にして、両面から焼くビビンガというお菓子のように、女性の役割委員会と女性団体の双方が、両面から活動することで推進できていると話していた。さらに、私の分析では、ドナーの支援は、ビビンガに入れるベーキングパウダーのような役割を果たすのではないかと思われるのだ。

その理由として次の二点を挙げる。

（1）ＣＩＤＡおよびＵＮＦＰＡによるジェンダー主流化支援

女性の役割委員会の組織図によると現在、事務局長室のもとに国連人口基金（United Nations Poulation Fund, ＵＮＦＰＡ）プロジェクト管理部門（Project Management Office）が設置され、女性の役割委員会はリプロダクティブ・ヘルス、人口問題、女性に対する暴力の撲滅に関するジェンダー主流化を通じた政府機関強化プロジェクトを実施している。国連人口基金の支援を受ける前は、ＮＣＲＦＷはカナダ政府のカナダ国際開発庁（Canada International Development Agency, ＣＩＤＡ）によるプロジェクトInstitutional Strengthening Projectを一期、二期と実施していた。カナダ国際開発庁のプロジェクトで強化された組織は女性の役割委員会だけでなく、他省庁や地方政府の組織における整備（ジェンダー関係の担当部局、ＮＧＯによる諮問委員会の設置、ジェンダー予算の確保を明記した条例の制定など）であった。このように女性の役割委員会が実施しているジェンダー主流化には、ドナーが継続的に支援をしている。

（2）五％のジェンダー予算を定めた開発と国家形成における女性法（Women Development in Nation-Building Act）の責任官庁がＯＤＡの責任官庁となっている国家経済開発庁（National Ecomonic Devepment Agency, ＮＥＤＡ）であること

一九九二年に成立した開発と国家形成における女性法（共和国法第七一九二号）はフィリピン政府におけるジェンダー主流化を推進する根拠となる法律とされている。共和国法第七一九二号の責任官庁がＯＤＡの責任官庁となっている国家経済開発庁であることは戦略的には妥当であるといえる。

実際、二〇〇〇年にカナダのジェンダー平等政策について調査した際、カナダにおけるジェンダーの主流化は、先進国の中ではトップランナーの国々に入るが、組織的にはフィリピンほど進んでいないという印象を持った。ジェンダー予算分析で評価の高い南アメリカも、ＥＵなどの支援により、制度的には議会も含め、ジェンダー主流化のための監視制度が、

EU諸国より進んでいる。

さらに日本は、カナダとは異なり、国内的にはジェンダー主流化は遅々として進まないのにも拘わらず、二〇〇六年現在、一部保守派が、ジェンダー主流化を推進する根拠法である男女共同参画社会基本法の改悪を目論んでいる状況である。その日本ですら、一九九五年九月にはWIDイニシアテイブを第四回世界女性会議で当時の官房長官が報告し、二〇〇五年三月の国連女性の地位委員会では、外務省がODAにおけるGADイニシアティブを発表した。これを受けた日本政府は、カンボジアなどでジェンダー主流化に関するプロジェクトを支援し、ジェンダー統計などを推進している。日本全体の右傾化の中で、国内ではジェンダー主流化の推進は極めて難しいが、ODAでは、比較的ジェンダー主流化を実施することが容易といえるようである。

従って、将来、ドナーからの支援が減少したり、なくなった時に、女性の役割委員会としてはどのようにジェンダー主流化を推進するのであろうか、かなり厳しい事態になるのではないかと思われる。もっともジェンダー主流化は研修やガイドラインの作成・配布など高額な予算を伴わないものが多いが、専門家を雇ったりする最低の予算は必要であると思われるからだ。

第二に、日本のナショナルマシナリーである男女共同参画会議や男女共同参画局と女性の役割委員会を比較してみる。両者を比べると、日本の男女共同参画会議や男女共同参画局が、活動内容、影響力などで、大変弱いことが目立つ。男女共同参画会議は、他省庁（Line Ministries）の監視もできる権限を持っているが、ほとんど生かしていない。

例えば、ソブリチャ氏の論文によると、女性の役割委員会は、国家経済開発庁や財務省などと同様に監督ができる権限を持った政府機関（oversight agency）となっており、その機能を果たしている。例えば、女性の役割委員会は、各省庁にGAD事業計画を提出させ、内容を検討して合格すればGAD予算にゴーサインを出している。すなわち、各省庁はいい加減な内容のGAD事業を企画すると予算がつかない結果になる。

一方、日本の内閣府男女共同参画局は、男女共同参画予算を毎年発表しているが、二〇〇五年度までは、年金の国庫負担分（特別会計）も男女共同参画予算に入っていた。そのため、一部の保守派から一般会計の一割以上が男女共同参画予算であると非難された。確かに男女共同参画基本計画には、「高齢期の所得保障」という項目がある。しかし、現在の年金制度は、様々な意味で男性に比較して女性には不利となっており、男女共同参画予算の観点からの配慮はされていない。筆者がかかわっているNGOでは、毎年この点について内閣府に申し入れてきた。二〇〇六年度からは、男女共同参画予算が、「男女共同参画の推進の見地から当面特に留意すべき事項」とそれ以外に分けられ、年金の国庫負担分はそれ以外になった。そのため、「男女共同参画の推進の見地から当面特に留意すべき事項」の予算総額は約四兆三五七〇億円となり、大幅に減った。しかし、介護関連予算約三兆円はまだ男女共同参画予算に含まれており、男女共同参画予算の大幅なかさ上げをする結果となっている。男女共同参画会議や男女共同参画局は、厚生労働省に対して、介護関係予算を「男女共同参画の推進の見地から当面特に留意すべき事項」としては不適切であると伝えている。しかし、年金関連と同様に除外すれば、男女共同参画予算は大幅に少なくなる。そのため、高齢者人口の半分以上を占める女性に対して、日本政府は極めてわずかの額しか支出していないことが明らかになってしまう。そうすると女性議員や女性団体などが「男女共同参画予算」の増額を政府に要求する根拠となるため、これまで年金や介護関係予算を男女共同参画予算に組み込んでカモフラージュする予算編成を取っていたのではないかと推定される。

また、フィリピンにおけるジェンダー主流化推進の主な要因としては、ソブリチャ氏も書いておられるように、政府、研究者、議員、女性団体の優れた連携（Partnership）の元に、NCRFWが様々なガイドラインやツールを作成し、各省庁職員の研修を行っていることがあげられる。しかし、日本の場合、公務員研修は、省庁別にも行われているが、人事院が中心に行っている。男女平等については、初任者研修などにおける人権問題の一コマとして、入門的な内容で行われている状況で、ジェンダー主流化、ジェンダー予算などについて独立した研修は行っていない。省庁別でも似たような状況であり、体系的なジェンダー研修は行われているとは言えない。

第三に、ジェンダー主流化に人権の視点を統合することは賛成である。そのことで、例えば、男女共同参画であるから、軍隊に女性も入り、武器を持って戦うべきだという主張に対抗できると私は考える。また、人身売買のサーバイバーに対する対応も「保護」から、「エンパワーメント支援」に変わることになる。ただ、人権の視点を入れることで、日本におけるジェンダーバッシングに対抗できるかは確信は出来ない。日本では、DV防止法に対して、暴力夫に対する退去命令は居住権の侵害であり、フェミニスト弁護士の支援による妻の申し立てを受けて裁判所が離婚を認めているのは「論外」、という批判が起きている。

第四に　ソブリチャ氏の論文でも何度か参照されているが、ダバオ市は地方都市におけるジェンダー主流化のモデル市である。ダバオ市の条例（The Women's Development Code of Davao City）と施行規則（Implementing Rules）では、詳細に、市の開発予算の六%、ODAの三〇%をジェンダー平等に割り当てるとか、罰則規定では例えば、役所や企業がセクハラに関する定期的なオリエンテーションなどをしない場合、三千ペソの罰金、百八十日の産休や九十日の授乳休暇を認めなかった場合、五千ペソの罰金や六ヶ月の営業停止などを定めている。日本では、条例のみならず、男女雇用機会均等法ですら、罰則は違反した企業名の公表にとどまっている。私が確認したところ、ダバオ市の関係者はこの罰則規定は、実施されていると述べていた。

一方、ダバオ市の条例に定めた内容が、財政的な理由により必ずしも実施されていない例もある。ジェンダーと開発統合室の職員数が条例では九九名と定めてあるのに、実際は八名の定員と五名の非常勤職員が配置されていることなどである。しかし、日本の自治体では、定員八名+非常勤五名という職員数は都道府県レベルでも多くない。ダバオ市としては女性団体や女性議員などの活動により、九九名という目標を挙げることができたのだとプラスに評価すべきであろう。

第五に、重いコメントになるが、女性の役割委員会は、女性の人権擁護に結びつくフィリピン国内での産業育成による経済発展を推進するようなジェンダー主流化を、関連省庁と連携して進めるべきではないかと思う。

フィリピンはアジアでは最も識字率の高い国の一つであるにもかかわらず、経済発展が進んでいない。そのため、女性が大半を占める移民労働者が多く、人身売買などの性に基づく暴力の被害者になっている。そうした実態にもかかわらず、移民・移住労働の推進が国策になっている。大統領をはじめ、大臣、議員など政治家は、移民労働者に対する暴力や搾取が余り目に入らないかのようである。NGOのメンバーからもそのような苦情を聞いた。国内産業を盛んにして移民労働を減らすことが女性の地位向上、人権侵害を減らす大きな要因であると思う。ジェンダーの主流化で政治家や政府をそのように変えていくことが、フィリピンの長期的な課題であると思う。

最後に、二〇〇六年の日本の状況に立ち帰って、述べておきたい。

一九九九年の男女共同参画社会基本法の制定により、やっと緒についた日本におけるジェンダー主流化が、基本法の改廃を目指す政治家が権力の中枢を握ったため、存亡の危機にある。それでなくても、男女平等から男女共同参画と言い換えることで、これまで伝統的に女性が得てきたポストに男性が就いたり、女性センターを男女共同参画センターと改称した後は、女性団体の利用に対する優遇措置がなくなったりしている。このように、ジェンダー主流化の目的であるはずの男女共同参画も誤解されていると言わざるを得ない。「日本軍慰安婦」という女性の人権侵害の最悪の状況を生み出した第二次世界大戦を美化し、アジアの他国に対する帝国日本軍の侵略を進出と言い換える右翼の言説が抵抗なく受け入れられるまでに右傾化している。このような日本の世論や政府に対して、ネットワークや連帯が進んでいない、日本のフェミニストたちは、なすすべもない状況にいるかの様である。

このような日本の状況とフィリピンを比べると、フィリピンのジェンダー主流化の方が、進展する可能性があるし、期待が持てるように思えてくる。

コメント2

太田　麻希子

ソブリチャ教授は、本章において「ジェンダー主流化はフィリピン人女性の地位の向上に貢献したのか」という問いを立て、「イエスでもあり、ノーでもある」という回答を提示している。管見では、このことはフィリピンのジェンダー主流化がどのレベルの意思決定にまで影響を及ぼしうるのかということに関連している。

教授は、ジェンダー主流化が地方自治体やローカルレベルの計画に組み込まれることの長期的観点からの危険性を指摘する。フィリピンでは、民主革命以降に非政府組織や草の根レベルのグループの開発過程における関与の余地が高まり、ジェンダー主流化においてもこの種の組織の「参加」が重要な役割を果たしている。しかしながら、教授によれば、ジェンダー主流化のこうしたレベルでの組み込みがかえって女性たちの利害に反することにつながってしまうという問題もあるという。その上で、ジェンダー主流化は開発の主流アジェンダの検討そのものや、長期のジェンダー的視点からの影響に対する提言する側の関心を逸らすことになったと言う。そして、ジェンダー主流化の本部機構である女性委員会の重大な挑戦として、国家の開発計画の枠組みや、国家や地方自治体の予算の枠組みにも影響力を行使することを挙げるのである。以上からは、フィリピンにおけるジェンダー主流化が、中短期的な目標の下に、地方自治体やローカルレベルに水準を合わせて推進されてきたものであるという印象を強く受ける。こうした状況において、長期的でより大きなジェンダー課題の達成という目標を踏まえた場合、フィリピンのジェンダー主流化は弱点が目立つと言える。

このことを踏まえた上で、ここではジェンダー主流化政策の一旦を担う女性の政治への参画、特に草の根やコミュニティにおける女性の活動についてコメントしてみたい。意思決定過程へのジェンダー主流化の浸透をめぐっては、複数の地方自治体がジェンダーと子どもに関する条例を成立させ、ジェンダー予算獲得のためのロビー活動を展開したという地方主導の取り組みを背景に、女性委員会によって女性リーダーの発掘や訓練の取り組みがなされてきたという。具体的施策についての詳細は本章で紹介されているが、そこからはフィリピンのジェンダー主流化の推進において意思決定過程に働きかけられる女性リーダーの育成が重視されてきたことが良く理解できる。ソブリチャ教授によれば、女性の役割委員会は政治や統治の原理にジェンダー視点を導入するために、『女性のためのフレームワークプラン』を作成し、その措置の一つとしてローカルな女性リーダーへのリーダーシップ訓練や政治参加を望む農村や草の根の女性に対する支援を行なっているという。

この点に着目するのは、私自身が、マニラ首都圏の「スラム」に関心を寄せ、そういった地域での女性のコミュニティ活動を研究テーマの一つとして選び、草の根の女性リーダーへの聞き取り調査を進めていることも影響している。そこでの問題意識というのは、草の根の女性リーダーの活動基盤となるコミュニティ活動というのが、再生産役割と結びついているため、女性の地位向上にとってアンビバレントな意味を持っているのではないかというものである。

私の関心が「スラム」において土地や都市サービスなどの集合的消費手段をめぐる闘争に関与する女性たちにあるため、ここではこの種の活動に関連した事例を挙げたい。たとえばマニラ首都圏のスクオッター居住区で居住問題に関わる住民組織の役割を研究したベルナーは、「実際、女性、特に年配の女性が、大半のローカル組織の発生に重要な役割を果たしているのは明らかである。女性によって指導される組織はより安定しており、男性の場合よりも成功している」(Berner 1997:67) と指摘する。また、役員会議や全体会議への出席者も大半が女性であること、近隣関係とは主に女性たちの関係性であり、したがって近隣レベルの組織は女性の活発な参加に基づいているということを論じている (前掲 131-132)。私が調査を行なっているマニラ首都圏の地域での観察においても、コミュニティレベルでの都市サービスや土地問題をめぐる活動に関わっている住民には女性が多く、組織のリーダー層もほぼ女性で占められていることが把握できる。

しかしながら、次の事に留意する必要がある。「コミュニティ」における女性の存在感の強さは、外に就業機会を持つ男性とは異なり、女性の活動範囲が空間的に限定されていること、また「コミュニティ」の仕事とは、一見してジェンダー中立的ではあるが、現実には女性が中心的役割を担う再生産領域と分かちがたく結びついているという状況からもたらされることに他ならないのである。

モーザは、エクアドルの都市における低所得地域における集合的消費ニーズとしてのインフラの整備をめぐる闘争を取り上げ、男性の仕事がコミュニティの外において行なわれるのに対して、家庭責任とコミュニティにおける福祉供給は、主に女性によって組織されると述べている（Moser 1987: 190）。コミュニティにおける集合的消費をめぐる闘争の際、女性リーダーたちは地域レベルを超えて男性の権力政治に参入し、既存のジェンダー分業構造に挑戦することは、ほとんどないという（前掲 190-191）。すなわち、「コミュニティ」の必要を満たすための活動は、現実には必ずしも女性の地位向上には結びつくわけではない。

私がフィリピンのジェンダー主流化に貢献してきた女性のローカル・リーダーに着目したのはこうした問題に関連している。本章では、レイテ州やサマール州においてバランガイ・レベルでの女性の組織化や女性リーダーの選出が行なわれ、健康計画の策定やジェンダー予算をめぐるロビー活動、健康プログラム運営に女性が携わっていること、貧困地域においてもその具体的成果が達成されているということが紹介されていた。このような草の根のコミュニティ活動出身の女性が、訓練や彼女たちのジェンダー役割に関連した「地域の必要」を満たす活動を経て、コミュニティを越えた政治の世界に参入していくことはあり得るのだろうか。彼女たちは、おそらくは自身らの所属する階級や地域に由来するニーズの欠如とその充足以上の課題に挑戦し、中短期的な目標だけではなく、より大きなジェンダー課題の達成に関わっていくことができるのだろうか。

こうした問いは、前述のようにコミュニティ活動が女性の地位に対して持つ両義性に由来している。すなわち女性のコミュニティ活動は、都市社会運動を発生させるモメントを創出し、社会を変革させていく可能性を秘めていると同時に、それが既存のジェンダー分業に基づくものであるため、何ら構造に対して挑戦的にならず、むしろ性別役割分業にもとづいた「動員」的性格が濃くなり、それを強化する危険さえあると思われるのだ（渋谷、1996）。フィリピンでは女性運動のみならず、多くの社会運動において「草の根」や「コミュニティ」における住民による自助的活動に関する言説が強調され、語られる傾向にある。だがこれまで見てきた通り、「コミュニティ」とはジェンダー化された空間であり、そこでの活動もジェンダー化されたものである。

教授が本章の結論部分にて述べられているように、新自由主義的なグローバリゼーションのインパクトという事象が顕著に現れている中、より長期的でマクロなジェンダーに関わる問題が着目される。ジェンダー主流化の中で活動を展開してきた「草の根」の女性たちが、コミュニティやローカルなレベルを超えて、こうしたより大きな問題にどのように関わっていけるのかということは、重要な課題として存在していると言えるだろう。

参考文献

渋谷敦司　一九九六「都市空間のジェンダー的構成と女性政策、女性運動」吉原直樹編『二一世紀の都市社会学五 都市空間の構想力』勁草書房、二〇九―二四九頁。
Berner, E. 1997. *Defending a Place in the City: Localities and the struggle for urban land in Metro Manila*. Ateneo de Manila University

Press.
Moser, C.O.N. 1987. "Mobilization is women's work: struggles for infrastructure in Guayaquil, Ecuador", in *Women Human Settlements and Housing*, edited by Caroline O.N. Moser and Linda Peake, Tavistock Publications, pp. 166-194.

第三章　フィリピンとアジア諸国におけるジェンダー視点に立った技術・職業訓練

――ＪＩＣＡフィリピンの役割――

はじめに

アジア太平洋地域の発展途上国における、ジェンダー平等を推進する最も決定的かつ効果的なメカニズムの一つは、多国間拠出機関ならびに、日本やカナダ、米国、オーストラリア、ＥＣ諸国などの先進国からの開発援助の提供にあった。過去数十年間にわたり、とりわけ北京で開催された第四回世界女性会議以降、援助機関・援助国からの、女性問題関連やジェンダーに敏感な政策・プログラム推進のための援助額は飛躍的に増加している。なかでも東南アジア諸国における開発援助は、貧困の撲滅、および貧困のジェンダー化された局面への介入を目指したプロジェクトに向けられているが、それを成就させるためには、貧しく周辺化された女性たちの訓練、教育、融資と経済的資源へのアクセスを向上させることが必要となる。とりわけ、日本の政府開発援助は、従来主流であった開発に関連するインフラストラクチャーの整備から、人間を中心とした開発プログラムへとその比重が移りつつあり、人権や良い統治（ガバナンス）、能力開発といった課題の重要性が増していると言えるのである。

本章では、ジェンダープログラムの実施を通じて、アジア太平洋諸国の貧困女性の雇用および起業開発に必要な知識や技能へのアクセスを強化する過程で、フィリピンの国際協力機構（以下、ＪＩＣＡと表記する）が果たした役割を分析することにする。

過去一〇年間にわたり、日本はフィリピンのトップドナー国であり、財政的・技術的な支援総額は、累計で九四億ドルにのぼる。二〇〇一年度の日本政府からの開発援助額は、フィリピンに提供された援助総額の五一％に相当し、米国（一四％）、多国間援助（一二％）、オーストラリア、オランダ、ドイツなどその他の諸国（二三％）を凌いでいる。フィリピンは、中国、インドネシアに次いで、第三位の日本の開発援助の被援助国である[1]。現在日本政府による開発援助は、医療、保健、教育、訓練、調査、農業、福祉、情報、交通や環境保護と多岐にわたる分野におよび、これらの分野で一億から八億ペソに相当する資材を提供している。一般無償援助（General Grant Aid）は日本の外務省が統括しており、一般無償援助におけるＪＩＣＡの役割は、実施可能なプロジェクトの案件形成とその迅速な実施をおこなうことにある[2]。二〇〇〇年度のＪＩＣＡの重点分野は下記の五分野である。

● ベーシックヒューマンニーズ：貧困の撲滅と、基礎教育、ヘルスケア、開発における女性／ジェンダー、緊急人道援助を含む社会開発
● 社会経済的な発展に不可欠な、経済的、社会的インフラストラクチャーの整備
● 人的資源開発、調査、技術移転
● 環境保全、人口問題、ＨＩＶ／エイズなどのグローバルな課題への対応
● 防災対策と災害後の復興支援[3]

女性のための職業・技術訓練や起業開発に関するアファーマティブアクション（積極是正措置）は、フィリピン国内の

貧困撲滅という喫緊のニーズに応え、貧困層の女性たちが自らとその家族の健康や経済的安定を確保するために担っている、不均衡な重責を減ずるものである。

一　TESDA女性センター　歩みと理念、プログラム

一九九三年にフィリピン政府の代表団は、日本の国会議員と会談をもち、女性の地位向上のための世界的な取り組みをどのように日比両国間で協力してすすめていくかについて協議をおこなった。三年にわたる交渉と話し合いの結果、国立女性センターの設立資金として、日本政府はフィリピン政府に対して、二六億円（七億八、九〇〇万ペソ）[4]の資金供与をおこなうこととなった。

そして、労働雇用省所轄の機関であり、独立した理事会により運営されている技術教育・技能開発庁（The Technical Education and Skills Development Authority, TESDA）の付属機関として、通称、TESDA女性センターが、一九九八年四月二八日に正式に開所し、事業を開始した。同女性センターの設立理念には「アジア太平洋地域における女性センターの国際的な拠点として、市場のニーズに即し、近代的技術に基づく教育、訓練、政策を提供するとともに、女性の経済的なエンパワーメントを支援するためのアクションリサーチと実効性の高い政策提言をおこなうこと[5]」と掲げられている。この理念は、有能なリーダーの育成とフィリピン国内外での多様な関係者とのダイナミックな協力関係の構築を通じて達成されるものと言える。

一九九八年の正式な開館直後から、TESDA女性センターは六つの主要なプログラムを実施している。その内容は、①ジェンダー問題に関する調査の実施と資料センターの運営、②ジェンダーの視点にもとづく政策提言（ジェンダー・アドボカシー）とネットワーク構築、③働く女性を対象としたカウンセリングと各種サービスの提供、④高度技能訓練、⑤

図 3-1　TESDA 女性センターの戦略枠組み（2004～2007）

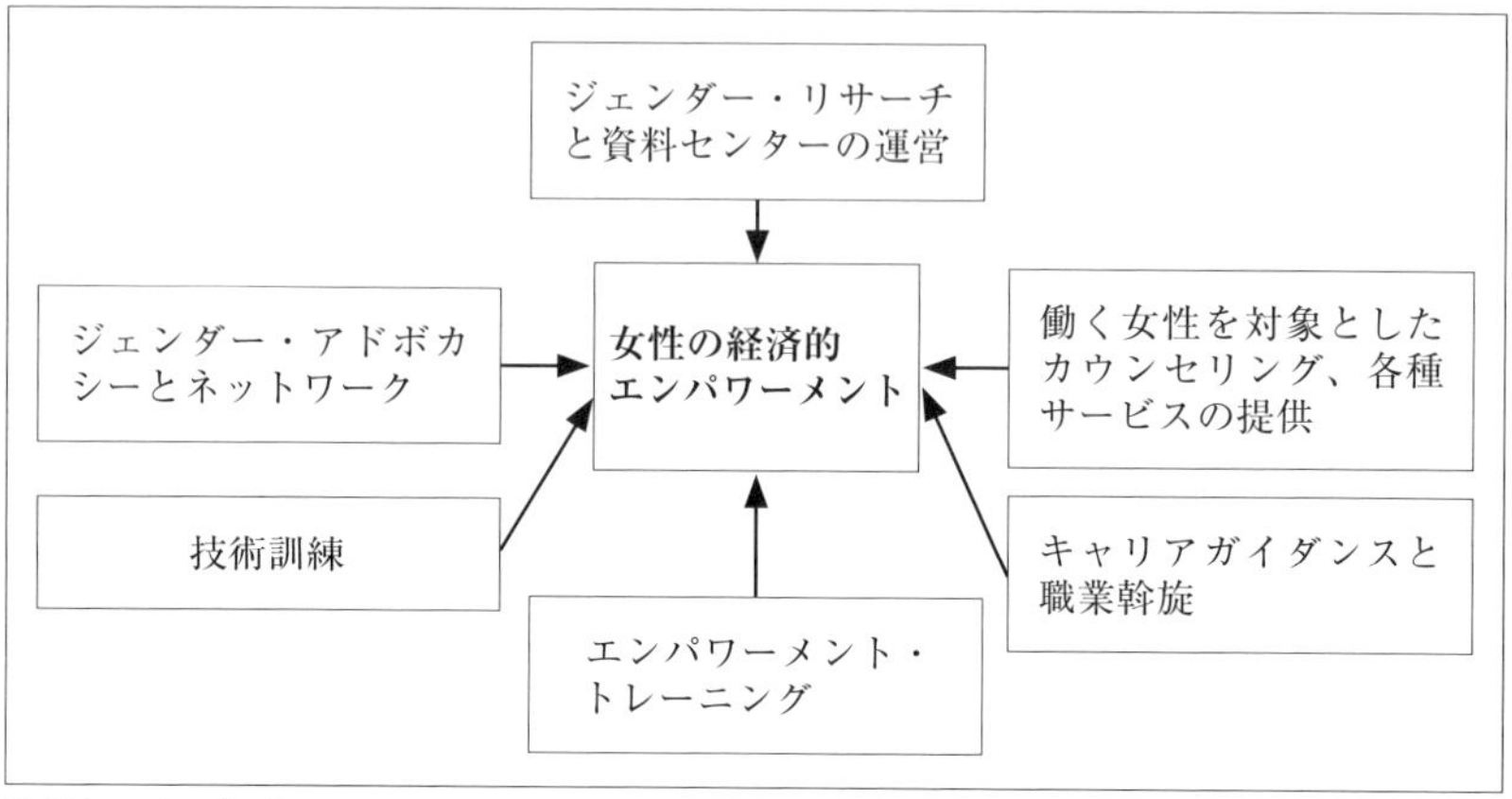

C. Sobritchea作成

キャリアガイダンスと雇用の斡旋、⑥エンパワーメント・トレーニング、である。このプログラムの実施にあたり、ＪＩＣＡは二、四〇〇万ドル相当の追加資金を注入している。

ＴＥＳＤＡ女性センターの運営方針と年間事業計画は、ＴＥＳＤＡが策定する。また、ＴＥＳＤＡ女性センターは、女性の経済的エンパワーメントの推進の分野で実績のある男女有識者からなる諮問委員会により運営されている。ＪＩＣＡは技術専門家の派遣を通じて、財政的・技術支援を提供しており、一九九八年から二〇〇四年にかけて、ジェンダーと開発部門の専門家一名を含む、五名の技術専門家を派遣している。

設立当初から今日に至るまで、同女性センターは二種類の訓練プログラムを実施している。ひとつは、貧困女性を対象とした就労前訓練であり、いまひとつは、アジア太平洋諸国の政策担当者、技能職員と、政府とＮＧＯのトレーナーを対象とした、ジェンダーと開発枠組みに基づいた起業開発に関する国際訓練プログラムである。さらに、女性センターのプログラムの効果を高めるため、地域社会、ＮＧＯ、民間部門を対象としたプログラムと女性のセルフ・エンパワーメントを促す意識啓発セミナーを実施している（図三―一参照）。

過去の実績と既存のプログラムの問題点を見直し、ＪＩＣＡからの技術支援を得て、ＴＥＳＤＡ女性センターは「二〇〇四―二〇〇七年度戦略プ

表3-1　TESDA女性センターが提供しているコース一覧（2004〜2007）

就労前コース（3〜6ヵ月）	モジュラーコース（3〜20日）
農産物加工 自動車整備 工芸品、ギフト用品、家庭雑貨製作 セラミック加工 家電製品 衣類縫製（婦人服仕立てと工業用ミシン操作） ホテルレストランマネージメント（食品・飲料の提供サービス、食品加工、客室清掃、清掃作業） アクセサリー制作 溶接 食品加工	スチール窓や窓格子作成（15日間） エンジンオーバーホールとトラブル処理（20日間） 食肉加工（7日間） 携帯電話修理（5日間） ビーズ加工（3日間） 客室清掃（10日間） バーテンダー研修（10日間） 製パン・製菓技術（15日間） カジュアル衣類の製図とパターンメイキング（20日間） 特殊縫製機械操作（10日間） ステンシル加工（5日） 陶磁器絵付け（13日） 粘土成形（15日） 成型技術上級（2週間）

C. Sobritchea作成

ラン」を策定した[6]。「戦略プラン」は訓練プログラムの肯定的な結果を最大限活用し、「女性がおかれている社会・経済的な状況の改善に寄与する」ことを目的としている。このジェンダーの視点に立った雇用と訓練（Gender Responsive Employment and Training, GREAT）は、既存の訓練コースを改善し、労働市場のニーズに即したあらたなプログラムの導入、TESDA女性センタースタッフの技能域の拡大、政策調査の実施、技術教育訓練での成功事例の文書化、職業訓練コースの卒業生と、支援を必要としている女性たちの賃労働および自営の機会につながる資源へのアクセス強化を目指すものである。

一―一　賃金雇用および自営のための訓練プログラム（二〇〇四年〜二〇〇七年度）

就労前技能強化プログラムは、TESDA女性センターでの四ヵ月間の訓練と、二ヶ月間の実地訓練から構成される。各コースは、ジェンダーに起因する諸問題と、女性の経済的エンパワーメントを達成するためのアプローチ、労働倫理と価値観、起業とリーダーシップ技能の開発の講義から成る。コースの受講を通じて、伝統的な女性職種に加え、従来女性の参入が限られていた溶接、自動車整備、食品加工、

表3-2　TESDA女性センター年度/コース別 卒業生　（単位：人）

年度 / コース名	1999	2000	2001	2002	2003	2004	2005（一期のみ）	合計
1. 自動車整備	18	15	21	22	31	24	9	140
2. セラミック加工	0	19	17	19	11	9	5	80
3. 電子機器	13	31	24	27	25	32	15	167
4. 食品加工	14	24	26	32	30	35	16	177
5. 婦人服仕立て	16	44	35	30	28	28	18	199
6. ISMO	0	0	17	35	34	32	18	136
7. ハウスキーピング	11	31	39	33	24	33	20	191
8. 飲食業	14	26	36	45	34	33	20	208
9. 食品加工	14	32	44	44	42	42	20	238
10. GTH	5	21	29	29	23	18	0	125
11. 宝飾加工	18	20	37	27	0	28	13	143
12. 溶接	0	14	12	13	10	14	6	69
合計	123	277	337	356	292	335	160	1,880

C. Sobritchea作成

電子機器、衣類縫製機械の操作など、非伝統的部門への女性の参入を促進することが目的である（表三―一）。賃金雇用への依存からの脱却をはかるために、女性による小規模起業を奨励する特別コースも設定されている。中等教育を修了していることが訓練受給資格の要件となる。訓練費用は無料だが、申請者は適性テストを含む事前審査に合格することが求められる。六ヵ月間のコース修了時には、訓練生はフィリピン政府が発行する、職業訓練証、国家修了証書レベル一が授与される(7)。

一九九八年から二〇〇五年の七年間で二千名以上の女性が訓練コースを修了した（表三―二、三―三を参照）。修了生の大半は、小規模事業を開業するか、工場で就労することができた。なお、女性の経済的エンパワーメントという目的を達成するための課題については、本章の後半で論じる。

一―二　ジェンダーと開発に基づいた起業開発についての国際訓練

表3-3　2004年度起業開発コース

コース名	受講生数（名）
1. Entrepinoyマネジメント基礎	42
2. E-マーケット　ビジネス・パートナーシップ訓練	37
3. E-マーケット　ビジネス・パートナーシップ訓練（パート2）	15
4. 起業支援のためのプログラム・マネージャーパイロットプログラム	17
5. 事業開発コース	29
6. 起業コース	38
7. 会計基礎コース	59
8. 加工食品ラベル・パッケージ訓練	49
9. アチーブメント・モチベーション訓練（ハウスキーピング、客室清掃、食品加工）	21
10. アチーブメント・モチベーション訓練	41
11. 起業コース	32
12. 起業コース	13
合計	405

C. Sobritchea作成

ＪＩＣＡフィリピンからの強力な支援のもと、ＴＥＳＤＡ女性センターが実施したいまひとつのプログラムは、技術教育・訓練におけるジェンダーと開発枠組みに基づいた起業の国際プログラムである。このプログラムは、ＪＩＣＡの第三国研修の枠組みのなかで実施され、フィリピンのような途上国で習得した技術を、別のアジア太平洋地域の途上国に移転することを目指した。プログラムの目的は「アジア太平洋諸国において、技術教育訓練におけるジェンダーと開発枠組みに基づいた、起業を主流化する知識、技能、態度を発展させ、支援メカニズムの成功と失敗事例に着目し、あらたなトレーニングモデルの構築と、成功事例に基づく経験知の共有をはかる場を提供すること」[8]と設定された。一九九九年から二〇〇五年までの期間で、ＴＥＳＤＡ女性センターとＪＩＣＡは、延べ八ヵ月間にわたるセミナー・ワークショップを主催し、二〇ヵ国の政府・非政府機関からの参加者、計一六四名が受講している（表三―四を参照）。

訓練プログラムは、五つの基礎単元から構成される。①技術教育訓練の考え方とプログラムの概要、②開発と女

表3-4　国際訓練セッションの参加国一覧

1. バングラデシュ	11. モンゴル
2. ブータン	12. ミャンマー
3. ブルネイ	13. ネパール
4. カンボジア	14. パキスタン
5. 中華人民共和国	15. フィリピン
6. フィジー	16. サモア
7. インド	17. スリランカ
8. インドネシア	18. タイ
9. ラオス	19. バヌアツ
10. マレーシア	20. ベトナム

C. Sobritchea作成

性の原則とアプローチ、③技術教育訓練における起業開発の促進と支援サービス、④プロジェクト・マネジメント、⑤アクションプランの作成である。訓練課程には、フォーカスグループ・ディスカッションや各国での経験知の共有など、参加型アプローチが組み込まれている。また、座学による講義と現場視察、スタディーツアーもプログラムに含まれる。フィリピン女性委員会の委員や実業界の女性リーダー、および教育機関に所属するトレーナーが訓練内容の開発と実施を担当している。

ＪＩＣＡテクニカルチームが二〇〇四年に実施した調査結果によると、この訓練プログラムの肯定的な結果が確認されている。調査対象者の大多数（七〇％）が、訓練内容は出身国のニーズに即したものであり、女性の経済的エンパワーメントにつながるジェンダー問題に取り組むにあたって有益であると回答している。帰国後にフィードバックセミナーを開催し、各国における職業・技能訓練のジェンダー化された局面への理解を深め、ジェンダーを技術教育訓練に統合するための調査を開始した参加者もいる。訓練への参加で有益であったとする回答には以下の項目がみられた。所属している部署のメンバーや地域社会での協働相手を対象としたジェンダー・トレーニングの実施、性別統計数値の整備にむけた提言、より厳格なモニタリングとプログラム開発の必要性についての理解促進、訓練カリキュラムへのジェンダー関連項目の導入などである。

調査結果からは概して、ＪＩＣＡ－ＴＥＳＤＡ女性センターの国際訓練コースの肯定的な成果がうかがわれる。アジア各国からの多様な経歴をもつ開発担当者による訓練への参加は、ジェンダー平等を推進するためにどのように技術教育訓練を強化していくべ

資料３-１　TESDA女性センターが開催した女性エンパワーメント・セミナーの内容例

ジェンダー・センシティビティ・セミナー：
　女性を取り巻く現状に関する意識啓発を促し、訓練生が国家建設における男性と同等の役割を果たすよう力をつける
労働倫理と価値観形成：
　訓練生の将来のキャリア形成における基盤となる、職業倫理の形成の一助とする
リーダーシップと個人の水準でのエンパワーメント：
　訓練生個人の価値観を確認し、女性が社会で多様な役割を効果的に発揮できるよう、リーダーシップの原則とその実践方法を習得する
協同組合の運営：
　訓練生が協同組合を設立することができるよう、協同組合の概念と運営実務の理解を促す
起業開発：
　企業家精神の習得を通じて、訓練生自身による起業の一助とする

出典: TESDA Women's Center. Brochure on Training Programs for Women, n.d.

きかについて、意見を交換し、醸成する最適な場を提供したといえる。

　技術援助期間中にTESDA女性センターとJICAは、産業別訓練コースの中で、コースを通じて習得可能な職業能力や技術的能力を補完するために、女性のエンパワーメント・セミナーも時に応じて実施している。その内容はジェンダー・センシティビティー・ワークショップ、リーダーシップ育成講座、労働倫理に関する講義や、提言活動、ソーシャルマーケティング、協同組合の運営実務などである（資料三―一）。

二　調査、提言活動とその他のサービスプログラム

　前述したように、二〇〇四年度から二〇〇七年度に実施されたTESDA女性センターへのJICAの技術支援の主要なコンポーネントのひとつに、援助政策やプログラムの見直しと開発に関する調査の実施がある。調査項目は「労働と雇用、女性の人材育成、その他の支援策におけるジェンダー課題を含む女性の経済的エンパワーメント」関連を幅広く網羅している[9]。TESDA女性センターは長年にわたり、NGOやフィリピン大学女性学研究センター、アテネオ・デ・マニラ大学フィリピン文化研究所の女性学プログラムに所属する学術機関のジェンダー学の研究者と協力体制を築いてきた。

一九九九年には、JICAジェンダーと開発専門家のカズミ・ラレッド氏

の主導のもと、三つの調査を実施した。調査の主題は、①女性と経済的エンパワーメントに関する先行文献のコメント付きレビュー、②マニラ首都圏の低所得地域における女性の経済活動の現状分析、③フィリピン女性の経済的エンパワーメントのための政策・法的枠組みの分析である。

これらの調査結果は、女性センターの訓練と各種プログラムの改善に活かされている。前述した調査は、訓練後の修了者の就業状況と就業までに要した期間を調べた、二〇〇一年に実施した「事後調査」に続くものである。近年では、JICAフィリピンの長期派遣専門家の大塚朋子氏と古川緑氏がフィリピン国内のジェンダー研究者に委託し、過去にTESDA女性センターの職業・技術コースを受講した女性訓練生への影響調査を実施している。国外向け訓練コースについても同様の評価調査を実施している。これらの調査の結果は、訓練コースと、政策提言活動の強化のため、活用されている。また上記に先立ち、訓練コース修了者の就労体験についても、調査が行われている。

TESDA女性センターはまた、卒業生の成功体験をまとめた調査結果を出版している。この調査は、文化的、社会的障壁にもかかわらず、訓練を経済的状況の向上のために活用した女性たちによる参考事例を提供するために作られた。また調査プログラムは、関連する性別統計資料の収集と普及という重要な機能も有している。

経済機会と福利への男女の平等なアクセスの推進というフィリピン政府の目的に従い、訓練終了後女性たちが正規就労につくか、起業できるような環境整備をおこなうよう、TESDA女性センターは民間部門と開発機関にはたらきかけ、いくつかの取り組みを実施した。二〇〇一年には、国連開発計画と協力し、フィリピン政府は、日本政府と「日本WID基金」からの複数国／二国間協定を締結し、女性起業家のための「ワンストップ・ショップ」リソースセンターの建設をおこなうことが決定している。このプログラムは、女性を対象とした効果的な中小企業開発に関する支援サービス・施設の欠如を考慮して、策定されたものである。またこのプログラムは、女性の訓練、雇用、融資へのアクセスを一元化することを目指した。

TESDA 女性センター　　　　(C. Sobritchea 提供)

ＴＥＳＤＡ女性センターは、ＪＩＣＡ技術専門家の支援を得て、下記のサービスも提供した。

● 女性のためのキャリアガイダンスとカウンセリングの提供　このサービスの利用可能な時間帯は一週間のうちの二日間、各半日である。個別あるいはグループカウンセリングをおこなっている。キャリアカウンセラーは、相談者が自身のキャリアを形成し、就労に関連した問題解決をはかるよう助言をおこなう。また、必要に応じて医療・法的援助を提供するカウンセラーの支援をうけることもできる。

● 情報資料室の運営　最新の書籍とオーディオ教材を揃え、訓練生、訓練者、研究者や政策担当者など幅広い人々に利用されている。

● ＮＧＯの連携のためのスペースの設置　ＴＥＳＤＡ女性センターには、女性団体が、相互のネットワークを強化し、交流事業をおこなうための、十分な広さのある事務所を備えている。

● 女子寮の開設　一六〇名収容可能な女子寮は、国内外の訓練生に利用されている。

● 会議室の運営　ＴＥＳＤＡ女性センターには、現代的で「女性に配慮した」設備が備わった九つのワークショップ用のエリアをもつ二七〇名収容の多目的ホールがある。

● 保育施設の提供　保育施設は、セミナーや会議開催中に乳幼児の子

表3-5　評価修了者/証書授与者の性別人数　2001-2003年度

年度	評価対象者			認定証書の男女別授与率			
	女性	男性	計	女性	%	男	%
2001	15,778	169,621	185,399	5,112	32	139,634	82
2002	40,186	118,199	158,385	10,549	26	57,980	49
2003	34,407	75,859	110,266	10,347	30	28,352	37

出典：Technical Education and Skills Development Authority（TESDA）in NCRFW, 2005a. *Report on the State of Filipino Women, 2001-2003*, p.24.（数値にはムスリムミンダナオ自治区のTESDA中央事務所のデータは反映されていない。）

育て中の訓練生が利用している。

三　障害と課題

ここまで本章では、フィリピン政府とＪＩＣＡフィリピンがＴＥＳＤＡ女性センターを設立し、組織化するにいたった画期的な取り組みを概観してきた。しかし、他の開発プロジェクトと同様、このプログラムもその実施にあたり、問題や課題と無縁ではない。ＴＥＳＤＡ女性センターが委託した政策調査（二〇〇五年）では、次のような課題が明らかになっている。

三―一　職業・技術訓練を受講する女性の修了率の低さ

ＴＥＳＤＡ女性センターが二〇〇四年度から二〇〇七年度に実施した就労前訓練コースに加え、ＴＥＳＤＡは七八の産業別訓練あるいは各種技能訓練を、女性の技能強化の目的で実施した。すでに述べたように、コース修了時に訓練生は試験を受験することになっている。試験に合格すれば、求人の応募資格を得ることとなる。「この評価と認証プロセスは、労働者がある特定の仕事に必要な知識と、実務技能を身に付けていることを、雇用主に証明する手立てとなる。また、職場での訓練ニーズを把握し、労働者の雇用と昇進に関する客観的な基盤として機能する」[10]。フィリピン女性委員会によれば、二〇〇一年から二〇〇三年の二年間に、修了試験を受験した四五万四、〇五〇名（内、一九・九％が女性）のうち、合格者は五五・五％にすぎない（表三—五）。技能認定を受けた女性は、全体の二八・八％にすぎず、女性の合格率は継続して低いままである[11]。女性の修了率の低さの原因としてフィリピン女性委員会では、女性が就労する際の障害を克服するための、とりわけ非伝統的な技能分野への女性の参入を促進する支援メカニズムの欠如をあげている。

貧困女性が直面する障害としては、特定の技術を要する分野や職業への女性の参入を妨げる、フィリピン社会に残る文化的通念や慣習があげられる。どのような技能や職業が男性や女性にとり、理想的でありふさわしいとするかという、紋切り型な考え方を払拭しようとするキャンペーンが展開されてきたが、こうした取り組みにもかかわらず技術・職業教育や訓練の実態や労働統計からは、性別にもとづく就労パターンが残存していることが読み取れる。

また、訓練カリキュラムや学習手法にも、性別に基づく偏見が存在し、女性の認定試験での合格率が低い原因となっている。たとえば、溶接や器具類などは、女性が使いやすいように改善する必要がある。さらには、製造業および農業関連産業をはじめとする国内産業の衰退は、就労機会を減少させ、訓練コースを修了し認定試験に合格した後も、即座に就労することが困難な状況をうみだしている。

三—二　訓練後の就労の障害

職業、技能、起業開発コースの修了の困難さに加えて、仕事をみつけたり、小規模事業の起業に必要な融資へのアクセスの困難さが、更なる障害となっている。二〇〇一年にＴＥＳＤＡ女性センターとＪＩＣＡが実施した卒業後の進路調査によると、修了試験の合格者が就労するまでの期間は一ヵ月から一年間と幅がある。試験に合格し有資格証明を得た合格者は、修了書なしの場合に比べて就労につながる機会が多いが、国内での就労機会の欠如は、貧困女性の経済的福利を改善する深刻な足かせとなっている。[12]

雇用主がいまだに、男女の能力に関して性別類型にとらわれた考えを抱いていることも問題である。一般的に女性はサービス関連の職種に、男性は工業機器の操作などをおこなう技能職にふりわけられることが多い。（労働者の）既婚・未婚の別や性的嗜好、年齢、そして時には民族的出自にもとづく差別的な慣習を排除すべく、既存の法律の改正がもとめられる。[13]

小規模なあるいは家族経営の産業においても、性別類型に基づいた経営がしばしば行われている。以下の事例は、世界市場のなかで高い収入を得る潜在的な可能性を秘めており、女性の技術が活かされやすいとされているアクセサリー製造業における、業務配分を分析したものである。

一般的に、女性はアクセサリー製造業では重要性の低い、補助的な役割を果たしている。女性たちに与えられるのは、店主がおこなう最終製品の研磨や製造過程において、化学薬品を準備するなど補助的な業務、道具のメインテナンスや清掃、店舗清掃など「それほど重要ではない業務や仕事」をまかされている。女性たちのうちで、重要性の高い業務を担当している場合は、製品の販売であるが、多くの場合女性たちは（店主が）信頼している男性の指示にもとづいて仕事をおこなっているのである。

女性たちが周辺化された役割しか果たしていない主要な理由は、（彼女たちが家事を優先しなければならない時間帯と重なるため）店舗が混み合う時間帯に職場にいられないことや、技能の欠如（男性は女性より、高度な技能を身につけており、より雇用に適しているとみなされる）、また多くの店主が、女性には単純労働をさせるべきだと信じている場合も多いことによる。店主が既婚男性の場合、店主の妻が「限定された権限のみを持つパートナー」として、販売・マーケティングマネージャーとしての役割をはたしている。店舗運営と意思決定は、「決定権を持つパートナー」に任されている。

このような状況は、男性が財政を握っているか、資本を提供し、男性の名義で事業を実施しているという単純な理由によ

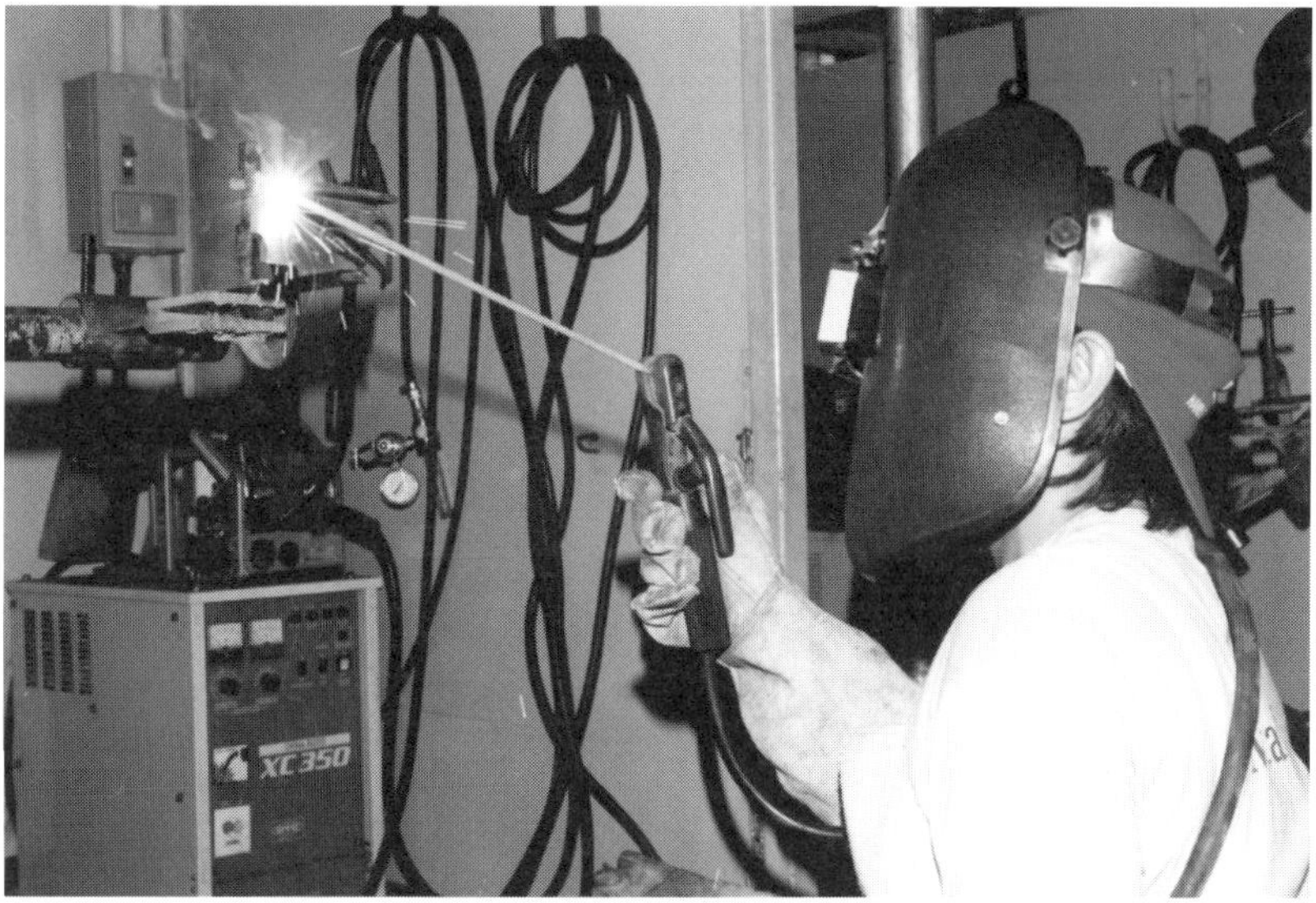

溶接訓練を受ける女性　　（C. Sobritchea 提供）

るものである。[14]

三―三　女性の生涯教育と訓練の推進に対する消極的な政府の方針

フィリピンは、アジア太平洋地域の中でも、最も高い識字率を誇る国である。二〇〇〇年度の識字率は女性で九二・七％、男性が九二・五％である。[15] また過去一〇年の数値をみてみると、初等教育から高等教育レベルにいたるまで教育へのアクセスの男女差はみられない。しかし最近の懸念材料として、男女ともに高い中退率があげられる。二〇〇二―二〇〇三年度の入学者数をみてみよう。初等教育の入学者数は女子で八四％、男子で八三％となっているが、中等教育の入学者数は、女子が四九％、男子が四二％という数値にとどまっている。[16] 二〇〇五年度のデータによれば、フィリピン人男性の識字率は九四・四％、女性の識字率は九五・七％である。[17] こうした数値は、非正規教育・訓練へのよりいっそうの投資と注意をはらうことが重要であることを示すものといえる。

皮肉なことに、フィリピン国内の教育機関の数は、アジア太平洋地域最多である。米国植民地時代の遺産の一つとして、公教育が充実しているからである。しかし、歴史的にもフィリピンの教育制度は、（教職、医療、法曹界など）サービスセクター志向の人材の輩出を主眼としてきた。工業・技術関連分野における人材開発については、これまで注意が払われてこなかった。

ＴＥＳＤＡとＴＥＳＤＡ女性センターが実施している技術教育訓練は、これらの分野における政策と訓練プログラムを改善し、より望ましい影響を生み出そうとする制度が欠如していたことを示している。今日に至るまで訓練プログラムをさらに強化し、学生の興味と能力に適したプログラムが提供されるように、フィリピンの教育政策を改善する必要がある。学校や訓練機関にはまた、フィリピン国内外で、移り変わりの激しい労働市場の需要に対応するカリキュラム編成を可能とする政策も求められている。さらには、国内の最貧地方・地域においても、技術・職業訓練センターが設置可能となるよう、財政的・技術的な援助が必要である。

三―四　実業界にみるジェンダーの視点の欠如、および経済に関わる法制度におけるジェンダー・バイアス

就労へのアクセスの男女間格差を生み出している原因のひとつが、性別役割意識とジェンダー関係のあるべき類型にもとづく根強い文化的通念と慣習である。このようなジェンダーにもとづく偏見は、カリキュラムの内容と教授法に根深く浸透している。フィリピンではまた、各種法律、とりわけ労働政策や企業法に性差別的な条項が定められている(18)。経済セクターの関係者に対し、女性に配慮した雇用と労働政策に関して広く意識を喚起していく必要がある。職場における性的嫌がらせの防止や、労働者を対象とした出産休業時の配慮など、労働法が適切に実施されるかどうかは雇用主のジェンダー意識に負う点が大きい。ジェンダーに関する諸問題とジェンダー平等の原則について、意識を喚起し続けるよう、各方面

からの協調した取り組みが求められる。

まとめと結論

本章では、ジェンダー平等の原則を二〇〇四年度から二〇〇七年度にかけて、ＴＥＳＤＡ女性センターにおける職業技術教育訓練や、起業開発教育に統合するためにおこなわれたＪＩＣＡの援助について概観した。職業訓練を貧しい未熟練の女性たちに提供するというアファーマティブ・アクション（積極的な是正措置）は、貧困と従来男性が占めてきた雇用分野へのアクセスにおける男女間格差という深刻な問題への重要な提起となったことを示唆している。ＴＥＳＤＡ女性センターが実施した訓練コースのフィリピン内外における妥当性と、その影響に関する定期的な評価からは、訓練コースの継続と受講者の人数と出身地域の地域的な拡大が必要であることが明らかになった。上記の評価結果の中でも言及されていた、訓練内容の充実と融資や社会的便益などの賃労働、および自営の機会へのアクセスの増大の重要性を今一度ここで強調しておきたい。

本稿を締めくくるにあたり、日本、フィリピンとアジア諸国のジェンダー専門家が、ＴＥＳＤＡ女性センターを、とりわけ貧困女性にとって貴重な資源提供機関につくりあげた協力関係の重要性を指摘しておきたい。彼女たちの惜しみない、しかし批判的なまなざしを欠くことのなかったアイディアや知識の交換を通じて、多くのアジアの女性にとってのジェンダー平等が、以前に比べれば、かなり達成されたのである。

（翻訳：越智方美）

注

(1) "ODA: Official Development Assistance," Japanese Embassy, Philippines. http://www.ph.emb-japan.go.jp/oda/oda.htm, accessed April 14, 2006.
(2) http://www.jica.go.jp/philippine/english/office/about/about05.html, accessed December 22, 2010.
(3) Global Mechanism of the United Nations Convention to Combat Desertification, United Nations Convention to Combat Desertification (UNCCD) http://www.gm-unccd.org/FIELD/Analyses/Aid_policy.pdf 2006.
(4) 1ペソ=二・四円（二〇〇八年時点）のレートで換算。以下同じ。
(5) TESDA Women's Center Newsletter. Vol. 1, No.1, 1999: 8.
(6) TESDA Women's Center. Brochure, n.d.
(7) "Helping Women Work," Jijigaho, 2006. http://www.jijigaho.or.jp/app/0412/eng/sp10.html
(8) TESDA Women's Center, 2006: 1.
(9) TWC Brochure, n.d.
(10) National Commission on the Role of Filipino Women. 2005a. *Report on the State of Filipino Women, 2001-2003*, Manila.
(11) Ibid., 24.
(12) TESDA Women's Center 2005: 44.
(13) Battad et al. 2006. *A Gender Review of Selected Economic Laws in the Philippines*. Quezon City: Center for Women's Studies, University of Philippines.
(14) TESDA Women's Center, 2005: 29.
(15) NCRFW 2005b: 12.
(16) NCRFW 2005b: 13.
(17) ASEAN Statistical Pocketbook, 2006. hhtp:/www.asean.org/13100.htm
(18) Battad et al. 2006.

コメント1

滝村卓司

今回のコメントは、(1)国際協力実務者からの視点と、(2)社会開発を専門領域とする者からの視点との、二つの視点から行うことを意図した。それは、本報告がJICA(独立行政法人国際協力機構)がフィリピンで実施している実際のプロジェクトをケースとして取り上げた、極めて具体的かつ実践的な内容を持つからである。JICAの職員であるコメンテーターは、政府開発援助の実務に携わる者として、ジェンダー研究のアカデミアに、その実践的な意味を咀嚼して報告する重要性を認めたからである。また、ジェンダーと開発(GAD)という専門領域だけではなく、社会開発の分析枠組みから、「ジェンダー」という概念を照射し、その汎用性/重要性を国際開発協力の実務者により解りやすく描くことができないか、との関心に拠っている。なお、本コメントはコメンテーターが個人の資格として行なったものであり、JICAの公的見解ではないことを予めお断りしておきたい。

1. GADプロジェクトとしての位置づけ

本報告は、JICAがフィリピンで海外技術協力プロジェクトとして実施していたTESDA女性センターのプロジェクトを事例に、同センターの技術教育訓練プログラムにジェンダー平等の原則を統合していくプロセスを追う形で、その画期的な意味と課題を考察したものである。開発援助の実務者になじみの深い技術協力評価5項目(妥当性、有効性、効率性、インパクト、自立発展性)に基づいた調査、検討がなされていることから、コメンテーターにとっても理解しやすく、また、非常にバランスのとれた内容となっている。

特にTESDAプロジェクトが、JICAの国別アプローチにおいてどのように位置づけられているか、ジェンダー主流化がJICAの対フィリピン協力においてどのように進められているか、の二点を踏まえた上で報告されているため、次に続くソブリチャ氏の四点の課題の同定と提言が説得力のある内容となっている。つまり、①職業・技術訓練を受講する女性の修了率の低さ、②訓練後の就労の障害、③女性の生涯学習と訓練の推進に対する消極的な政府の方針、④実業界関係者のジェンダー視点の欠如と法におけるジェンダーバイアスの存在、が後述するように、前記評価5項目のうち効率性、効果、自立発展性に関わる問題としてより明確に示されているのである。

コメンテーターは、これまで、ＴＥＳＤＡプロジェクトが明確に女性の戦略的ジェンダー関心を充足することを目的とする「ＧＡＤアプローチ」に基づいているプロジェクトであるとの認識は薄かった。しかし本報告により、ＴＥＳＤＡ女性センターの技術教育訓練が、明確にアファーマティブ・アクション政策により裏打ちされており、同センターの調査、提言活動等によって、その実現可能性を有したプロジェクトであることが明確に理解できた。ＪＩＣＡ内部においては、当時「ＧＡＤアプローチ」の具体的な内容や有効性が、必ずしも明確に共有されていないのではないかとの認識があったので、本報告はＪＩＣＡ内部への情報発信という意味でも重要性があると思う。

2．周辺国への波及

本報告では、ＴＥＳＤＡプロジェクトが「第三国研修」というプロジェクト・コンポーネントをもち、これによりフィリピン国内のみならず東南アジア周辺国への「貧困女性に対する経済的エンパワーメント」をプロジェクト・スコープに含んでいるということが強調されている。第三国研修とは、ＪＩＣＡが実施する技術研修員受入れ事業（人材育成事業）の一形態であり、フィリピン（日本にとっての「第二国」）と社会的・文化的環境を同じくする近隣諸国（日本とフィリピンの二国関係から見れば「第三国」）などから研修員をフィリピン国内で実施するプロジェクトに招き技術研修を行うものである。各周辺国で個別に同様の研修を行わずとも、共通の核を持つ研修効果を各国、各地域の現地事情に適合したものに変容させて波及させる効果を期待して実施する。本プロジェクトの場合は、周辺国の社会経済発展の状況やジェンダー主流化の状況に応じて課題や制約要因も多様であることが想起されたが、同プロジェクトの第三国研修プログラムは、そのような多様性に対応するモジュールを有し、研修参加者のアクションプランの実効性に焦点をあてた提言を行なっているとのことが、ソブリチャ氏の報告とその後の質疑応答において明確になった。第三国研修の招聘国では、ジェンダー平等の状況も、社会文化状況やその経済成長の状況によって異なっている。そのことを前提にしつつもジェンダー平等の推進の視点からは、プラスの影響をもたらすものと期待される。なぜなら、招聘される研修員は各国のジェンダー平等推進担当の行政官のみならずＮＧＯ活動の担当者が含まれているので、行政と市民社会（あるいはコミュニティ）領域双方が招かれ、同じ場で出会うことから、以下に指摘する「チェンジ・エージェントの育成」と「潜在能力の実現のための環境整備」の双方に、好ましい影響を与えると考えられるからである。

3．貧困女性に対する経済的エンパワーメント（主体化、チェンジ・エージェント、実現環境整備）

技術協力プロジェクト方式による職業訓練プロジェクトにおいて、貧困女性の起業を支援するプログラムが実施されていることは、従来の職業訓練プロジェクトにはみられなかった、かなり踏み込んだモジュールを有しているといえる。つまり、ＪＩＣＡが従来実施してきた、中核的公務員・技術者を対象とした技術協力の方法を超えて、多層化する開発主体に対応し、ＧＡＤにおけるエンパワーメント・アプローチ[1]に基づいたモジュールが導入され、実施されているということになるだろう。エンパワーメント・アプローチは、女性たちのネットワーク組織であるＤＡＷＮ（Development Alternatives for Woman in a New Era）やＳＥＷＡ（Self Employed Woman's Association）の活動の政策含意としても、開発における貧困女性の主体化（エージェンシーとしての行為遂行力を高めること）に、貧困女性の戦略的ジェンダー関心を充足することの有効性が示されている。また、アマルティア・センのケイパビリティー・アプローチや人的資本論の観点からも、女性の戦略的ジェンダー関心に応える具体的選択肢を貧困女性の起業支援プログラムは有しているということができる。[2]社会開発やガバナンス領域でも、社会環境を変革する主体形成（チェンジ・エージェントに対するエンパワーメント）は、開発援助の新潮流としても主流化されつつある。[3]

その一方で、開発主体の行為遂行力を保障、促進する実現環境整備については、ソブリチャ氏が「障害と課題」として指摘しているように、今後の大きな課題である。つまり訓練後の就労の障害、消極的な政府の方針、実業界関係者のジェンダー視点の欠如、法におけるジェンダーバイアス等に、どのように対応し、どのような実現環境整備を進めることができるかが、このプロジェクトの正のインパクトと自立発展性を高めることへの大きな要因となるだろう。さらに指摘しておきたいことは「職業訓練プロジェクト」がかかえる従来からの課題である。即ち、プロジェクトが実施されたフィリピン国内の労働市場の吸収力も、外部からのプロジェクトのインパクト、自立発展性に大きく関わってくる要因となる、という課題である。ＴＷＣ関係者がこの点をどのように認識し対策を講じていくか、今後注目したい。

4．国際トレーニングプログラムの可能性

社会開発や市民社会支援領域において基本的な認識となりつつある「チェンジ・エージェント育成」と「実現環境整備」は「それぞれ一方ではなく双方が相互補完的な役割を果たす」と認識することが重要である。また、実現環境整備は、それぞれの地域、国の状況において多様な形態をとり得る。ＳＥＷＡは非政府部門から貧困女性の戦略的ジェンダー関心を充足させる実現環境整備を行なった好事例であるが、一方でＴＥＳＤＡプロジェクトのケースは、公共部門、ことに行政の果たす役割が大きいだろう。

この点、現在（二〇〇六年当時）ＴＥＳＤＡプロジェクトが実施する周辺二〇カ国の政策担当者、技能職員、政府とＮＧＯのトレーナーを対象としたＧＡＤに基づいた起業開発のトレーニングは、参加型で課題解決型、そしてアクション・プランを課程に含める等、非常に実効的である。ソブリチャ氏が述べるように各国での経験知の共有は、ジェンダー平等

の状況が多様で異なっているからこそ、参加者が自らの状況にあった問題把握の方法や解決へのアプローチを比較しつつ、移植可能な手段を選択する条件を与えていることになる。また、参加者が一様の属性ではなく、それぞれ行政を担う者、社会的活動を担う者が同時に参加することで、それぞれの立場の違いを理解し、それぞれの役割と方策について比較優位を認識しあうことで、共通の課題に協働して対処する可能性が拓けていると考えられる。これは、特に実現環境整備の面において「共にお互いの目的達成に必要不可欠なパートナーである」と認識することで発現し、機能する「社会関係資本」の構築の可能性とも捉えることもできるのではないだろうか(4)。

5．関係性を捉えることの重要性

その一方で、実現環境整備の領域での改善をどのように進めるかが今後の大きな課題であることが明確にされたともいうことができるだろう。言い換えれば、女性ジェンダーに対する経済的エンパワーメントプログラムを戦略的ジェンダー関心の充足を目的として実施する場合には、男性ジェンダーや、異なる社会階層との差異等、「重層的な関係性の再構築」を射程に入れることが重要だということが改めて明らかになったともいえるのである。

ソブリチャ氏が「障害と課題」として指摘するフィリピン国内に認められる女性ジェンダーを巡るいくつかの問題（雇用における性別類型の認識、女性の生涯学習と訓練に関する消極的な政府の方針、実業界関係者のジェンダー視点の欠如、法におけるジェンダーバイアス等）は、フィリピン社会の女性に対する支配的ジェンダー規範に基づく、具体的な認知的・構造的諸制度の表象であると言える。これらは通時的に醸成され定着した男女のジェンダー役割に対する認識から大きな影響を受けており、これに対処するためにはある一定の規範の変更を図らなければならない。つまり、「女性のジェンダー役割を決定する男性のジェンダー役割とその関係性」を認識し、これに変更を加えなければ規範の変革はなされないということを意味する。関係性の変更は、当然、関係を築いている少なくとももう一つのアクター、すなわち男性ジェンダーを同時に捉え、アプローチし、男性のジェンダー役割を変更することで果たされるのである。

関係性の議論はまた、一般的な男女のジェンダー関係のみならず、特定の社会的階層やエスニシティーグループ内の女性同士と男女の関係、さらに階層間やエスニシティーグループ間の女性同士と男女の関係にも対処しなければならないことをも意味している。貧しい非熟練の女性たちのアファーマティブ・アクションは、単に社会的弱者へのエンパワーメントだけではなく、戦略的ジェンダー関心の実現環境整備を同時に求めることが重要であり、ここに社会全体の関係性の変革を求めることの重要性と、困難さを再確認することとなる。しかし、逆に全体的アプローチを用い、各々のアクターが共に必要な協働を進めることができるならば、アファーマティブ・アクションが持続性の高い形で実現されるともいうことができ、女性ジェンダー・男性ジェンダー双方の関係性と戦略的関心を見る（見ることが求められる）ＧＡＤアプローチこそ、その優位性を持っているのである。

おわりにかえて

非熟練の貧困女性に対して賃労働および自営のための起業プログラムにおいて、ソブリチャ氏が強調するように小規模融資プログラムとの連携強化が決定的に重要である。この点においては、フィリピン国内でのファンドを活用する、新たなファンドレイジングを活用する、構築することに加え、ＪＢＩＣ（国際協力銀行）が有する「2ステップ・ローン」（当時）を紹介しておきたい。二〇〇六年一一月、ＪＩＣＡとＪＢＩＣが2年後の2010年に組織統合する法案が我が国国会において可決された。ＴＥＳＤＡ／ＴＷＣが行なう貧困女性のエンパワーメントのための訓練から起業までを我が国のＯＤＡのスキームの中で連続的に実施する可能性が拓けた。そのことを踏まえつつ、今後、フィリピン国内において連携が進むことを期待したい。

注

（1）キャロライン・モーザ　一九九六『ジェンダー・開発・NGO―私たち自身のエンパワーメント―』（久保田賢一・久保田真弓 訳）新評論、八七―一〇九頁。

（2）アマルティア・セン　一九九九『不平等の再検討―潜在能力と自由』（池本幸生・野上裕生・佐藤仁 訳）岩波書店　八五―一〇二頁、一八九―一九八頁、野上裕生　二〇〇四『開発経済学のアイデンティティ』アジア経済研究所、五七―六四頁

（3）当面、国際協力機構　二〇〇三『援助の潮流がわかる本―今、援助で何が焦点となっているか』国際協力出版会、九九―一〇四、一四七―一七一頁を参照のこと。

（4）この点については、滝村卓司　二〇〇二「地域社会開発とソーシャル・キャピタル」国際協力事業団国際協力総合研修所『ソーシャル・キャピタルと国際協力―持続する成果を目指して―』二三―三〇頁を参照のこと。

コメント2

臺丸谷　美幸

お茶の水女子大学大学院研究生（当時）の臺丸谷美幸と申します。私は、北米の地域研究が専門で、現在は、米国における朝鮮戦争をめぐる記憶の問題について、ジェンダーとエスニシティの視点から研究しています。その一方で、国連などの国際機関による支援、ＪＩＣＡによる二国間支援について等、特に女性のエンパワメントや政治・社会参画に関する問題領域に関心を持っております。本日の講義では、ＪＩＣＡフィリピンの活動内容を知り、ＴＥＳＤＡ女性センターがフィリピン人女性の雇用促進のために、どのような活動をし、役割を果たしてきたかを学ぶことができました。特に技術系の職業訓練についての実践的な開発支援プログラムについて学び、大変有意義でした。ソブリチャ先生の講義を拝聴し、以下の三点について、コメントさせて頂きます。

1．ＴＥＳＤＡ女性センターの就学者の階層／階級等のバックグラウンドについて

まず、ＴＥＳＤＡ女性センターは、どのような女性が就学ターゲットであって、また、実際の就学者は、どのような階層／階級の女性達であるかについてです。ソブリチャ先生は、支援機関、支援国が、フィリピンの「貧しく、周縁化された」女性達への支援に寄与したとおっしゃられ、またＪＩＣＡのジェンダーに関するプログラムについても、フィリピンの「貧しい女性」の雇用を促進したと評価されました。しかし、ここでの「貧しい女性」とは誰を指すのかということの疑問です。

「女性の周縁化」と一言で申しましても、そこにはあらゆるレベルでの、「周縁化」された女性が存在すると考えます。私は、ＴＥＳＤＡ女性センターのプログラムで支援対象とされている「周縁化された女性」とは、フィリピン国内の最貧層の女性ではないと推察しました。確かに、当女性センターへの入学対象の女性は、フィリピンの既存の労働力市場から

は排除され、「周縁化」されていると言えるでしょう。しかし、対象の女性達は、「貧しい女性」の中でも、ある一定の教育水準を既に満たした女性達であると理解しました。それは、就学条件が中等教育終了となっていることからも明らかです。反面、プログラム受講者を中等教育以上の学歴と明確に絞ったことが、短期スパンでの効果が見られた最大要因とも考えられます。しかし、それは一方で、中等教育にまでアクセスできない女性達の就学の道は初めから閉ざされているという問題でもあります。就学条件に満たしていない女性たちへの支援はどのようにすれば可能であるか。今後どのような対策を講じていくべきかは、大きな課題であると考えます。

就学条件の問題点としてもうひとつ上げられるのは、就学者の出身地の問題です。就学できる条件として、学歴の他にも出身地域が就学の条件に大きく影響していると思いました。つまり、進学に際して、都市と地方での教育を受ける機会の格差が女性達の就学状況に影響すると考えます。当女性センターは、マニラに本部拠点を置いていることから、地方出身の女性にとっては入学が不利ではないかと感じました。

今後、地方に住む女性の就学問題、さらには将来的には今回ご紹介下さったTESDA女性センターと同類のあるいはその地域のニーズを生かした女性の専門技能習得のための職業訓練学校をいかにして設立し、運営・維持し、浸透させるか。そのためにはどのような段階を経て、いかなる対策を講じるべきか。その前提となる都市と地方の教育格差是正のために支援国の日本政府、被支援国であるフィリピン政府はどうすべきか、そしてTESDA女性センターのプログラム自体はどう発展すべきか、また発展しうる可能性があるか等々が、今後の課題であると思います[1]。

2．TESDA女性センターの卒業生の就職状況と同センターの雇用支援について

次は、就労訓練コースを修了した女性たちの卒業後の就労状況についてです。当女性センターのプログラムの最大の特色であり、社会的功績は、従来フィリピンの教育が力を入れてこなかった、「非伝統的な技能分野」「工業・技術関連分野」

への女性の労働参入と起業者育成にターゲットを絞り、それを促進してきた点であると考えます。「工業・技術関連分野」における女性の人材育成と就業問題は、フィリピンだけにとどまらず、現代の日本においても重要な課題だと考えます。そして、当該プログラムが成功しているのかを評価する鍵は、そういった人材育成後に、修了生がどれだけ当該分野へ参入できているかであると考えます。(2)

先生の講義の中で興味を持ちましたのは、女性の当該分野への参入を阻むのは「フィリピン社会に残る文化的通念や慣習」であり、いわゆる「女性に対するステレオタイプ」が起因しているとのお話です。私は、米国社会におけるアジア系アメリカ人やアジア人女性に対するイメージについて研究しています。つまり、ある特定のエスニック集団やジェンダーに対するステレオタイプや偏ったイメージが、いかに政治的、社会的要因を元に構築され、社会で語られてきたかを考察・分析しています。その経験から、女性のイメージの固定化や偏見、その背後にある家父長制などの慣習は、一朝一夕には変わらない問題と感じております。フィリピン人女性の就労問題に話を戻しますが、女性の就労参入を阻むものが、女性のステレオタイプに起因するのであれば、女性センターなどで技術や起業ノウハウを身につけた優れた女性達を輩出しても、現状の社会が彼女達を生かし切れないという問題があります。先生がご指摘される通り、雇用先の理解が得られなかったり、あるいは女性起業者が銀行から融資を貸し付けてもらえなかったりする問題などがそうでしょう。

また、就職できた修了生が、その後どれだけ長期・継続的に勤務できているのか、結婚・出産後も働けるのだろうかと疑問に思いました。主に若い独身女性が職業訓練を受けているというイメージを持ちましたが、結婚・出産後の彼女たちの就労実態の把握、改善についても今後調査し、結果をフィードバックしていくべきと考えます。他に企業への雇用促進、労働条件の改善、退職金や再就職の問題などが挙げられると考えます。また就労に際して、女性の少ない場所で働くということでのプレッシャーやハラスメント（セクシャル・ハラスメントやパワー・ハラスメント）などの問題解決とその防止策も課題だと思いますが、いかがでしょうか。女性の働く環境の改善には国・地域・企業レベルでの対策、すなわち法整備と雇用機会の促進の両面からのアプローチが重要であると考えます。

3．フィリピンの科学技術分野における教育政策の歴史と米国の影響

ソブリチャ先生の講義から、フィリピンの公教育は米国の植民地時代にその基盤が成立したことを学びました。そして先生は、植民地経験から、フィリピンの公教育は充実したが、しかし、実情は「サービス・セクター志向の人材輩出を目的とする」学校が多く、政府は「工業・技術関連分野」での人的開発に注意を払ってこなかった。それに伴って、女性の当該分野への参入も立ち遅れていることをご指摘されました。

私の疑問はフィリピンの「工業・技術関連分野」とその教育政策が遅れた理由の背景の根本要因は、何であったのかということです。それは、米国の植民地時代の教育政策に起因するものだったのでしょうか。なぜ、第二次世界大戦以降、一九四六年のフィリピンの独立以降も、「工業・技術関連分野」の人材開発は立ち遅れ、「サービス・セクター」の人材開発にのみ力点が置かれ続けたのでしょうか。言いかえれば、独立後のフィリピンがなぜ科学技術分野（ソブリチャ先生の仰る「工業・技術関連分野」もこの言葉の範疇に入ると思いますが）の発展無しに、今日まで来られたのだろうかという疑問です。独立以降の米比関係と両国の政治に関係があるのではと感じました。

これは少し脱線した議論です。しかし、フィリピンにおける技術者の育成が、なぜ歴史的に立ち遅れてきたのかという根本的な諸要因を探ることは、重要であると考えます。ひいてはＴＥＳＤＡが行なってきた女性の技能者育成プログラムがいかに、今後のフィリピン社会にとって重要であり、評価すべきものであるか、そして、当該プログラムや修了生達の将来的な活躍が、広くは、フィリピンにおける科学技術全般の発展へ寄与する可能性ついて考えることができるのではないかと思います。

私は以下の視点から、この議論を提起するに至りました。まず、私は先生がご指摘のフィリピンの「工業・技術関連分

野」の立ち遅れの背景にあったフィリピンの教育政策方針と米国の植民地経験のお話から第二次世界大戦後の日本の経済復興と科学技術振興と人材育成の歴史を連想しました。[3] そしてなぜ、戦後のフィリピンと日本における科学教育の発展の差異がこれほどあるのだろうかと疑問に思ったのです。戦後日本は、科学技術とその発展を「拠り所」とする形で戦後復興を遂げ、それに伴い、多くの技術者を育成・輩出して、「科学技術立国」としての現代に至ります。

もちろん、フィリピンの科学技術分野に関する政策と教育の立ち遅れの問題を考える時、両国における戦前の工業技術の基盤の差異は留意すべきです。日本の科学技術面の発達の要因のひとつには日本の工業・産業の基盤が戦前から構築されていたこと。その技術力を基盤として、日本の戦後復興を支えたと考えられるからです。フィリピンは独立以後も、冷戦構造下で継続した米国と[4]「密接な」政治的関係にあり、独立後も対米関係抜きには、政策を語ることは難しいと思います。今日にまで至るフィリピンの科学技術分野とその教育の未成熟の問題については、もう少しその社会的要因について考えてみたいと思いました。

フィリピン人女性への「非伝統的技能分野」への雇用促進と人材育成がなぜ今必要なのか。その国の歴史的背景から考察することは、当該国の政治構造やその変遷から現在の政策を問うことであり、なぜ今、その分野の開発支援が被支援国に重要なのかを考える契機となると思います。ひいては、長期的で持続可能なジェンダー主流化に向けた戦略を考える上で重要であると思われます。最後に、繰り返しになりますが、本来男性のみの職業と見なされていた職種への女性の就労参入は大変重要だと思います。これは、決してフィリピンだけに限られた問題ではなく、日本や他の先進国においても直面している問題だと思います。TESDA女性センターで行われている職業訓練教育は、フィリピン人女性の職業選択の幅を広げ、自立を促す試金石となるのではと感じました。

注

（1）二〇〇六年当時。尚、本論の改稿においては、一橋大学の中野聡教授よりフィリピンの歴史的背景など、貴重なご助言を賜ったことをここに感謝申し上げる。

（2）ソブリチャ教授の報告にもあるように、修了生の進路調査は重要であろう。また当センターは卒業生の成功体験談をまとめているようだが、失敗例を調査し、分析することも重要ではないか。女性の就業を阻む要因と彼女達の置かれている立場を把握することが今後の対策につながると考える。

（3）日本占領下の経済復興と科学技術振興や教育政策の関連性については、羽田貴史　一九九九『戦後大学校改革』玉川大学出版部、「第二章　戦後大学改革と科学技術」の部分を参照。

（4）米国の植民地支配と同時に私たちが「忘却」してはならないのは、第二次世界大戦下の日本によるフィリピン占領の「記憶」である。戦前の米国支配、大戦下の日本占領、終戦後のフィリピン独立と冷戦構造下での米国との密接な関係も歴史背景として留意すべきだろう。

第四章　フィリピン、近隣のアジア諸国におけるＨＩＶ／エイズ問題

―フェミニスト視点からの検討―

はじめに

ＨＩＶ／エイズは、最初の症例が一九八一年にアフリカで報告されて以来、既に三〇年近い歳月が経過している。この間、女性学を含む様々な観点からＨＩＶ／エイズに対し検討がなされた。学術的研究によりＨＩＶ／エイズの理解が進む一方で、ＨＩＶ感染防止対策の拡充や、感染者が治療しやすくするための国際的な取組みや活動が断続的に進められている。

とはいえ、積極的な取組みや努力にもかかわらず、最初の症例報告を受けた一九八一年から今日までにエイズによる死亡者数は二〇〇〇万人を越えた。近年では感染数が減少しているとはいえ、感染者数は全世界で三三〇〇万人を数える(1)。ＨＩＶウィルスの蔓延は、とりわけ途上国において、いまだ十分に抑制されたとは言えない状況である。今日、世界の感染者数は増加の一途をたどっているばかりか、感染拡大には地域的な偏りが見られ、アジア地域での急速な感染拡大を特徴としている。また感染増加率は性別で大きく異なり、男性よりも女性のほうがより急速に感染件数が増加し続けている。これらの特徴は、ＨＩＶ／エイズと関連が深い地域とそうでない地域との間の格差、ジェンダー間の格差、ジェンダー不

平等や社会的偏見等のより複雑かつ未解決の問題群を露呈している。同時に、データにはっきりと表れている「アジアと女性にみる感染拡大」という問題に、より高い関心を向ける必要性を訴えるものである。

二〇〇一年の国連特別総会決議において、HIV／エイズ問題はようやく「世界的な危機」として認識され、その対策のために「グローバルな行動を必要とする」という文言が決議に盛り込まれた。同決議は、「HIV／エイズ問題からの影響は成人および若年女性に大きく偏っている」と述べ、HIV感染に対して、とりわけ女性や子どもたちは脆弱であることが指摘されている。同時に、国際機関および各国政府に向けては、女性の地位向上および女性の人権尊重を推進し、安全な性交渉を保障するために男女が責任ある行動をとれるよう、さらに女性がHIV感染から身を守るために、自身のセクシュアリティについての自己決定権および責任が持てるよう、緊急に国家レベルでの対策の強化が要請された[2]。これらの文言が国連決議やその他の国際機関による政策コミットメントに含まれることをめざして、多くの人権活動家がたゆみない努力を続けてきた。政府や国際機関によって、「HIV／エイズはジェンダー不平等によって引き起こされるのみならず、ジェンダー不平等をより強化し、男性、女性、子どもをさらなる危険にさらすものである」との認識が根付くまで、長い年月に及ぶ研究、組織形成、政策提言を要した[3]。

本章をはじめるにあたり、ごく普通に生活してきた人がHIV／エイズに感染するとはどういうことかを理解するために、アリサ（仮名）の物語を紹介したく思う。アリサはフィリピン人のHIV感染者のひとりとして、現在NGOによる予防・治療プログラムにおいて積極的に活動している。この章で私が示すマクロ構造的な分析や見解は、アリサのケースから多くの示唆を受けている。本章では、HIV／エイズ感染拡大に関して、まずグローバルな視点から、さらに地域ごとに概観する。続いて、HIV／エイズ感染に対して女性は男性よりも脆弱であり、感染によってより大きな危険にさらされることを示したい。さらに、女性にみるHIV／エイズ感染はジェンダー不平等と密接に関連していると断じる女性運動側の分析を検討する。最後に、現行のHIV／エイズ予防、管理、および治療プログラムを、女性に特有なニーズと対応させ、これを強化する方法について論じることとする。

一　アリサの物語

二〇〇三年私は、海外就労中にＨＩＶ／エイズに感染した一〇人のフィリピン人のライフ・ストーリーを記述する調査チームのメンバーとして、「保健行動イニシアティブ」（ACHIEVE）というマニラのＮＧＯに招かれた。その時、アリサに出会った。調査の目的は、フィリピン人海外就労者のために労働と保健分野、とくにＨＩＶ／エイズ感染予防政策およびプログラムを提言することであった。アリサは私のインタビューに協力してくれたひとりであり、その人生経験を語ってくれた。当時アリサは二三歳になったばかりであった。彼女はＨＩＶ感染者として、感染者のグループで積極的に活動していた。

アリサはいわゆる「機能不全家族」の出身であった。幼い時分に両親が離婚し、祖父母の元で育てられた。祖父母から虐待されても、我慢するほかなかった。一〇代になりかけたところで、養育者である叔父から性暴力を受け、これをきっかけに路上生活者となった。アリサは路上で知り合った友達や、通りすがりの人々を心のよすがにしつつかろうじて生きていた。

一三歳でアリサは売春に身をやつすことになる。「商売」に励む日々の中、マレーシアで「エンターテイナー」として働く口を紹介され、アリサは「ようやく自分にも幸運がめぐってきた」と考えたのである。年齢を偽り、渡航証明書を偽造し、リクルーターはアリサにビザを取得させた。マレーシアに渡航後アリサは、外国人ビジネスマンや地元の役人でにぎわう、彼女いわく「最高級ナイトクラブ」のホステスになった。到着後まもなく、バーのお客を楽しませるだけでなく「交際」も仕事のうちと知らされた。パスポートを経営者に取り上げられ、同僚女性と住んでいたバーやアパートからひ

ジェンダー平等によるエイズとの闘い推進　（C. Sobritchea 提供）

とりで外出することさえ禁じられた。親類や友人に手紙を書いたり、電話をすることもできなかった。つまり、アリサは売春組織に売られたのである。アリサは何度か逃亡を試み、自殺未遂もはかったが、毎回バーの経営者につかまり暴行を受けた。

ついにアリサは「とても親切な」日本人の客と出会った。アリサに航空券を買い与えた日本人の客は、バーの所有者からアリサを買い取ったとみられる。新しい主人の元で、アリサと同僚の女性は定期的にコンドームを配られた。しかし、コンドームの使用を拒否する客もいた。アリサはマニラに戻った後も、ナイトクラブの仕事に戻るほかなかった。麻薬に手を染め、何人かの客と束の間の深い関係を持った。フィリピン系アメリカ人の大学教授から「同棲関係」をもちかけられ、これに従った直後、アリサは病気で入院した。そこですすめられた血液検査の結果、アリサはＨＩＶウィルスに感染していることがわかった。一九歳という若さであった。

その後の記憶はあいまいである。友達から疎遠にされ、公的シェルターに入ったこともあるが、適切な処置を受けられず、死への恐怖におののいていた。自己否定と自己崩壊の末に、ピノイ・プラスというＨＩＶ感染者のグループと出会い、参加を勧められた。私が調査で出会った際、アリサは日和見感染への治療を受けたり、心理的カウンセリングを受けていた。

アリサの経験は例外ではない。世界中で何百万人ものＨＩＶ感染者の女性が、多かれ少なかれ似たような身体的苦痛と精神的な痛みを味わっている。ＨＩＶウィルスを完全に駆逐する治療薬やワクチンが発見されるだろうという希望はあるものの、ほとんどの場合、ネグレクトやスティグマ、差別を体験しているために、過酷な状況を耐えていこうとする意志そのものがそがれてしまっている。

二　ＨＩＶ／エイズ問題の現状――統計で見るアジアと世界の特性

最初の症例が報告された一九八〇年代初頭、ＨＩＶ／エイズはおもに先進国の男性に限定されていた。このため、ＨＩＶ／エイズは社会の暗部に潜んだ問題――例えば先進国都市部を中心とする同性愛や売買春の問題と深く結びついた問題――として認識されていた。しかし今日では、ＨＩＶ／エイズの感染状況（特に感染地域と感染者の特性）は当初と大きく異なった様相を示している。

表四―一は、二〇〇九年現在の地域別のＨＩＶ／エイズ感染に関する現況である。

全世界で感染者数が二〇〇五年の四〇三〇万人から二〇〇九年には三三〇〇万人へと減少し、感染率も低下しつつある。過去数年間実施されたエイズ禍への介入策が功を奏しているといえよう。ただし、ウィルスの拡大への抑制対策が体系的に実施されてきたとはいいがたい状況である。アジアの多くの国々では、母子感染や、感染者との注射針の共有、異性愛者と同性愛者の両方を含む性的交渉を経路とする新規感染が引き続き報告されている。(4) ＨＩＶ罹患率は、三三か国で

表4-1　地域別HIV感染者（率）および新規感染者数（2009年末現在）

地域	HIV感染者数（%）	新規感染者数	成人人口（15-49歳）の感染率
サブサハラ・アフリカ	2250万人（68%）	180万人	5.0%
南/東南アジア	410万人（12%）	27万人	0.3%
北米	150万人（5%）	7万人	0.5%
東欧/中央アジア	140万人（4%）	13万人	0.8%
中央/南アフリカ	140万人（4%）	9万2千人	0.5%
西欧/中欧	82万人（2%）	3万1千人	0.2%
東アジア	77万人（2%）	8万2千人	0.1%
中東/北アフリカ	46万人（1%）	7万5千人	0.2%
カリブ諸国	24万人（0.7%）	1万7千人	1%
オセアニア	5万7千人（0.2%）	4,500人	0.3%
合計	3330万人（100%）	260万人	0.8%

出典：UNAIDS. *Core Slides: Report on the Global AIDS Epidemic,* 2010.

二〇〇一年から二〇〇九年の期間に二五％減少している。とはいえ、二〇〇九年は一日あたり七千人以上もの人々がＨＩＶに感染しているのである。(5)

二〇一〇年の国連合同エイズ計画（ＵＮＡＩＤＳ）報告書によると、全世界の感染率（一五歳から四九歳までの人口における感染率）は二〇〇一年以来増減がなく、エイズ死亡者数は二〇〇四年の二二〇万人から、二〇〇九年には一八〇万人まで減少している。(6) その他のＨＩＶ／エイズ感染に関する重要な点は以下の通りである。

・ＨＩＶは、とくにアフリカ地域において結核の再来を招いており、全世界的に見てＨＩＶ感染者のおもな死亡原因も結核となっている。

・全世界のＨＩＶ感染者のうち、女性は半数をわずかに超える程度だが、サハラ砂漠以南のアフリカ地域では感染者の六〇％が女性である。ジェンダー不平等や様々なサービスへのアクセスで生じて言える不平等、性的暴力により、女性はＨＩＶ感染に対して男性よりもより脆弱であり、かつ、とくに若い女性は生物学的要因によってＨＩＶにより感染しやすい。

・ＨＩＶに新規に感染した一五歳以上の全人口のうち、若年人口（一五〜二四歳）は四一％を占める。サハラ砂漠以南のアフリカ地域では、若年女性のＨＩＶ感染率は同男性の二倍に達している。

・二〇〇九年現在、全世界で二五〇万人の子どもがＨＩＶに感染している。このうち三七万人が新規感染者であり、二六万人がエイズが原因で死亡している。両親あるいは片親をエイズにより亡くし、孤児となった子どもは約一、六六〇万人であり、そのほとんどがサハラ砂漠以南のアフリカ地域に集中している（八九％）。

・エイズ禍がもっとも深刻であるサハラ砂漠以南のアフリカ地域は、世界人口の一三％を占めるにすぎないにもかかわらず、ＨＩＶ感染者の三分の二（六八％）が集中している。ＨＩＶに感染した子どものほとんどがこの地域に集中している（九二％）。サハラ砂漠以南のアフリカ諸国のほとんどがＨＩＶ禍に見舞われ、各国のＨＩＶ感染率は一％となっている。九か国では、成人人口の一〇％以上がＨＩＶ感染者と推測される。アフリカ南部は世界でももっともＨＩＶ感染者数が多い地域である（五六〇万人）。スワジランドのＨＩＶ感染率は二五・九％と世界でもっとも高い。

・近年の統計によれば、多くの地域でＨＩＶ感染率および罹患率は変化なし、あるいは減少傾向にある。ＨＩＶ感染率が一％以下の国は九九か国、一〜五％の国は三五か国、五〜一〇％は五か国、一〇％以上の国は九か国となっている。

次にＨＩＶ／エイズ感染におけるジェンダーの局面を見てみよう。表四―二に示したように、二〇〇五年現在、全世界の成人（一五〜四九歳）感染者数のほぼ半数（四六パーセント）を女性が占めている。女性感染者数が最も多く報告されているのはサハラ砂漠以南のアフリカ地域であり、成人ＨＩＶ感染者全体のうち女性は五七パーセントを占めている。東アジアでは一八％と低い。主な感染経路は異性間性交渉であるが、その他にも薬物使用や輸血も有力な感染経路といわれている。

昨今、女性の高い感染率が問題視される一方で、子供への感染拡大にも世界的に関心が向けられている。二〇〇五年の子どもおよび若年人口（一四〜二四歳）におけるＨＩＶ感染者数は、二三〇万人であったが、前述のように、二〇〇九年

表4-2　地域別女性、子ども、若年層HIV/エイズ感染の広がり（2003年、2005年）

地域	成人（15-49歳）女性のHIV感染者数（2005年末現在）	成人（15-49歳）HIV感染者総数に対する女性の割合（%）（2005年末現在）	HIV/エイズ感染児童（15歳未満）（2005年末現在）	若年層（15-24歳）HIV/エイズ感染者（2003年末現在）
アフリカ（サブ・サハラ）	1350万人	57%	210万人	620万人
南・東南アジア	190万人	26%	13万人	180万人
南米	58万人	32%	5万人	61万人
東アジア	16万人	18%	5千人	34万人
北米	30万人	25%	9千人	13万人
東欧/中央アジア	44万人	28%	7,800人	63万人
西部/中央ヨーロッパ	19万人	27%	5,300人	5万7千人
カリブ地域	14万人	50%	1万7千人	13万人
北アフリカ/中東	22万人	47%	3万7千人	12万人
オセアニア	3万9千人	55%	3,300人	7,200人
合計	1750万人	46%	230万人	1千万人

出典：Global Health Reporting.org. "Facts at a Glance."
http://www.globalhealthreporting.org/diseaseinfor.asps?id=23
Data taken from UNAIDS/WHO

のデータでは二五〇万人に増加した。子供への感染拡大はアジアでも深刻な問題となっているが、特にインドにおける子供の感染者数の増加率は際立って高い。表四―二は、女性と子どものＨＩＶ感染者数を地域別にまとめたものである。

地域別の特徴が明らかにされたところで、さらに各国別の統計に目を向けてみる。アフリカ地域に次いで最も高い感染率を記録しているのは南・東南アジア地域である。表四―三の国別データが示すとおり、なかでもインドのＨＩＶ感染者数はアジアで抜きん出ており、二〇〇三年統計では国内感染者数は五百万人をゆうに数える。表四―三の内訳から、一部の地域を除いて女性と子供への感染拡大の問題が各国に共通していることがわかる。たとえば、インドでは五百万人の感染者数のうち、三八パーセント（百九十万人）が女性である。インドに続いてアジアで最大の感染者数（八三万人）を抱える中国では、二三パーセントが女性である。他の東南アジア諸国でも同じような傾向である。タイは東南アジアで最大のＨＩＶ感染者数

表4-3　南・東南アジア諸国および中国のHIV感染者数と内訳（2003年現在）

国	感染者総数	成人女性（15–49）歳感染者数および割合	感染した児童数	感染率（推定値）
中国	83万人	19万人　（23%）	—	0.1
カンボジア	17万人	5万千人　（30%）	7,300人	2.6
インド	500万人	190万人　（38%）	12万人	0.9
インドネシア	11万人	1万5千人　（14%）	—	0.1
ラオス	1,700人	500人未満　（29%）	—	0.1
ミャンマー	33万人	9万7千人　（30%）	7,600人	1.2
フィリピン（2005年時のデータ）	2,333人	855人　（37%）	20人	<0.1
タイ	57万人	20万人　（35%）	1万2千人	1.5
ベトナム	22万人	6万5千人　（32%）	—	0.4

出典: Southeast Asian HIV & AIDS Statistics. AVERT.ORG.
http://www.avert.org/aidssoutheastasia.htm
The data for Indonesia were taken from Global Health Reporting. org. 2004

（五七万人）を抱え、うち女性が三五％を占めている。数としては少ないが、ラオスでは感染者総数が一七〇〇人（うち女性が二九％）、フィリピンでは二、三三三人（うち女性が三七％）である。カンボジアでは人口比でもっとも感染率が高く（二・六％）、タイ（一・五％）、ミャンマー（一・二％）と続く。

各国における地域的な違いを見てみよう。例えばインドでは南部・東北部での感染の拡大率が他の地域より比較的高いといった、感染拡大における地域間の格差が指摘される。拡大の初期では性産業あるいは麻薬使用者など、男女ともにハイリスク層に感染が集中しているが、「ＨＩＶ感染はいまや、セックス・ワーカーを利用する客や麻薬使用者の配偶者、あるいはパートナーにまで拡大していることが明らかである[7]」。

また、タイは現在も東南アジアで最大のＨＩＶ感染者数を抱えているが、徐々に減少する傾向にある。国内感染者数は一九九一年の一四万人から、ピーク時の一九九九年には一〇〇万人に達したが、二〇〇三年には新規感染者数（推測）が二万一千人に減少し、二〇〇九年時点の感染者数は推測値で五十三万人であった[8]。男性のコンドーム使用や売春宿の使用抑制といった、タイ政府による一連のＨＩＶ感染防止対策による成果といえよう[9]。ただし、ＨＩＶ感染防止対策の撤退によって、一般人口、とりわけ一九九〇年代に展開されたＨＩＶ防止キャンペーンを知らない若年人口では、感染拡大の再来が懸念されている[10]。コンドーム使用率は減少傾向にあり、性行為を通じた感染割合が高まっている。東南アジアの国々では、ＨＩＶ感染人口に対して、生命維持に必要とされる治療へのアクセスがいまだ整備されていない。

国内に一七万人のＨＩＶ感染者を抱えるカンボジアでは、主たるＨＩＶ感染経路は、セックス・ワーカーからその配偶者、あるいはパートナーへとつながっている。カンボジア政府による積極的な感染防止対策が講じられたため、ここ数年でセックス・ワーカーの間ではコンドームがほぼ一〇〇パーセント普及し、一九九八年から二〇〇二年の四年間に報告されたセックス・ワーカーを経路とする新規感染例は全体の四三パーセントから二三パーセントに減少した。二〇一〇年現在、感染者数は六万三千人であり、感染率は二〇〇三年の二・一％から二〇〇九年には〇・五％と大幅に減少している[11]。

感染経路に関していえば、東南アジアの近隣国とは異なる様相を見せているのがベトナムである。ベトナムでは、ＨＩＶ感染の六三パーセントが薬物使用者による注射器の共有がおもな原因となっている。ただし統計を見ると、最近のベトナムでは異性間性交渉が主たる感染経路になりつつある。たとえば二〇〇三年では、ウィルス感染の八一％が異性間性交渉を経路としていた。しかし感染危険度の高い人口集団では感染拡大が減少している点で、若干の改善がみられる。二〇〇四年当時、麻薬使用者の二九％がＨＩＶに感染していたが、二〇〇九年には一八％に減少した。抗レトロウィルス治療を受けている割合は近年大幅に増加しているとはいえ、この治療を必要としている人口のうち実際には三四％しか治療を受けていない（二〇〇九年末現在[12]）。

最後に、統計分析から、フィリピンのＨＩＶ／エイズ問題の現状を探ってみよう。これまでフィリピンでは、ＨＩＶの感染率が比較的低く、感染が拡大するスピードも遅いと言われてきた。その最大の理由は、フィリピン政府および市民団体が迅速に感染防止対策を講じてきたことにある。その他の理由としては、次のような要素があげられるであろう。第一に、フィリピンでは男性のほとんどが包皮切除を受けている。第二に、フィリピンでは薬物使用率が東南アジア地域内では比較的低い。第三に、フィリピンは多くの群島から成り立っており、人の移動が地理的に制限されている。第四に、フィリピン国内では潰瘍性の性感染症が少ない。第五に、フィリピンでは一夫一婦制の規範が文化的かつ宗教的に広く共有されている。以上の五つの要素がフィリピンの低い感染率につながっているとされる[13]。しかし一方で、フィリピン政府はセックス・ワーカー間で急速に性感染症が拡大しつつある問題への対応、フィリピン人の海外出稼ぎ女性への虐待および人身売買に対する対策、男性のコンドーム使用率向上のための取組みなど、幾多の課題を今日抱えている。HIV感染人口の三分の二は女性であり、さらに出稼ぎ労働者の六九％がHIV感染者であることは、特筆すべき点である。

二〇〇三年の統計によれば、感染の危険がもっとも高いグループのコンドーム使用率は三割に過ぎず、フィリピンの一般男性の間ではその値はさらに低くなり、わずか四パーセントである。コンドーム普及率の低さは、フィリピンのHIV／エイズ問題を特徴づけているが、これは重要なジェンダー課題でもある。二〇一〇年の報告ではコンドーム使用率がわずかながら上昇しているものの、HIV感染の全国的な拡大を抑制するという国家目標に対し、肯定的な影響を与えるには至っていない[14]。

このように、フィリピンのHIV／エイズ問題をジェンダーの局面に注目して検討すると、〈男らしさ《マチスモ》〉[15]に象徴される文化を背景に、フィリピン社会に根強く残る男女間の権力的格差あるいは不平等な関係性―それらはしばしばドメスティック・バイオレンスや性暴力につながっている―のために、女性には生殖や自身の健康に関する決定権がないという問題が見えてくる。このような社会的・文化的要因によって、数年のうちに女性の感染率がますます増加すると予測される。次節では、HIV／エイズの問題をジェンダーおよびセクシャリティの視点からより深く検討を行う。

三　ジェンダー課題としてのＨＩＶ／エイズ問題

一般にＨＩＶ感染への脆弱性は男性よりも女性の方が高いと言われるが、感染リスクに格差が生じる理由は、男女間の生物学的な違いや社会・経済的な不平等にある。例えば、家庭内や家庭の外での男女不平等は、女性にとって安全な性交渉という観点からの自己決定に必要な情報や技術へのアクセスに、明らかに格差をもたらしている。ジェンダー格差のために、女性は身体的および性的な暴力を受けやすく、経済的に男性に依存し、不十分な教育しか受けられず、決定能力を高めるために必要なスキルや知識から疎外されているのである。フィリピン社会におけるジェンダー格差を理解することなくして、今日フィリピン女性たちが抱えているＨＩＶ／エイズ問題を正確に把握することは不可能といえよう。

なぜ女性、とりわけ若年女性の感染リスクが男性よりも相対的に高いのか、まずその理由を医学的側面から説明しておきたい。第一に、感染経路となる女性の生殖器の特徴（粘膜の表面積の大きさなど）が女性の感染リスクの高さに関係している。第二に、若年女性たちの間で感染リスクが急速に高まっている理由として、若い女性は子宮頚部と粘膜が未成熟であるために、合意無き性交渉が行われた場合に損傷を受けやすい。第三に、感染媒体となる精液内のウィルス濃度が、女性感染者の膣内液と比べて高いことも感染要因となっている。第四に、性感染症を男女で比較した場合、女性の方が症状が潜伏しやすく自覚しにくいために治療を怠り、結果的に女性のＨＩＶ感染のリスクが高くなる。性感染症に対して適切な治療を行っていない場合、治療を行っている場合と比べて一〇倍もＨＩＶ感染リスクが高い。第五に、貧しい地域やコミュニティの女性たちは劣悪な医療環境下で妊娠、出産を強いられる。そのため、しばしば出産が合併症などを伴い、輸血を強いられることも感染リスクを高める理由のひとつであろう。

これらの生物学的要因により感染リスクに男女の差異が生じているが、ＨＩＶ感染からエイズ発症に至る過程において

図2　飢餓人口合計：9億2,500万人

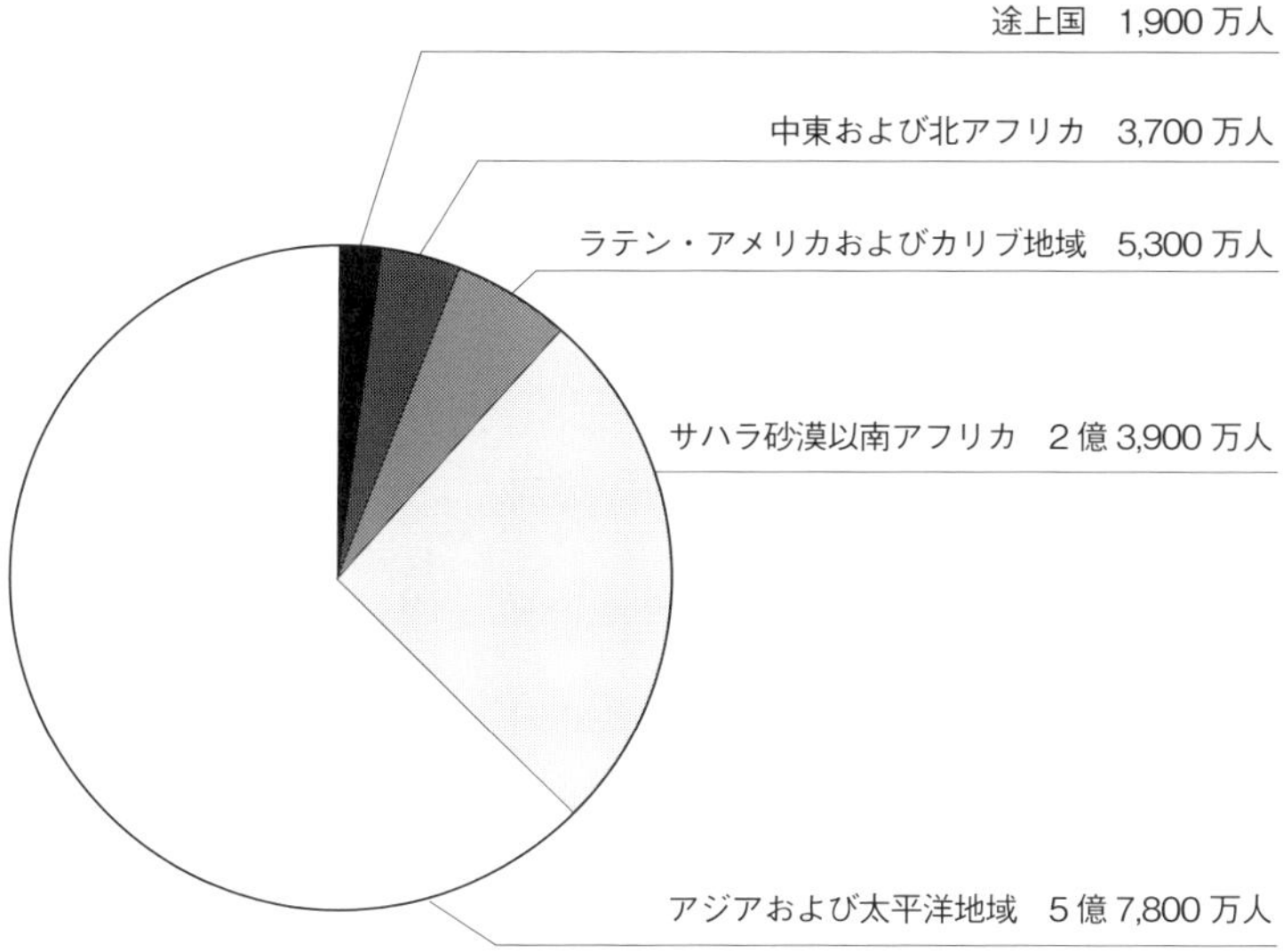

出典：FAO, *The State of Food Insecurity in the World: addresing food insecurity in protracted crises,* 2010. http://www.fao.org/docrep/013/i1683e/i1683e.pdf

も、女性たちは男性よりも弱い立場に置かれている。特に東南アジアでは、女性たちは栄養失調により免疫が低下しており、感染から発症に至る過程において高いリスクを負っている。二〇一〇年のWHO（世界保健機関）調査によれば、児童の栄養失調は一九八〇年の四七％から二〇〇〇年には三三％まで減少した。とはいえ、栄養が公衆衛生の重要な課題であることには変わりない[16]。また、飢餓教育サービス（World Hunger Education Service）による『世界における飢餓および貧困に関する報告書』（二〇一〇年）は次のように主張する。世界の飢餓人口は九億二千五百万人であるが、とりわけ「子どもは栄養失調による被害をもっとも受け、栄養が不足し病に苦しんでいる期間が一年で一六〇日に及んでいる[17]」。実際、東南アジアでは成人男性・男児よりも成人女性・女児の方が栄養失調の割合が高い。それは、家庭内の男女の権力構造による。女児より男児を優先させる傾向は、世帯内の食料や教育、そのほか生命にかかわる資源の分配に大きな影響力を持っている。このように、東南アジア女性たちが抱えるＨＩＶ／エイズ問題には、社会におけるジェンダー格差が非常に大きく影響している。

四　ＨＩＶ感染女性の妊娠・授乳に関する懸念

女性のＨＩＶ／エイズ問題を検討する上で見落としてはならないのが、母子感染の実態である。最新の医療情報によれば、ＨＩＶ感染に感染しているが初期あるいは発病していない段階では、妊娠しても病気の進行にはほとんど影響はないとされる。しかし、こうした研究報告の根拠となっているのは先進国の女性たちであり、ＨＩＶ感染に加えて栄養失調からくる貧血と免疫低下などの問題を二重に背負っている途上国の妊婦や母親の現状を反映するものとなっていない。[18] ＨＩＶに感染している母親は難産になりやすいため輸血の必要性も高まる。また国連女性開発基金（ＵＮＩＦＥＭ）の調査によれば、感染女性が授乳することによる、母親から乳児への感染率は十五パーセントといわれている。[19] 母乳のかわりに人工授乳にすれば、母子感染の危険を減らすことは可能である。しかし東南アジアの貧困地域では、哺乳瓶と粉ミルクを使う人工授乳は、汚染水を使用することで乳児が病気にかかったり、栄養失調に陥る危険と隣り合わせである。このためＨＩＶに感染した母親はジレンマに陥る。

五　ジェンダー規範と実践

前述のとおり、女性の感染リスクが男性と比べて高いのは、男女の生物学的な違いや母子感染といった女性の側にある要因が大きい。一方で南・東南アジア地域では、文化的通念や社会慣習のために女性がより高い感染リスクに曝されている。同地域の女性が抱えるHIV／エイズ対策への取組みには、どのようなジェンダー規範があり、それがどのように実践されているかを理解することが重要な鍵となる。たとえば、南・東南アジア地域では処女性信仰や、年齢差がある夫と女性が結婚する〈早婚〉が社会的に慣習として根強く残っている。このため、若い女性たちが充分な性教育や生殖に関する知識を習得する以前に結婚してしまうことが多く、そのことが女性たちの感染リスクの高さと関連していると指摘されている。[20] それ以上に、夫婦間の年齢差が男性に対してより有利な権力関係を作り出しやすく、若い女性たちに安全な性交渉が保障されていないことも、女性の感染への脆弱性を高める要素となっている。

次に注目するのが、特定の文化的通念や規範によって性教育や性に関する情報の習得が阻害されているという問題である。フィリピンを含む東南アジア諸国では、性や性行為について関心を持つことは、女性にとって不適切、もしくははしたないこととされている。婚前に性体験がないことが重視され、多くの少女が性的な事柄について無知である。性的に活発な女性の場合であっても、パートナーや友人と性的な事柄について議論すべきではないという風潮がある。性に関する情報を入手すること自体が社会通念上タブー視されているために、フィリピンでは女性が性行為をめぐって男性と対等な立場で交渉することが難しく、また安全な性行為を女性の側から要求することも、女性からの男性への忠誠や愛情に反する行為とされている。女性がコンドームの使用を要求すると、パートナーと真剣な関係を望んでいないと思われたり、信頼関係が損なわれることもある。[21]

ベトナムでの聞き取り調査によると、調査対象者である一八〜二八歳のベトナム女性の多くが性に関する情報入手が限定されていると感じている。[22] 調査によれば、若い女性たちは性に関連した事柄を話すことを親から拒絶されるのではないかと考えている。また、性的な事柄が話されるような状況を避けるよう、自己抑制もされていた。この意味でも、情報入手の制限がジェンダー規範によるものであり、女性の感染リスクの高さと少なからず関連性があることを今一度強調しておきたい。

今日でも東南アジア地域では一夫多妻制が社会慣習として根強く残っており、既婚女性は夫以外の男性と性関係をもたないにもかかわらず、夫の婚外性交渉を容認している現状がある。アフリカ・アジア地域での調査によると、女性たちは夫という、彼女らにとって唯一の性的なパートナーから病気をうつされる[23]。そのうえ、女性は子供を産むべきものというプレッシャーを受けており、女性はＨＩＶ感染から身を守るための選択を実行しにくいのである。アジアの途上国では若年婚がいまだに多くみられ、とくに配偶者が性体験の豊富な年長者の場合、若い女性は性感染症やＨＩＶ感染リスクが高まる。世界の多くの国々で一八歳という最低婚姻年齢が法的に定められている。しかし実際には、二〇〇四年のＵＮＦＰＡ（国連人口基金）によると、過去三〇年間で女子の早婚は世界的に減少傾向にはあるものの、東南アジアの貧困地域ではいまだに一般的に行われている。二〇〇四年の統計では、既婚女性の四八パーセント（約一千万人の女性）が最低法定婚姻年齢である一八歳に達する前に結婚していた。一八才未満の女性が全婚姻に占める割合はインドで五〇パーセント、バングラデシュで五一パーセント、アフガニスタンで五四パーセントというように、早婚の現状が明らかである。結婚年齢と妊産婦の死亡の間には強い因果関係があるだけではなく、早婚によって、女性は社会的移動および教育機会へのアクセスが大幅に制限されることになる。こうした事実は、東南アジアの女性たちが抱えるＨＩＶ／エイズ問題の背景にあるジェンダー不平等を浮き彫りにするものである[24]。

女性がおもに家事と育児の責任を負う者とされている限り、ＨＩＶに感染している家族の世話をするのも女性となる。彼女たちは感染の危険にさらされ、配偶者や子ども、孫のケアのために、自分の健康や幸福、経済的資源まで犠牲にせざるをえない。感染した家族の世話を担っているのは女性が多いにもかかわらず、女性たちの多くはエイズ患者を適切に管理するための訓練を受けておらず、感染から身を守る手袋やマスクといった医療器具も入手困難である。「多くの国々では、女性による目に見えない無償労働によって、社会保障政策が及ばない領域が支えられている。無償労働は統計には表れないため、女性や家族、次世代が負っている莫大なコストは看過されてきている[25]」。

ＨＩＶ／エイズ問題の影響は、若年層に限らず、壮年の女性にも大きく影を落としている。[26] 例えばタイでは、病気の子どもたちや孤児の世話を高齢の身内が担当しているという調査結果がある。これらの高齢者がこうむっている社会的関係や精神衛生上の悪影響とは、健康ケアに関する過重のプレッシャーからくるもののみならず、近隣の住人や保健ワーカー、親戚から受けるエイズへの偏見差別や、スティグマを負わされるといったことも含んでいる。ＵＮＡＩＤＳ（国連エイズ計画）とＷＨＯ（世界保健機構）による一九九九年の統計をみてみると、エイズで両親を失った十五歳以下の子どもたちの数は千三百二十万人にものぼる。前述のように、エイズ孤児の数は二〇一〇年には千六百六十万人に増加している。こうした孤児たちの養育を担うのは、高齢の祖父母などである。

　ジェンダー規範は男性にとって、自分自身ばかりかパートナーや妻がＨＩＶに感染する危険性も高める。多くの社会では、男性は結婚し子どもを持ち、家系を継承することを要求される。男性は女性よりも性交渉に関し知識が豊富とされる。また男性は、法的な妻（一夫多妻婚を含む）以外の女性と性的関係を持つことが社会的に容認されている。ＵＮＡＩＤＳの報告書によると、カンボジア、フィリピン、パプア・ニューギニアを含む七ヶ国を対象とする調査では、社会的につくられた「男性至上主義《マチスモ》」によって、若い男性は性交渉を一種の「征服行為」とみなす傾向が明らかにされている。男性が性的な事柄について無知であると「弱虫」とみなされ、このために男性がＨＩＶや性感染症の予防に役立つ正確な情報を入手しにくくなる。[27] アジアの国々では、学校やそのほかのインフォーマルな学習施設で、男子女子ともにＨＩＶ／エイズを含む生殖や保健に関する問題から身を守るための情報やスキルに関する教育が、効果的に行われていない。[28] 経営者や教師たちの間でも問題の深刻さが認識されておらず、若者向けに健全な生殖や性に関する考え方、および行動について指導する方法や、そのために必要な知識が十分に行き渡っていない。

　一部の宗教組織は、コンドームの使用や、生殖や性に関する女性の権利を向上させることに反対している。このことも、予防プログラムの効果的実施を妨げるおもな要因となっている。フィリピンでは、カトリック教会の中でも原理主義的なグループがコンドームの使用や若者への性教育普及キャンペーンに抵抗しており、そうした取り組みはフリーセックスや妊娠中絶の増加につながるという主張を行っている。

六　HIV／エイズ問題への取り組みとジェンダー平等の実現

アジアでは女性や子どもたちの間でHIV感染が急速に拡大している。この現象は既に多くの先行研究による考察対象となっている。しかし女性にとってHIV／エイズとはどういう問題なのか、その問題の根源にまで踏み込み、ジェンダーの視点から深い考察を行っている研究はいまだ不十分といえる。国連女性開発基金（UNIFEM、二〇一〇年よりUNWomen）のポーラ・ドノヴァン氏は現場の声を代表して次のように語っている。

政府が果たすべき保健対策の失策の結果、苦渋をなめることになるのは女性たちである。国際社会は女子差別撤廃条約によって女性を支援する一方で、女性から教育や職業訓練を受ける機会を奪い、また公共の場で指導力を発揮することを困難にしている。同様に、国際社会は全世界の女性のために平等・平和・開発の達成を促進することを表明するべく『北京行動綱領』を採択しているにもかかわらず、一方で女性たち、少女たち、そして女性高齢者たちにヘルスケア、終末期ケア、社会奉仕という重労働を無償で女性に押し付けているという現実がある[29]

HIV／エイズ予防および治療に関わっている女性グループによると、HIV／エイズ予防と治療を受ける際に女性は数々の差別を受けている。

・男性と女性では異なる性的、倫理的規範が課されていることで出産前検診が阻害される[30]。

・アジア諸国の中には移住労働者、とりわけ女性家事労働者とセックス・ワーカーに血液および妊娠検査を義務付ける国が存在する。血液検査の結果によっては強制送還されることもあり、その場合は報酬を得たり、カウンセリングやヘルスケアにアクセスすることも制限される。[31]

・多くの場合、女性はコンドームの入手が困難である。また、口腔カンジタ症やその他の性感染症治療が医療ケアの中に組み込まれていないため、アクセスが非常に限定される。[32]

・HIV／エイズ治療薬が高価なために、開発途上国の貧困家庭は治療を受けることが難しい。また、男性より女性は経済力が低いことから、女性は治療を受けにくいという問題もある。

・ソーシャル・ワーカーがHIV感染者の女性が置かれた状況を十分理解せず、本人を責めるといった配慮に欠ける対応をするために、女性感染者は定期健診や投薬を受けにくい。カウンセラーの宗教的立場や、性的な事柄への対応不全により、有効な助言を伝えられない。

・財政支援は予防よりも治療により配分されている。予防対策には重点がおかれていない。特に女性向けの予防対策は優先順位が低く、予算の配分が寡少である。[33]

・HIV感染者の家族の世話をするのはたいてい女性であるが、彼女たちはそのための十分な訓練や知識を享受できていない。男性は、感染したり、病気の家族をきちんと世話しないことがあっても、コミュニティや家族からほとんど咎められることはない。

・「家庭中心のケア社会（CBHC）」アプローチが最近国レベルのエイズ対策プログラムに統合されたが、家庭内で男性にケア提供者としての役割を強化するには不十分である。[34]

七　女性のＨＩＶ感染リスクおよび悪影響を減じる方策

前述のように女性はＨＩＶに感染しやすく、ＨＩＶ感染が女性の社会経済的地位に及ぼす影響も大きいため、個人やグループの手でさまざまな解決策が試みられている。そのひとつが、現在実施されている政策の中でジェンダー平等に関する部門を強化し、女性の基本的人権を保護・促進することである。国内や国家間で行われる政策改革では、女性の経済的な自立支援や、生殖や性、法的地位に関する情報へのアクセスに焦点が当てられるべきである。しかしこれらは、女性が意思決定プロセスに参画し、ＨＩＶ／エイズ防止や治療プログラムの枠組み、および内容に影響力を持つことではじめて可能になる。同様に、男性が性的行動に責任を持ち、自分とパートナー、子どもをＨＩＶ／エイズや性感染症から守る責任を持つよう、男性自身の行動や生活態度を改善させることが肝要である。実証研究によるデータは、男性の女性に対する暴力は、ＨＩＶ／エイズ拡大に直接・間接的に影響を及ぼすことがわかっている。よって強力な法規制とともに、教育やトレーニングによって女性に対する暴力を根絶するための手立てがなされるべきである。多くのアジア太平洋諸国では、性暴力から女性を擁護する法制定が進む一方、これらの法律はさまざまな身体的、経済的、心理的、性的虐待には適切に対応できていない。

ＨＩＶ感染への危険性は、移動や人身売買とも密接に関連している。よって、移動時の安全性を高め、人身売買を根絶するために国内および国際的な政策プログラムを強化することが重要である。

結核はＨＩＶ／エイズ患者のおもな死亡原因となっている。ＨＩＶ／エイズ患者の三分の一が結核にも感染していると推定される。「適切な治療を行わなければ、ＨＩＶ／エイズ患者の九〇％は結核菌の活発化によって数ヶ月の間に死亡に至る」[35]。ここでは、ジェンダー公正の原則を考慮した公衆衛生プログラムの推進が強調されている。

二〇〇五年バンコクで開催された国連アジア太平洋経済社会委員会（ＵＮＥＳＣＡＰ）社会問題部会では、ＨＩＶ／エイズプログラムが女性に特有なニーズに注意を払い、その責任を負うことを確認する勧告がなされた。[36] この勧告は女性の声と熱意を具体化したものであり、これを実行することが重要である。以下がその抜粋である。

・血液検査、母子感染、授乳時の情報提供ならびにカウンセリング

・未婚女性や子どもを持たない女性もアクセスしやすいよう、産前、家族計画クリニックといった区別にかかわらず、カウンセリングおよび情報サービスを拡大する。

・女性に対するあらゆる種類の暴力を根絶するための法規制の明確化。ほとんどの国がドメスティック・バイオレンスあるいは配偶者による虐待、セクシャルハラスメントやレイプに反対する法制度を制定している一方、一部の国では人身売買やセックスワーカーへの虐待を根絶する方策がとられていない。効果的かつ断固たる行動が、女性のＨＩＶ／エイズ感染リスクを軽減するであろう。

・エイズ患者のケアへの支援がコミュニティを基盤として適切に提供されること。これにより、患者の医療保険ケア、日常生活での世話が、家族、とりわけ女性にとって加重な負担にならないようにする。感染リスクにさらされている介護担当者には、感染防止に関する適切なトレーニングや情報が与えられるべきである。

・ＨＩＶ／エイズ判定で陽性となった女性の人権を擁護するため、保健サービス、調査、トレーニング、アドボカシーに関する倫理ガイドラインを強化すること。秘密保持規定、プライバシー、情報提供を受けた上での選択の自由、参加型アクションが常に遵守されるべきである。人権関連の国際条約をほぼすべての国連加盟国が批准し、国内法および政策を整備することで、女性の基本的人権、すなわち保健医療サービスへのアクセス、差別からの解放、生殖に関する選択の自由、これに加えて子どもを持つこと、就労、教育、社会保障、個人の尊厳を含む権利を保障す

ること。HIV／エイズに関する政策およびプログラムでは、これらの権利の十全な擁護が図られなければならない。
・母子感染防止プログラムは、女性だけではなく男性も含むべきである。夫は妻の産前検診に付き添うことで、家族のケア役割を果たせるであろう。
・HIV／エイズについて、ジェンダーに関連する要因および影響を継続的に研究する必要がある。現行の追跡・モニタリング指標は男女別データの提供は言うまでもなく、発展途上国における出産と授乳を通じたエイズウィルス感染に影響力を持つ社会文化的要因について、より多くのデータが必要である。その他の研究課題として、コミュニティ別に行われている現行の予防プログラム、カウンセリング、性教育、マイクロビサイド（抗HIV薬入り塗り薬）、その他女性が主体的に使用可能な効果的なHIV／エイズ予防方法—妊娠を妨げず、かつコンドームを使用しないですむ方法—の開発などがあげられる。(37)

抗レトロウィルス療法へのアクセスと、身体的・精神的健康の維持は、現在のところもっとも効果的な治療方法となっている。アジアにおける貧困国では、こうした治療が高コストであることが問題となっている。予防および治療手段へのアクセスは、国によって大きな格差がある。予防および進行を遅らせるための療法が可能となるためには人的資源が重要だが、これが欠乏している。WHO（世界保健機関）の試算によれば、三〇〇万人にART治療を施すには、専門の訓練を受けた人が一〇万人必要である。この問題は、インドネシアやフィリピン、スリランカのような海外に出稼ぎとして人口が流出し、健康その他のサービスに従事する人口が不足する多くのアジアの国々にとって、さらに深刻な問題をつきつける。こうした問題の解決策は、グローバル社会の協働による努力を必要とするが、国内イニシアティブもまた男女の区別なくARTその他の治療方法へのアクセスを確保する施策を始動することが可能である。

マニラの、とあるHIV感染者グループのメンバーによるアピールをもって、本章の締め括りとしたい。

「私たちはＨＩＶ感染者ではありますが、他の人々と違う扱いをされたくありません。私たちは差別と孤立のかわりに、ケアと支援を必要としています。カウンセリングや栄養指導、ヨガ、瞑想、日和見感染治療のためのサポートを必要としているのです。抗レトロウィルス薬のようなお金のかかるものを要求しているわけではありません。政府には不可能ですし、研究機関のバックアップもないですから。社会に受け入れられ、他の人々と同じように生きることが私たちの願いなのです[38]。」

（翻訳：徐阿貴）

注

（1） UNAIDS. 2010. *Core Slides: Report on the Global AIDS Epidemic*. The article of the American Academy of Physician Assistants. "Global Epidemic HIV/AIDS," May 01. 2006. http://www.aapa.org/policy/globalepidemic-hiv-aids.html.

（2） United Nations General Assembly. "S-26/2. Declaration of Commitment on HIV/AIDS," Twenty-sixth special session, Agenda item 8. 2 August 2001.

（3） Bridge. Emma. "Gender and HIV/AIDS: Spotlighting Inequality," *InBrief*, Issue 11, September 2002.

（4） UNAIDS. 2010. *Core Slides: Report on the Global AIDS Epidemic*.

（5） Advisory Board Company and Kaiser Family Foundation. 2008. "The Global HIV/AIDS Epidemic," http://www.globalhealthfacts.

org/

(6) Ibid.

(7) AVERT.ORG, Southeast Asian HIV/AIDS Statistics, http://www.avert.org/aidssoutheastasia.htm, accessed 2 May 2006.

(8) http://www.avert.org/thailand-aids-hiv.htm, accessed December 25, 2010.

(9) AVERT.ORG, Southeast Asian HIV/AIDS Statistics, http://www.avert.org/aidssoutheastasia.htm, accessed 2 May 2006.

(10) Ibid. Data on Thailand.

(11) Ibid, Data on Cambodia.

(12) Ibid, Data on Vietnam.

(13) United Nations Philippines, 2004, "United Nations Implementation Support Plan to the Philippine Response to HIV/AIDS," unpublished report, in Carolyn I. Sobritchea, 2005b. "Gender and the Prevention and Control of HIV/AIDS in the Philippines," paper read at the ISEAS Forum on Gender Issues and HIV/AIDS: Trends and Practices in Southeast Asia, December 5, 2005, Institute of Southeast Asian Studies, Singapore.

(14) http://www.doh.org.ph, accessed December 25, 2010.

(15) フィリピン社会における〈男らしさ〉の文化とは、「モラルのダブル・スタンダード」、すなわち男性と女性に異なる価値基準を設けていることに表れている。たとえば男性は結婚後も妻以外の女性と性的関係を持つことが容認されているが、女性には結婚するまで処女でいることと、婚姻生活を通じて夫とだけ性関係をもつものとされている。

(16) De Onis, Mercedes, Edward A Frongillo and Monika Blossner, 2000, "Is Malnutrition Declining? An Analysis of Changes in Level of Malnutrition since 1980," *Bulletin of the World Health Organization*, 2000, 78 (10), 1225.

(17) http://www.worldhunger.org/articles/Learn/world%%%20hunger%%%20facts%%%202002.htm, accessed December 25, 2010.

(18) WHO. 2003. "Gender and HIV/AIDS," *Gender and Health*. November 2003.

(19) UNIFEM, East and Southeast Regional Office, n.d., *Women, Gender and HIV/AIDS in East and Southeast Asia*, n.p

(20) Sobritchea, 2005b.

(21) Sobritchea, 2005b.

(22) Wolffers, Ivan, Paula Kelly and Anke Van Der Kwaak. 2004. "Sex Work in Times of AIDS, Caught Between the Visible and Invisible," In Evelyn Micollier, ed. *Sexual Cultures in East Asia: The Social Construction of Sexuality and Sexual Risk in a Time of Adis.*

London and New York: Routledge Curzon.

(23) UNAIDS, n.d., "Women and Their Vulnerability," *Women, Gender and HIV/AIS in East and Southeast Asia.* n.p.

(24) UNFPA, 2005, "Child Marriage Fact Sheet." *State of the World Population 2005.*

(25) UNIFEM. East and Southeast Asia Regional Office, n.d., *Women, Gender and HIV/AIDS in East and Southeast Asia,* n.p.

(26) たとえば以下を参照。 Knodel, Wassana Im-Em and Chanpen Saengtienchai. 2000. "The Impacts of HIV/AIDS on Older Populations in Developing Countries: Some Observations Based on the Thai Case," *Journal of Family Issues,* Vol. 21, No. 6, 777-805.

(27) Gender and Health, 2003, *Gender and HIV/AIDS,* n.p.

(28) UNAIDS, 2000, *A Report on the Global HIV/AIDS Epidemic,* December.

(29) UNIFEM. East and Southeast Asia Regional Office, n.d., *Women, Gender and HIV/AIDS in East and Southeast Asia,* n.p.

(30) Welbourn, Alice, 2006, "Women with HIV/AIDS: Commonwealth Casualties," The Commonwealth Health Ministers Reference Book 2006. http://www.icw.org/tiki-view_articles.php.

(31) Action for Health Initiatives (ACHIEVE), Inc./CARAM-Philippines, 2004a, *For Good: Life Stories of Filipino Migrant Workers Living with HIV/AIDS,* Quezon City.

(32) Welbourn, Alice, 2006, "Women with HIV/AIDS: Commonwealth Casualties."

(33) Guinan, Mary E. and Laura Leviton, 1995, "Prevention of HIV Infection in Women: Overcoming Barriers," *Journal of American Medical Women's Association.*

(34) UNIFEM, East and Southeast Asia Regional Office, n.d., *Women, Gender and HIV/AIDS in East and Southeast Asia.*

(35) Development Gateway. http://www.developmentgateway.org/hiv.

(36) UNESCAP, Emerging Social Issues Division, 2005. "Gender and HIV/AIDS in Asia and the Pacific Region," Gender and Development Discussion paper, Series No. 18, n.p.

(37) Gender and Health, 2003, *Gender and HIV/AIDS,* n.p.

(38) UN Division for the Advancement of Women. "Women and HIV/AIDS Concerns：A Focus on Thailand, Philippines, India and Nepal," http://www.un.org/womenwatch/daw/csw/hiv.htm.

コメント1

ソブリチャ先生の講義に対する私のコメント
—フェミニスト視点からの検討—

兵藤智佳

ソブリチャ先生の講義に対する私のコメントは、大きくわけて三点あります。

1．エイズは、女性の問題

まず、最初にソブリチャ先生は、アジアにおける女性学の学者として、そして、フェミニストの活動家として「エイズは、女性の問題であり、フェミニストの団体が積極的に取り組むべき課題である。」という強いメッセージを出していることの意義についてです。

エイズは、セックスで感染する疾病として「買売春」や「同性愛」の問題と深く結びついています。それは、ソブリチャ先生ご自身が講義の最初に認めている点でもあります。しかし、エイズは、フェミニストにとって重要な課題である一方で、エイズをめぐる多様な立場が存在していることから、エイズに対する運動が分断されてしまう可能性も秘めています。目指すべき統一的な方向性が容易には作り出せない中で、あえて課題を掲げ、議論することで、運動としての求心力が失われてしまうのではないかという危惧も生じます。また、フィリピンは、保守的な性規範を主張するカトリック教会が非常に強い国であり、コンドームの使用を含め、婚前・婚外セックスの問題に対しては、教会からの激しい抵抗があります。その他にも、旧来の家族計画運動や女性の職業訓練などに長年尽力してきている人たちにとっては、現在のフィリピンに流れる海外援助資金がエイズ対策にばかり流れることを好ましく感じていないという背景も指摘できるでしょう。

私自身は、過去十年あまりにわたって日本や東南アジアで活動する中で、エイズはジェンダーやセクシャリティの問題にも関わらず、フェミニストの学者や活動家が、エイズを女性の問題として積極的に位置付けないことに不満を感じていました。その一方で、アジアでは、二〇〇六年の時点で、ＨＩＶ感染がすでに八百万人を越えていると発表されており、女性の感染の割合が毎年高まってきています。そうした複雑な背景の中で、フィリピンのフェミニズムの理論家であり、同時に運動のリーダー的な存在であるソブリチャ先生が、エイズを問題化することは、大変意義深く、インパクトを与えると評価致します。

2. HIV／エイズ感染リスクとジェンダー問題

次に、講義の中で、ソブリチャ先生は、現在、女性の感染のリスクが高い要因として、女性の生物学的な要因はもちろんのこと、男性と女性の力関係の不平等という意味でのジェンダーの問題が深く関連していることを明確に考察してくださいました。また、女性が性をオープンに語れないフィリピンの社会・文化的な要因も女性の脆弱性と結びついているという重要な指摘も示しました。こうした点に関しては、「女性が男性にコンドームの使用を交渉できないこと」が具体的なジェンダーの問題としてあり、HIV感染リスクを高めていると指摘する国際的な先行研究の蓄積もあります[1]。つまり、「なぜ、女性が多く感染するのか」という点を説明するという意味で、これらの知見は、充分に認識される必要があります。

一方で、特に、近年、感染リスクが高まっている未婚の若い女性に関して言えば、安全なセックスができないのは、力関係の中で、彼女たちが主なセックスのパートナーである男性と交渉できないという要因だけではないように思います。例えば、個人に内面化された性規範という権力が個人の行動を規定しているという点に注目してみる必要があります。

ここで、私が、二〇〇二年、二〇〇四年に実施したフィリピンでの実証研究の結果を紹介しましょう[2]。フィリピンの主要宗教であるカトリックの性規範は、婚前・婚外セックスの禁止、人工的避妊法使用の禁止、同性愛性行動の禁止、人工妊娠中絶の禁止などです。そこには、「セックスは、結婚した男女が生殖のために行うもの」というきわめて強い宗教規範が存在しています。調査では、マニラの女子学生と職業訓練学校に通う未婚女性を対象として質問紙調査を行い、「女性は結婚まで処女でなくてはならない」という性規範と性行動、そして安全なセックスの実践との関係を分析しました。その結果把握できたことは、基本的には処女規範を強く内面化している女性のほうが婚前のセックスを行わない傾向があること、規範を内面化していない人のほうが比較的性的に活発であることです。これは、容易に予測できる結果かと思います。一方で、すでにセックスの経験がある女性は、対象者の一六%を占めました。これは、全国規模で行われた先行研究ともほぼ一致する割合ですが、(3)カトリックの国の実態として興味深い結果です。そして、最も注目すべき事は、この一六%のセックス経験者の中では、処女規範を強く内面化している人ほど、コンドーム使用など安全なセックスを行えていないという結果です。つまり、「結婚前はセックスをしてはいけないと強く思いながらも、実際にはセックスをしている層が相当いる。そして、このように性規範と性行動実践にズレがある層が、安全なセックスができていない」ということです。これは、処女規範をあまり内面化していない層が、比較的コンドームやピルを使っていることとは対照的です。この研究は、個人に内面化された宗教による性規範が、権力として働き、女性の感染リスクを規定する要因となっていることを、実証するものとして注目に値すると思っています。

また、二〇〇四年の調査では、こうした規範と実践のズレは高学歴の女性よりも低学歴の女性のほうが大きいことが分かっています。低学歴層の感染リスクが高いのは、性に関する正しい知識が提供されていないからだけではありません。女性の感染のリスクには、ジェンダーの重層的な構造が介入しているのです。自分の性規範に反してまでどうしてセックスに至るのかという点について、若干のインタビューを行いました。その質問に対しては勿論、男性に無理やり迫られた、強要されたというケースがないわけではありません。しかし、彼女たちの語りからは、「神様の教えに逆らうほど彼を愛していたから」、「将来結婚するのだから、許される」などがありました。彼女たちは、自らの行動について、宗教の性規範を超える新しい物語を自ら紡いでいるのです。これらの意味に関してはさらなる分析と考察が必要ですが、ここでは、そうした彼女たちのありようの中でのエイズ対策のメッセージが「コンドームを使いましょう」という単純なものでは機能しえないということを指摘したいと思います。

3．エイズ対策と政治的アドボカシー

最後に、ソブリチャ先生は、エイズは女性の問題であることを強調する重要性を述べられました。実際の感染者の中で女性の割合がどんどん増えているのは事実です。その疫学的な事実を基礎に、HIV／エイズが女性の問題であり、ジェンダーの問題だと主張することは、確かに必要だと思います。感染した女性感染者をはじめ、フェミニストの活動家が主張し、コミットする意義もそこにあります。しかしながら、私は、政治的な問題としてエイズを捉えたときに、アドボカシーの戦略としては、「女性」を強調することよりも、現在感染が広がっている人々、性的少数者、麻薬使用者、移民労働者、セックスワーカーなどが連携するあり方に可能性を感じています。現在、感染が最も広がっているのは、以上のような、「マイノリティ」の人々でもあり、それぞれの当事者は、当事者グループの活動として、エイズ対策を優先課題と認識していきています。そして、実際、アジア・太平洋地域では、すでに「セブンシスターズ」という連合体が組織化され、性的少数者、麻薬使用者、移民労働者、セックスワーカーの当事者の団体が連携して政治的な力を持ってエイズ対策への提言を行っています。こうした彼らのネットワーク活動においては、「脆弱な当事者が参加するコミュニティ」がキーワードです。なお、セブンシスターズについては、次のコメンテーターの阪上晶子さんが、詳しく紹介されます。

さて、「脆弱なコミュニティの参加」についてもう少し説明します。コミュニティの当事者たちの述べる「脆弱性」とは、自分たち個人の意志ではなく、社会構造のなかでHIV／エイズに感染しやすい状況に置かれてしまっているということを明確にする概念です。同性愛者、麻薬使用者、セックスワーカー、移民労働者など、アジアの地域では法的に違法である地域も多く、社会的な偏見やスティグマが存在しています。そうした社会構造上の問題となっている事象の要因の一つ

にジェンダー・バイアスがあり、まさにその要因が、こうしたマイノリティの感染リスクを高めているという理解ができるかと思います。セブンシスターズも、そうした状況把握を政治的なアドボカシー戦略として取り込んでおり、ジェンダーとセクシュアリティの視点からの認識が、様々なマイノリティ当事者団体を連携させると主張しています。

また、ネットワークの成立プロセスとしては、最初に当事者団体がジェンダーをキーワードに結びついたのではない点が興味深い点です。ネットワークとしての連合体の発足は、現在、アジア・太平洋地域で感染が増えていることを基盤に、当事者の団体の人たちが自然発生的に顔をあわせるようになり、ともに当事者コミュニティをキーワードに対策に関するアドボカシー活動をしている中で、ジェンダーが共通項として認識されるようになってきたという経緯があります。これは、かならずしも、「女性の主体性」をあえて前面に出さない活動でありつつ、ジェンダーの構造へ挑戦する新しい形の運動として、可能性を感じさせるものです。私は、自身も発足当初からアジアの活動家の一人としてこの活動に参加しています。現在、この活動は、アジア・太平洋各国のエイズ対策への影響力を持ち、国連のガイドライン作成に影響を及ぼすなどの成果を挙げています。また、こうしたネットワークのあり方が、西洋の主導でないこと、国境を越えていることも重要な点として指摘できると思います。

私は、自身の調査から「脆弱な当事者が参加するコミュニティ」というネットワークと理念を提示しましたが、ソブリチャ先生は、エイズの運動に関しては、「女性」を主張することこそが重要であり、その他のマイノリティと積極的に連携し活動することは、政治的に危険が伴うとのお立場であると理解しました。特に、麻薬使用に関しては、現在「ハームリダクション」といわれる方法が推進されており、これに対しては、先生は、明確に反論なさっています。ハームリダクションは、麻薬を止めさせることは非常に困難だから、ＨＩＶ／エイズの感染を防ぐためには清潔な注射針に交換したり、より効果が弱い代替麻薬を提供するという方法です。つまりは、基本的には、麻薬使用を認めた上で、ＨＩＶ／エイズ予防を目的としてプラクティカルに対応するという考え方です。セックスワークに関しても、セックスワークの是非論は置いておいて、セックスワーカーがいかにコンドームを使用した安全なセックスができるか、感染したときに十分なケアが受けられるかを優先事項として、ネットワークによるアドボカシーを存在させています。ソブリチャ先生は、こうした形での対応は、エイズ対策として適切ではなく、麻薬は認めない、セックスワークを問題化するという強い立場が必要であり、ジェンダーの問題として女性のＨＩＶ／エイズを問題視することがアドボカシーにとって重要だということを述べておられます。

以上の事柄は、エイズ対策における戦略的アドボカシーの有効性と政治運動としてのフェミニズムの意味に関わる部分であり、まずは、ＨＩＶ／エイズの分野でこうした多様な立場が存在しているということを認識することが重要だと思います。日本は、アジア・太平洋地域のＨＩＶ／エイズの状況に無関係でいられないにもかかわらず、残念ながらこうした議論がフェミニズムにかかわる人々の間でも積極的に行われているとはいいがたい状況があります。今後、エイズがグローバルな課題として深刻化していく中で、それぞれの地域での対策や対応が求められています。日本国内でも関係者の間で、こうした議論が発展していくことを期待したいと思います。

注

（1） UNAIDS. 1998. *Gender and HIV/AIDS: UNAIDS technical update.* Geneva: UNAIDS.

UNAIDS, 2001. World Health Organization. *AIDS epidemic update December 2002*. Geneva: WHO/UNAIDS. など

（2） 兵藤智佳「婚前セックスに関する宗教規範とリプロダクティブヘルスサービスへのアクセスとの関連についての考察～フィリピンを事例にして社会階級による差異の視点から」『日本＝性研究会議会報』第一七巻第一号、二〇〇四年。

（3） University of the Philippines Population Institute. *2002 Young Adult Fertility and Sexuality Study*.

コメント2

阪上晶子

私は、現在、ＪＯＩＣＦＰ（家族計画国際協力財団）に勤務し、途上国の保健関係者の人材養成を担当している。そうした立場から、ソブリチャ先生の講演に対してコメントをさせて頂く。

ＨＩＶ／エイズは、それ自体が他に例を見ない非常に複雑な様相を持っていると言っても過言ではない。しかも、ＨＩＶ／エイズにおいて、多様なマイノリティの複合体という性格も持つ「女性」というカテゴリーに対する課題は、さらに複雑なものとなる。今回の講演は女性の持つＨＩＶ／エイズに対する脆弱性の背景を、医学的、文化的、経済的、またジェンダー規範の観点から、詳細且つ明確に概観してくださったことで、複雑さを解く鍵をいただくことができたと思う。

国の状況は大きく異なるかもしれないが、日本もフィリピンも比較的低いＨＩＶ／エイズ感染率であるという共通点を持っている。感染率が低いこと自体はもちろん良いことであるが、感染率が徐々に上がっている中で、危機感がなかなか喚起されないという問題がある。

先日、ＨＩＶ／エイズの母子感染予防を含む母子保健改善に取り組むマラウイの保健省の上級職員が来日した際に、日本のＨＩＶ／エイズの状況を聞いて述べた次のような強い言葉が、ＨＩＶ／エイズへの取組みにおいて最も重要なポイントを物語っている。「マラウイでは、ＨＩＶが知られ始めた八〇年代初頭における調査において、感染者はたったの一〇〇名以下しか存在しなかった。その頃多くの人々は、ＨＩＶ／エイズはウガンダから来た風土病だと思っていた。しかし、そういった誤解と偏見が重なった結果、今は何が起こっているか。現在、成人の一四％あまりがＨＩＶ感染者となる事態を招いてしまった。誤解と偏見によるこの間違いを、世界中のいかなる場所でも二度と犯してはならない」。

この言葉からもわかるように、ＨＩＶ／エイズを「特別な病気」として扱うことには、恐ろしい結果につながる危険性がある。今回の講義においては、フィリピンにおいて、ＨＩＶ／エイズがセックスワーカーなど「特別な」人々の病気として認識されていた過程から、徐々に母子感染や介護士の感染が知られていくことなどによってより「日常的な」病気へとなっていく過程の考察をいただいた。これは、アフリカ諸国他、感染爆発に苦しむ多くの国が経験せざるを得なかった過程である。そしてその結果、コミュニティ全体としての取組み、アドボカシー活動、自発的ＨＩＶ抗体検査、保健医療サポート、心理・社会的支援、経済・法律的支援など個々の活動が連携した、包括的ＨＩＶ／エイズ対策が行われ始めるきっかけとなった。

日本においては、ＨＩＶ感染者は二〇〇四年から二〇〇五年にかけて一・〇六倍[1]に増加しているが、検査件数は前年より増えたものの依然として年間約八万件二（平成一七年）であり、日本に住む多くの人にとってはまだまだ「日常」には程遠い「特別な病気」としての認識が強いことがうかがわれる。

また国内でのＨＩＶ／エイズへの理解と取組みが充分ではない中、二〇〇六年九月九日、日本とフィリピンの自由貿易協定（ＦＴＡ）を含む経済連携協定（ＥＰＡ）の署名が行われた。これにより、日本はフィリピンから介護士・看護師を、条件付きではあるが、受け入れることが決定した。ソブリチャ先生からご指摘いただいたフィリピンにおける「ケアを与える側」の感染リスクの課題は、移民労働者の権利保障が不十分な日本においてより深刻化する可能性があり、受入が本格化する前にきちんと課題化しておく必要があると思われる。

日本では数々の団体やフェミニストたちがリプロダクティブ／セクシュアル・ヘルス／ライツに取り組んできた。しかし、ＨＩＶ／エイズに関しては感染率がまだ低いこともあり、リプロダクティブヘルスの中心的課題のひとつとして取り組む認識はまだ十分に浸透していないと思われる。例えば、昨年日本で世界エイズデーに行われた、様々なコミュニティのメンバーがＨＩＶ／エイズ啓発の活動を連動して行うキャンペーン、コミュニティ・アクションにおいても、「女性とエイズ」を中心的テーマとして取り組んだ団体は一団体のみであった。また、リプロダクティブ／セクシュアル・ヘルス／ライツに取り組む団体が開催する講演やワークショップなどの活動でも、生殖に関する課題、すなわち妊娠、中絶、不妊などの課題が中心的に扱われることが多く、セクシュアル・ヘルスに関わる課題であるＨＩＶ／エイズは日常的課題として扱われることはまだ少ないのが現状である。

また、二五歳以上の年齢層ではいずれも男性の異性間ＨＩＶ感染率が女性を上回っているのにも関わらず、一五歳から一九歳までの年齢層においては女性の感染者が七二・二%、二〇歳から二四歳までは女性が五一・五%[3]を占めており、ジェンダーの観点からも若い女性により脆弱性が強い傾向がある。しかし、そうした現状はあまり知られていない。

本講演で提示された、女性のＨＩＶ／エイズに対する生物学的・社会的脆弱性、母子感染のリスク、ケアを行う側としての女性の直面する感染リスクなどは、いずれもフェミニズムが女性とＨＩＶ／エイズという課題をどう捉えるかという議論を経ることなしには、減少できないものである。しかし、脆弱性を抱える当事者たちがネットワーキングし、学びあう場は既に存在する。第六回アジア・太平洋エイズ会議で発足したセブンシスターズ Seven Sisters[4] というネットワークである。

セブンシスターズは、APN+（Asia Pacific Network of People Living with HIV／AIDS／アジア太平洋 HIV／AIDS 陽性者団体）、ASAP（AIDS Society of Asia and the Pacific／アジア太平洋エイズ学会）、APCASO（Asia Pacific Council of AIDS Service Organization／アジア太平洋エイズ関連ＮＧＯ連合体）、AHRN（Asian Harm Reduction Network／アジア薬物使用者感染リスク削減ネットワーク）、APRainbow（Asia－Pacific Network of Lesbians, Gays, Bisexuals, and Transgender／アジア太平洋レズビアン・ゲイ・両性愛者・トランスジェンダーネットワーク）、APNSW（Asia Pacific Network of Sex Workers／アジア太平洋セックスワーカーネットワーク）、CARAM Asia（Coordination of Action Research on AIDS and Mobility、移住労働者とエイズに関するアクションリサーチ連合）という七の団体によるネットワークである。これら七つのグループはそれぞれ、脆弱性を持つグループの人々の人権を守るため、アドボカシーなどを通じ脆弱性を下げるための活動を行う団体のネットワークである。

個々の背景は異なるにせよ、ＨＩＶ感染に対する脆弱性が文化的、社会的、経済的背景に起因するものであるがゆえに、そういったコミュニティの人々に対する本当に有効な予防やケアの手法開発のためには当事者自身の参加が重要な鍵となってくる。ともすれば個々のグループの特異性だけが強調されがちなＨＩＶ／エイズ感染予防において、こうした異なった環境に置かれたコミュニティの協働や手法の共有は、脆弱性を持つ人々の感染予防促進啓発に対して強いエンパワメントとなっている。また脆弱性を持つコミュニティが共に声を上げることにより、政府や国際社会への働きかけにおける効果も発揮している。

各コミュニティの抱える課題は、もちろんそれぞれ異なり、その現状に合わせた予防法が開発されていくことが必要なのは、もちろんである。しかしコミュニティとしてＨＩＶ／エイズに取り組んだことにより得た成果を、好事例として他のコミュニティが学ぶことは大いに可能である。男性同性愛者、セックスワーカー、移住労働者、麻薬使用者などマイノリティのコミュニティでは、偏見・差別と闘いながら政府や社会に対して継続的に課題を提示し、対策を求め続けてきた歴史を持つ。ＨＩＶ／エイズに対して脆弱性を持つ当事者としてこれからフェミニズムが戦略を展開する上で、こうした歴史から学ぶことは多くあると思われる。

リプロダクティブ／セクシュアル・ヘルス／ライツに対するフェミニストたちの運動は、既に避妊や中絶など倫理的に議論を巻き起こす課題における偏見や差別と闘い、成功を収めてきた。そういった意味で、従来のリプロダクティブ／セクシュアル・ヘルスの運動において直面する課題とＨＩＶ／エイズの運動において直面する課題は、異なる部分も多々あるものの、構造的に共有できる部分も多くあることと思われる。そうした成功の蓄積を活かし、今後ＨＩＶ／エイズに対して女性という切り口からコミュニティとしての議論を深め、取り組みを拡大することは、今後大きな成果をもたらすだろう。

注

（１）厚生労働省エイズ動向委員会（二〇〇五）『平成一七年エイズ発生動向』

（２）厚生労働省エイズ動向委員会（二〇〇五）『平成一七年エイズ発生動向』

（３）厚生労働省エイズ動向委員会（二〇〇五）『平成一七年エイズ発生動向概要』

（４）http://www.7sisters.org/

第五章　権利アプローチによるジェンダー課題への取組み

はじめに

ジェンダー主流化戦略による計画策定や実施は、必ずしも期待どおりの成果をもたらさなかった。そのため今日では、従来のジェンダー主流化アプローチの限界を補完、もしくはあらたな代替アプローチが提起されている。その一つが「人権に基づく開発アプローチ」（以下、権利アプローチ）という考え方であり、特にジェンダー主流化戦略に高い期待を寄せていた研究者と活動家たちから強い関心を集めている。

権利アプローチとは、従来開発の現場で軽視されがちであった人権に関わる基準や原則となる事項を、開発事業のプロセスの中核に位置づけるものである。それは、従来のジェンダーと開発（Gender and Development, ＧＡＤ）というパラダイムと権利アプローチの実効的な統合をはかることであり、開発を進める上で生じる課題や実務を、人権という視座から再構成することで、ジェンダー平等の推進と女性の地位向上をより効果的に進めようという新しい試みである。実をいうと、これまで人権活動家は、開発の実務関係者と協力的な関係を保ち、ともに活動していたわけではなかった。人権活動家の側では、人権に関わる国家間条約の批准や政治的宣言を通じて、個人やコミュニティの地位や福祉の向上に力を注いできた。他方、開発にかかわる実務の専門家は、開発上の課題を提起し、プログラムやプロジェクトの効率的な遂行に専念してきた。両者はともに、すべての人々にとって生活が向上し、これを維持できるよう努力してきたが、方法論の点で異なっていたといえよう。さらにいえば、これまで開発事業のプロジェクトでは、当該地域に住む人々の人権が完全に無視された形で実施されることも少なくなかった。一例として、ダム建設プロジェクトでは、開発が優先されるあまり、地域に住んでいた先住民は強制撤去を強いられるような人権侵害がまかりとおっていた。

同じように、国際的な水準で展開されている女性の地位向上の取組みにおいても開発と人権という二つの分野が存在し、人権の視座から女性の地位向上を推進しようとする流れと、ジェンダーと開発という視座からこれを推進しようとする流れに分断されていた。このために、専門用語や専門家、方法論、組織、活動対象などが二つに分かれ、別の分野として存在していたのである[1]。ところが一九九〇年代半ばから後半にかけて、それまで分断されてきた人権と開発という二つの流れの統合が、理論と実践の両面から進展するようになった。両者の対話を促す役割を担ったのが、「開発における女性の権利に関する委員会」（Association of Women's Rights in Development, AWID）である[2]。ＡＷＩＤのメンバーは、女性の地位向上という目的において、人権と開発の二分野が存在することによって、それぞれ重複部分が生じていること、グローバリゼーションと世界的な政情不安を背景としてますます複雑化する一方の女性の課題に対し、分断された状態では総合的かつ相互補完的に取り組むことが困難であると訴えたのである[3]。

今日フィリピンでは、女性の地位向上をねらいとする国内本部機構および多くの女性団体が、権利アプローチの下で共同歩調をとりはじめている。その背景として、リプロダクティブ・ヘルス・ライツ（生殖に関わる権利）や貧困の女性化といった、女性に関わる深刻な課題がますます顕在化する現状がある。ジェンダー主流化がフィリピンに肯定的な成果をもたらしたことは疑いようのないことである。とはいえ、あらたなアプローチを採用し、これを一層強化する必要が生じたのである。本章では、アカデミズムの内外で徐々に進められている人権という枠組みをジェンダー関連プログラムやプロジェクトに適用することの意義を、試論として展開したい。ところで権利アプローチは比較的あたらしい取り組みのため、その成果に関し、本章で展開する私の分析や評価は、暫定的かつ不完全なものであることをあらかじめお断りしておく。

一　ジェンダーと開発（ＧＡＤ）への権利アプローチ（Rights-Based Approach, RBA）の適用

権利アプローチのジェンダー課題への適用が、フィリピンでどのように展開してきたのか。これを考察するにあたって、まずは同アプローチの基本的な構成要素について整理しておこう。

まず人権の概念であるが、国家が国民の幸福を保障するために、これを尊重し、かつ充足しなければならない最小限の基準であるといえる。ここでいう人権とは、すべての人が生まれながらにして持っている基本的かつ普遍的な権利を意味している。人権を構成する要素の中でも、①生存、自由、および安全に関する権利、②任意の逮捕、拘束、国外追放からの自由、③思想、信条、信仰、平和的集会を営む自由は、重要である。人権とはさらに、個人に対して、労働、社会保障、衣食住を含む適切な生活水準、そして文化的生活を営むことを権利として保障するものである。普遍性、不可分性、相互依存性、非はく奪性といった人権の概念や、人権とは自由、正義そして世界平和の礎であるという見解は、今日ほとんどの国々で共有されているものである[4]。

国際機関が開発プログラム策定に権利アプローチという用語を導入した当初、抵抗とはいえないまでも、不協和音がなきにしもあらずであった。しかし今日、権利アプローチは広く受け入れられ、人権と開発という二つの分野の間には、「本物の友好的な関係が築かれている」といえよう[5]。今日、多くの開発プログラムやプロジェクトに権利アプローチが適用されているが、次のような共通点が見出される。第一に、国家間、そして国内レベルで整備されつつある人権に関わる法律を基盤としていることである。そのような法律として、まず一九八六年に国連で採択された「発展の権利に関する宣言」、そしてこれにさかのぼる「世界人権宣言」（一九四八年）、国際人権規約を構成する「市民的および政治的権利に関する国

際規約」および「経済的、社会的及び文化的権利に関する国際規約」（一九六六年）が含まれる。ジェンダー平等に関する権利については、一九七九年に国連で採択され、一九八一年に発効した「女子に対するあらゆる形態の差別の撤廃に関する条約」（The Convention on the Elimination of All Forms of Discrimination against Women, CEDAW 以下「女子差別撤廃条約」）、および選択議定書に詳しく述べられている。(6) 権利アプローチに関するその他の共通点としては、女性や先住民、貧困層など、社会で不利を被っている集団が、開発プログラムの立案プロセスに参加し、すべての利害関係者に帰する説明責任を確実なものとするために、有効なモニタリング体制の構築が強調されていることである。

以下に、先行研究を参照しつつ、開発に権利アプローチを適用することの利点を掲げる。

・権利保持者、および権利保持者の人権に関する義務履行者を明確化することにより、法的な拘束力を備えた義務となり、説明責任の所在が明らかになる。
・救済という発想ではなく、不正義を是正することへと戦略を転換することで、これに対応した行動が可能になる。
・人権尊重を規範として採用することで、開発プログラムの策定・施行によって抑圧されたり排除されてしまう人々に対する補償が可能となる。また女性のような、社会的に脆弱な立場に置かれているグループに焦点を設定することが、法的根拠をもって可能となる。
・人権とは、人が生まれながらにして持つ譲渡や交渉が不可能なものであり、普遍的にして不可分、かつ相互的な性格を持つという主張が可能になる。
・開発援助の単なる受け手として認識されてきた人々を、能動的で変革をもたらすエージェント（担い手）として開発プロジェクトの中心に位置づけることが可能になる。
・人権侵害を開発プログラムとモニタリングにおける参照ポイントと定め、体系的な分析評価を促す。

表５－１　フィリピン政府が署名・批准・加盟した国際人権条約

1952年9月19日	人身売買及び他人の買春からの搾取の禁止に関する条約
1957年9月12日	婦人の参政権に関する条約
1965年1月21日	結婚最低年齢に関する条約
1967年9月15日	あらゆる形態の人種差別の撤廃に関する国際条約 (略称 人種差別撤廃条約)
1974年6月7日	経済的、社会的及び文化的権利に関する国際規約（A規約）
1978年1月26日	アパルトヘイト犯罪の禁止および処罰に関する国際規約 (略称 アパルトヘイト禁止条約)
1981年8月5日	女子に対するあらゆる形態の差別の撤廃に関する条約 (略称 女子差別撤廃条約)
1986年6月18日	拷問及び他の残虐な、非人道的な又は品位を傷つける取り扱い又は、刑罰に関する条約（略称 拷問等禁止条約）
1987年7月27日	スポーツ分野におけるアパルトヘイト禁止に関する国際規約 (略称 スポーツアパルトヘイト禁止条約)
1989年8月22日	市民的及び政治的権利に関する国際規約（B規約）選択議定書
1990年8月31日	児童の権利に関する条約
1993年11月15日	すべての移住労働者とその家族の権利保護に関する条約
1995年6月6日	既婚女性の国籍条約
1996年10月23日	市民的及び政治的権利に関する国際規約（B規約）
2000年12月15日	国際的な組織犯罪の防止に関する国際連合条約を補足する陸路、海路及び空路により移民を密入国させることの防止に関する議定書（略称 国際組織犯罪防止条約密入国議定書）
2000年12月15日	人、特に女性及び児童の取引を防止し、抑止し、及び処罰するための議定書（略称 国際組織犯罪防止条約人身取引議定書）
2000年12月27日	国際刑事裁判に関するローマ規程
2003年5月28日	国際的な組織犯罪の防止に関する国際連合条約を補足する人、特に女性及び児童の取引を防止し、抑止し、及び処罰するための議定書（略称 国際組織犯罪防止条約人身取引議定書）
2003年8月26日	武力紛争における児童の関与に関する児童の権利条約選択議定書
2003年11月12日	女子差別撤廃条約選択議定書

C. Sobritchea作成

・構造的に生じている不正義から派生する結果の究明のみならず、原因の追究も推進される。
・（開発に関わる）政策言説を「ニーズ」から「権利」へと変え、「慈悲」としてではなく、政府としての制度改革を図る。
・個人的努力に依存せず、集合的な行動や連携を促す。

フィリピンは、人権概念を推進するグローバルな討議の場に積極的に参加し、すでにおもな国際条約を批准し、国内機関に適切な法的権限を与え、実施体制を整えてきた。表五―一は、フィリピンがこれまで批准してきたおもな人権関係の国際条約である。

なかでも、「女子差別撤廃条約」は、ジェンダー平等と女性のエンパワメントを推進するという意味で、もっとも重要な人権に関する法律である。「女子差別撤廃条約」は、男女の完全な平等の達成を促すことを目的とし、女性に対するあらゆる差別を撤廃することを基本理念としている。具体的には、締約国政府に対して、①男女平等の原則を国内法に体系的に組み込むこと、②あらゆる性差別的な既存の法律を撤廃し、女性への差別を禁止する法律を立法化する、③女性を差別から確実に擁護するために、採決機関その他の公的機関を設置すること、を求めている。[7] 二〇一〇年現在、同条約を署名または批准している国は一八六ヶ国にのぼる。締結国政府は、この条約で定められた義務事項にのっとって、立法上、司法上、行政上いかなる措置をとったか、当事国の女性の地位やジェンダー課題を掘り起し、政府により採用された政策をおもな内容とする国別報告書を、少なくとも四年ごとに提出することが義務付けられている。各国から提出された報告書をもとに、「女子に対する差別の撤廃に関する委員会」（以下、「女子差別撤廃委員会」）が条約の実施に関する進捗状況を検討することになっている。

以下は、国連女性開発基金（UNIFEM、二〇一一年より「ジェンダー平等と女性のエンパワーメントのための国連機関 UN Women に改編）による、移民女性の人権に関する報道資料からの抜粋である。ここには、女子差別撤廃条約を女性の人権向上に有効な法的手立てとして、これを締結すべき理由が述べられている。

・女性の人権は、人権に関わる主流の議論や政治宣言、実務において、当然のこととして認知されるに至っていない。

・人権は、市民的・政治的権利、そして社会的・経済的権利に分けられる。これまで両者は分断され、国際社会における人権論議はおおかた前者のほうに力点が置かれてきた。しかし女性に対する暴力についていえば、後者、すなわち社会的・経済的な領域で起きている人権侵害がより多く認められる。

・女性の人権侵害が起きる際、個人への処分にとどまらず、女性の人権侵害を生み出す構造、イデオロギーや組織を問題化する必要がある。

・女性の人権を侵害する主体として、国家のみならず、家族を含む非国家的な主体にも焦点をあて、これに関する国家の説明責任を確実なものとすることが求められる。(8)

以上のように、ジェンダーに基づいた差別に対抗しうる国家間条約の根拠を強調する背景として、フィリピンなどのアジア諸国に特有な社会状況、すなわち、政治、経済、宗教的な意味で特権を握る階級が、文化や伝統に根差した性差別的な要素を利用して、国家権力の独占を正当化する行為がまかり通っていることが大きい。アジアは世界の中でも文化的、政治的に多様な地域のひとつである。社会における慣習や伝統は、ジェンダーに関する自己認識や男女の関係性についてのわれわれの理解の仕方や、その実践を形作るものである。こうした慣習や伝統は実に多様だが、家父長制からの影響が濃厚なものもある。たとえば、多くの社会でジェンダーによる役割分業は、家族や親族、コミュニティにとって都合のよい存在となるよう女性の権利や地位を規定する形で、社会的に構成されてきた。母であること、セクシュアリティ、結婚、相続、市民権に関する理念モデルは、男性側の家族やコミュニティ成員が、女性側よりも利益を得るような形で構築されている。これまでフェミニスト研究は、ジェンダー・イデオロギーが社会においてあらゆる形態とともに展開され、これを実践する行為の中に埋め込まれていることを明らかにしてきた。しかしながら、既存の文化や見解、行動を、女性やその他の社会で不利な立場に置かれた集団にとって望ましい方向に変革していくためには、教育や研修を実施するだけでは不十分である。権力を握る座にある者に異議申し立てを行い、統治下にある国民に対し、その説明責任を義務として十全に果たすよう行動を起こすことが求められている。

女子差別撤廃条約は、ジェンダー平等を目標とする権利アプローチを定めている。それは三原則、すなわち、①本質的平等、②非差別、そして③締結国家の義務、により構成される。[9] 第一に、本質的平等とは、男女を問わずすべての人に対して、機会および資源、これにともなう便益を受ける際の平等を約束するものである。差別を是正し平等を保障するためには、男女平等を法律（*de jure*）、および慣行・慣習（*de facto*）の両面で、具体的な措置をとることが求められる。そのためには、①政策および司法の中で機会平等を明記し、また、②積極的差別是正政策（アファーマティブ・アクション）を含む、機会や資源へのアクセスとそのことから利益を受けることを促す組織的、社会的環境づくりといった具体的な措置をとることが重要である。さらに、③特定の個人、とくに女性に対し、権利の主張を行うように推奨することが求められる。[10] 男女の平等が実質的に（de facto）推進されるためには、法律的に保障される平等に関わる権利（de jure）が女性たちの生活の中で実現され、[11] 女性の利害関心に悪影響を与えるような文化や信条、慣習、規範を変革するべく、政府がたゆまず取り組むことが肝要である。

「女子差別撤廃条約」が掲げる二つめの原則とは、女性に対するあらゆる形の差別および不正義の撤廃である。「女子差別撤廃条約」の第一条は、ジェンダーに基づく差別を次のように定義している。すなわち、「性に基づく区別、排除又は制限であって、政治的、経済的、社会的、文化的、市民的その他のいかなる分野においても、女子（婚姻をしているかいないかを問わない）が男女の平等を基礎として人権及び基本的自由を認識し、享有し又は行使することを害し又は無効にする効果又は目的を有するもの」をいう。[12] ジェンダー差別は、行動、態度、そして信条に表れるものである。女性と男性が同一の扱いを受けた場合、その扱いが男性の視点や男性の利害をもとにしていると、女性が不当な差別をうける結果になりがちである。あるいは、男性と女性が異なる扱いを受けた結果、機会や利益へのアクセスに男女格差が生じることもある。このように差別とは、直接的あるいは間接的に、意図のあるなしにかかわらず、法律や日常生活、社会的な相互関係の中で行われるのである。

女性差別撤廃条約の三つめの原則は、国家に対して、女性の人権を遵守し、これを擁護し、推進するという義務を課していることを指す。今日においてジェンダー平等とは、女性と男性の両方に対して基本的人権を構成するものとなっており、この遵守に関する国家の責務において、人権を享受することを直接的であれ間接的であれ、阻害するような行為を防ぐ必要があるとする。女性の人権擁護は、ジェンダー平等を推進する行為が第三者から妨害されることがないように国家政策を行うことを要請する。他方、女性の人権に関する義務事項を果たすこととは、女性に対するあらゆる形態の差別を撤廃することを目的として、国家に対し、立法、行政、財政、司法上、適切な施策を採用することを要請するものである。たとえばフィリピンでは、多くの女性が必要な情報や行政サービスにアクセスできないために、望まない妊娠や性感染症、妊娠中絶、妊婦の死亡、その他リプロダクティブ・ヘルスに関わる問題に苦しめられている。フィリピン政府は女性の健康に関する権利を掲げる国際条約をおおかた批准しているが、そのことによって政府には、女性をこうした問題で苦しめられることがないよう保護する義務が生じるということを意味する。政府は国民に対し、第三者機関、たとえば原理主義者のような特定の信条に傾倒している組織が、コンドームなどの現代的な避妊法の配布を妨害していることを追及すべきであり、これを果たせていないことについて国民に説明する義務を負っているのである。にもかかわらず、政府はむしろコンドーム配布を妨害する側に譲歩しているありさまである。例として、貧しい人々が多い地域でＮＧＯがリプロダクティブ・ヘルスに関わる診療所を経営しているケースでは、診療所が閉鎖に追い込まれたにもかかわらず、政府は（これを追及する義務を負っている）地元政府機関に対し、なんら処分を行っていない。こうしたことがまかり通るのは、健康およびジェンダー平等に関わる女性の権利が明らかに侵害されている状況を示している。

二　女子差別撤廃条約、その他の人権関連法によるジェンダー平等の推進

前述のようにフィリピンでは、開発プログラムに権利アプローチがますます採り入れられつつある。フィリピン政府優先課題計画（二〇〇〇～二〇〇四年）は、女性の人権向上を戦略的目標と位置づけている[13]。そこで示されている目標に沿って、さまざまな政府機関がジェンダー関連プログラムを展開している。ＮＧＯも権利アプローチを採用し、これをプログラムやプロジェクト推進において女性の権利遵守、擁護および実現を保障するために用いている。ジェンダー主流化に権利アプローチを適用する際のガイドラインとして、以下の事項が設定されている。

・ジェンダー関連の事業計画を準備する段階において、人権に関わる三原則、すなわち非差別、ジェンダー平等、国家的義務が、プログラムおよびプロジェクトのねらいとして明確に示されていなければならない。ジェンダー計画の策定は、そのプログラムあるいはプロジェクトが対象とする受益者の参加に基づき行われなければならない。ジェンダー計画が対象とする受益者が、計画策定プロセスに関与し、かつその関与が意義あるものとなるよう調整がなされなければならない。

・開発問題のジェンダー分析を行う際は、ジェンダー平等ないし不平等を推進する法制度（そのような法律の不存在や未整備も含め）や、コミュニティ、家庭、職場、学校、その他の現場で日常的に実践されるジェンダー不平等（法と実践の両面で）に関し、不平等が具体的に表れる形態を明示しなければならない。

資料5－1　ジェンダー平等に関わる権利の基準内容[1]

1．非差別および公正（Non-discrimination and Equity）：
　すべての人が平等な立場であらゆる人権を享受できることを指す。平等とは、人をどのような状況であろうと同一に扱うという意味ではない。平等の原則により、差別が継続する状況を減少もしくは除去するため、アファーマティブ・アクション（積極的差別是正措置）が要請されることもある。これを「公正（equity）」アプローチといい、女性や児童のような（社会で脆弱な立場に置かれた）集団をする措置がなされることもありえる。つまりこの原則は、「より必要とする人々により多く与える」ということを意味している。

2．説明責任（Accountability）：
　おもな説明責任の所在は、国家とこれを構成するすべての政府機関にわたっている。一般的に国際レベルでは、説明責任を負うことができるのは国家のみである。よって国家は個人および国際社会に対して説明責任を負っているとみなされる。国家ではない行為者ないし個人も、説明責任を負うことが可能である。個人が負うことが可能な説明責任とは次の二種類である。①権利責任を行使する義務を負う、②他の個人やグループに対して責務を負う。国家は、個人がこれらの責務について説明責任を確実に負う。

3．国民参加（People's　Participation）：
　開発は国民に帰するものである。よって、性別、年齢、人種、民族、階級にかかわらず、国民はアドボカシーや組織形成を通じて開発のプロセスに参加し、指揮するべきである。

4．エンパワメント（Empowerment）：
　ジェンダー平等における権利アプローチとは、人間の尊厳を追及することである。個人、とりわけ女性やその他の社会で不利な立場に置かれた集団は、開発の積極的な担い手（エージェント）である。開発は慈善事業ではなく、人々がそれを権利とするものである。

5．良い統治と透明性（Good Governance and Transparency）：
　良い統治（グッド・ガバナンス）とは、法を順守すること、腐敗と権力乱用を根絶ないし最小限に食い止めることを指す。社会において脆弱な立場にあり、周縁化された人々の視点に配慮するという意味も込められている。良い統治を可能にするのは透明性である。透明性は、意志決定、政策および法令に関する完全な、制限のない情報公開によって導かれる。

[1] 以下から引用した。UNDP. 2002. “Human Rights Development, 2nd UNCT Training Workshop on Rights-Based Approach to Development Programming”、およびCenter for Women's Studies, University of the Philippines, 2004. “Rights-Based Approach to Gender Mainstreaming.”

・開発に向けた行動の提案は、ジェンダー不平等を引き起こす要因や、既存の法律や政策を利用した差別の是正策を含むものであること。開発計画の履行によって利害を得る関係機関、個人もしくはグループを対象とする人材育成が計画に組み込まれ、資源の有効利用とプログラムやプロジェクトの目標遂行を確実にする必要がある。

・ジェンダー事業の計画は、プログラムおよびプロジェクトの進捗を監視し、その成果を評価するための一定の基準ないし指標を含むものであること。ジェンダー平等につながる権利を規定する規範が、モニタリングと成果評価の指標として系統的に示されていること。(14)

・良い統治（グッド・ガバナンス）と透明性が保たれることによって、ジェンダーに配慮した予算の策定および執行、その他の資源配分が円滑に遂行されること。

次に、フィリピンで実施されている権利アプローチを採用したジェンダー主流化に向けた諸活動について論じる。

二―一　国際人権規約に即した国内法の整備

フィリピンはジェンダー平等に関わる権利を推進してきたが、これに関する重要なポイントとは、女性の地位向上に向けた立法化、そしてジェンダーによる偏見や差別を撤廃するための旧法の改正である。このために、国際人権規約が要請している原則とこれに沿った行動が、国内法に体系的に組み込まれてきた。

一九九一年フィリピンは、開発および国家建設において、女性を「男性の完全かつ平等なパートナー」として統合を図る法令を制定した（共和国法第七一九二号）。同法は、女性と男性は法の前では平等という原則を樹立したという意味で、画期的であった。同法により、女性の人権は国際的な人権規約およびフィリピン憲法と統合され、さらに資源の分配や意思決定プロセスにおけるジェンダー平等を推進する際の法的根拠が示された。この法令により、フィリピン女性は男性と同様に、融資契約、士官学校入学、社交や文化的サークルへの参加が権利として認められるようになった。専業主婦については、配偶者が雇用されている限りにおいて、配偶者を通じて社会保障や健康保険のサービスを受けられるようになった。同法令をきっかけとして、国際的な援助資金のかなりの部分が、女性を支援するプログラムに配分されるようになった。そのほか、女性労働者を保護する法令として、デイ・ケアに関する法（共和国法第六九七一号）、父親の出産育児休暇に関する法（共和国法第八一八七号）、就労条件および雇用契約における女性差別防止法（共和国法第六七二五号）が成立している。インフォーマル・セクターに従事する女性（自営業や内職、非正規就労など）については、小規模な自営業を展開するためのマイクロ・クレジット（小額融資）を促す法が制定された（共和国法第七八八二号、八二八九号、八四二五号）。一九九七年に制定された法令（共和国法第八二五〇号）は、ジェンダー平等の原則をフィリピンの政府機構、政策、プログラムに統合し、各行政機関が予算の五％をジェンダー関連事業に配分することを求めている。女性への暴力に関しては、レイプの定義を拡大し、加害者の処罰を厳罰化した法令（共和国法第八三五三号）、親密な関係において行われる女性への虐待を犯罪として明確化した「女性および子どもに対する暴力防止法（共和国法第九二六二号）がある。

二〇〇三年フィリピンは女性および子どもの人身売買防止に関する法令（共和国法第九二〇八号）を制定し、これにより人身売買の防止、被害者の保護および支援策、加害者の告発に組織的に取り組む体制を整えた。この法令は、国連人権宣言、国連子どもの権利条約、国連移住労働者およびその家族の権利保護に関する条約、国際的な組織犯罪の防止に関する国際条約（特に女性および児童の取引を防止し、抑止しおよび処罰するための議定書を含む）、そして女子差別撤廃条約において法制化された人権原則を具体化するものである。この法令は、売春、ポルノグラフィ、性的搾取、強制労働、奴隷労働、非自発的服従および借金による拘束を目的とした人身売買を包括的に定義するものである。有罪となった者は懲役一五年から終身刑、そして五〇〇万ペソ（七万五千ＵＳドル）以下の罰金を科せられる。(15)

現在フィリピンでは、女性の生殖に関する権利（リプロダクティブ・ヘルス・ライツ）を推進する法令を制定するよう、政府に働きかける動きがもっとも注目される。憲法において安全な妊娠中絶が非合法とされていることは、現在のフィリピン国家における生殖の権利をめぐる課題を象徴するものである。このようにフィリピンでは、リプロダクティブ・ヘルスに関わる女性の権利は、国家によって十分に保障されているとはいいがたい。リプロダクティブ・ヘルスに関する正しい情報やサービスへのアクセスを女性に保障する政策がなく、政府職員や第三者機関がこれに関わる女性の権利の否定し、公権力を行使する事態さえ起きている。

二―二 ジェンダー差別的な法令の撤廃に向けた取りくみ

前述のように、フィリピンではジェンダー平等に関わる立法化が進められたとはいえ、既存の法律や政策枠組みの中に組み込まれた性差別的条項を完全に撤廃する作業はこれからの課題である。フェミニスト弁護士、大学やNGO出身の社会科学者は、経済生活に関わる法令や施行ガイドラインを全般的に見直し、法令が女子差別撤廃条約で定められている条項とどの程度適合するものとなっているか、確認を行ってきた(16)。この作業により、経済に関わる法令に数多くの差別的な条項があり、これらを迅速に取り除くべきことが明らかになった。現行の経済領域に関わる法令を見ると、女子差別撤廃条約やそのほかの人権関連の国際条約が定めている基準を十分に満たしているとはいえない。それは、以下のような問題群への対応が不十分であるためである。①職業の性別分離が継続されることで、給料や雇用機会におけるジェンダー平等が保証されていないこと、②意思決定に携わる役割や地位への女性の参画率が低いこと、③家庭領域の責任を負う被雇用者を支援する体制が整備されていないこと、④融資やテクノロジー、土地に関する情報が、女性にとって入手や活用をしにくいものになっていること、⑤雇用、研修、昇進時の差別的慣行、⑥インフォーマル・セクターに従事する女性労働者

資料5－2　女性および子どもへの暴力防止法に関する守秘義務規定

・同法の下での捜査活動、起訴、裁判の期間中は、法執行官、検事、判事、裁判所職員、医師、および事件関係者は、被害者のプライバシーに関わる権利を認識していなければならない。法執行官および検事による捜査は非公開とし、被害者に関するあらゆる情報へのマスコミの接近は許されない。成人被害者の場合は、公表や、法廷弁護人とともにメディアで発言するという選択も可能である。 ・バランガイの役人、法執行官、検事および裁判所職員は、被害者、被害届を出した個人の氏名や状況、その他の情報をメディアに公表したり、身元を外部に漏らしてはならない。 ・出版物の場合、これに関わる編集者、出版者、レポーターあるいはコラムニスト、テレビやラジオの場合はアナウンサーや番組製作者、映画産業であれば映画製作者もしくは監督、そして第三のメディアあるいは情報テクノロジーを使用する人物が、被害者もしくは被害届出人の承諾なくして氏名や身元を特定しうる情報を公表することは違法とされる。児童の身元についてはいかなる場合であれ、市町村の社会福祉開発局の許可なくして公表してはならない。 ・この法令に違反した者は、一年間の懲役もしくは50万ペソ以下の罰金を科せられる。

出典：Implementing Rules and Regulations RA 9262, Anti-Violence Against Women and their Children Act of 2004, Rule XI Confidentiality, Section 63.

への支援体制が不十分なこと。[17]

ＮＧＯや研究者の一部は、その他の法律を含めてジェンダー偏向を指摘し、法律と現実が乖離していることを確認し、その撤廃を求めてきた。この点に関しては、出稼ぎ労働者に関連する法令やセクシュアル・ハラスメントを処罰する法令、姦通罪や内縁関係に関する処罰規定、ＨＩＶ／エイズ感染を防止し管理するための法律などが含まれている。

二―三　法令および施行ガイドラインによる義務保持者の責務の規定

これまで論じてきたように、フィリピンは開発プロセスへの権利アプローチの援用を重要な戦略として位置づけてきた。戦略のひとつとして、政府職員や実務者に対し、義務保持者としての能力、すなわち、人権関連の国際法が定める規範を適用しつつ、その責務を十分に果たす能力を強化させることがある。このように、法の施行に要するさまざまな政府機関やその他利害関係者の責務と責任の所在が、法そのものにおいて、そして法令や規則の施行によって明確に示されることになる。さらにフィリピン最高裁判所は、適切な司法手続きや法令遂行の責任を負う人々に求められる行動規範に関し、ガイドラインを定期的に発令している。ガイドラインでは、義務保持者による逸脱行為や職務怠慢に対する制裁および処罰も定められている。

・女性および子どもへの暴力防止に関する法律は、加害者による度重なる傷害行為を防止するために、保護命令の発令を迅速化するものである。法令で定められた期限内に保護命令の発令ができなかった公務員は処分を受け、収監されることとなる。この法律により、被害者に対するヒヤリングや法的手続き、支援（カウンセリング、法的サポート）などが行われるべき期間とともに、その期限も定められている。

・セクシャル・ハラスメント防止法に関して発行された施行ガイドラインでは、担当部署の長に対し、正式な申し立ての受理から一九日以内に当該事件に対処することが定められている。規定の期限内に手続きを進められなかった場合、担当者は行政処分の対象となる。

・人身売買禁止法は、加害者に対し厳格な懲罰を定めているのみならず、義務規定を十分に遂行できなかった実務担当者に対しても制裁措置を定めている。実務担当者には守秘義務があり、被害者のプライバシーを尊重する等、倫理規定の遵守が求められる。

二―四　研究および実務分野への人権原則の基準的統合

人権に関する国際法は、ジェンダーと開発（ＧＡＤ）実施の際に権利アプローチの指針となる判断や評価基準について、詳しく定めている。なかでも重要とされるのは、参加、説明責任、透明性、そして非差別である。人権保持者による開発プログラムへの参加は、活発かつ批判的立場をとるべきであり、さらに情報の提供を受けた上で行われるべきこと、これが権利アプローチにおける重要な原則である。既存の開発プログラムを目的とした研究や応用のプロセスは、上意下達的なものであったといえる。当事者にとって不利となる形で情報が活用されることも頻発した。今日、以上のような問題を提起しているフィリピンのフェミニスト研究者や活動家らは、調査の実施や報告書の出版、情報の利用について、当事者の参加や「交渉」に基づきなされるべきであると強調している。データの収集や公表は、当事者である個人やコミュニティからの同意にもとづいて実施されなければならない。情報提供者に対しては、可能な限り、情報収集や分析、報告書の作成プロセスに関与できるようトレーニングがなされるべきである。このような方法を通じ、調査対象である人々も、調査研究を自分に帰するものと認識し、調査結果の適切な公表や適用のされ方について活発に発言することが可能となるのである。近年NGOや女性学／ジェンダー研究は、女性に対する暴力や人身売買、売春問題に取り組む際、上のようなフェミニスト的な調査倫理を厳密に守る傾向にある。

フィリピンでは近年、ソーシャル・ワーカー、弁護士、医師、マスコミ関係者、教師などの専門職組織が、クライアント、患者、学生など、それぞれの職業が対象とする人々の人権が尊重され、かつ擁護されるように、実務的なガイドラインを整備しつつある。たとえばNGOと専門家組織の連合体であるフィリピン・生命倫理ネットワークは、保健医療に関する調査の実施や、製薬会社その他の利害関係者との協働の際に必要となる、さまざまな基準事項を定めている。

二―五　女性の人権擁護に向けた政府取り組みのモニタリング体制

フィリピンでは一九九〇年代より、ジェンダー予算の活用や女性を対象とする政府プログラムの成果を監視することを主たる目的として、女性グループのネットワーク化が進められてきた。このネットワークを活用して、さまざまな政府組織のジェンダー計画や成果報告書の収集、ジェンダー予算分析の刊行、パブリック・フォーラムによる情報の拡大が行われている。

その他、政府によるＨＩＶ／エイズ予防や管理、出稼ぎ労働者の保護、女性の人身売買や女性に対する暴力防止に関する法律の遂行状況を監視する女性ネットワークも存在している。また、女子差別撤廃委員会やその他の国連の監視機関へのシャドウ・レポート（影の報告書）提出も行われている。

最近の動向としては、さまざまな女性学／ジェンダー研究機関やＮＧＯのメンバーが集まり、女子差別撤廃条約監視ネットワーク(CEDAW Watch Network)の設立が合意されたことが注目されよう。これはモニタリング実施機関の全国的ネットワークであり、フィリピンで展開されている女性の人権向上にむけた取り組みに関するモニタリング機能の統合を主眼としている。女子差別撤廃条約監視ネットワークは共通のデータシステムを構築しており、リプロダクティブ・ヘルスに関わる国内法の立法化に向けたアドボカシー活動や、女性のための法律および事業プログラムに関する社会的認知を高めるため、セミナーやメディアによるキャンペーンを展開している。

二―六　女性関連の国際条約および国内法の社会への浸透

フィリピンにおける現行の法的枠組みでは、女性の人権に関わる認知が著しく低く、女性の福利を高めることが非常に困難である。フィリピン政府組織はジェンダー予算を利用して、女性の役割委員会のような監督機構も含め、女性関連の法律、とりわけ女性に対する暴力、人身売買、雇用や融資など経済的機会に関するものについて、セミナーやパブリック・フォーラムなどで周知を図ってきた。女性関連の法律は各地域の方言に訳され、全国に行き渡るよう自治体に配布されている。それでも財政支援が不十分なため、こうした取り組みはまだわずかであり、情報が周知される範囲も限られたものとなっている。

フィリピンにおける国連機関による総合的ジェンダー計画では、貧困層の女性に向けて、人権の行使や地元のコミュニティ構築への参加を促し、そのための情報やサービスへのアクセスが容易になるよう目標戦略が掲げられている。こうした公的介入をさらに促進するため、多くのグループが援助を受けている。公的支援を受けるグループは、女性の人権に関わる法律に対する社会的認知を高め、これらの法律が女性を差別や虐待から擁護するために有用であることを周知すべく、意識向上をねらいとしたキャンペーンを展開している。

二―七　高等教育カリキュラムへの人権原則の統合

米国による植民地支配の遺産ではあるが、フィリピンでは伝統的にリベラルな教育が行われてきた。おもな高等教育課程のカリキュラムは、人権に関わる言葉や事項を含むものとなっている。たとえば、文化人類学や政治学などの分野では、社会的に疎外されている人々やコミュニティのエンパワメントに関する議論が相当部分を占めている。権力がいかに行使され、あるいは転覆に至るのか。権力とは階級、民族、人種、ジェンダー、その他の社会的属性を媒介要因にしているか。こうした議論は、フィリピンの社会科学分野のカリキュラムを構成する重要な要素となっている。フィリピンの人権活動家は、現状では不十分と考え、人権教育の強化を主張している。このような主張は、グローバリゼーションや再軍備化、原理主義の拡大など現代社会が直面している社会変動の中で、従来とは異なるさまざまな複雑な要因が絡み合い、女性虐待が引き起こされている状況を踏まえたものである。この点に関して、フェミニストの研究者らは当初、女性問題に関するフェミニスト理論と実証データを、各研究分野で主流となっている講義に組み込もうと努力してきた。フェミニスト研究者は、勤務先の教育機関や同僚に向けて、参加型民主主義の思想や義務保持者に課せられた説明責任、非差別の概念を、講義や研究調査、地域住民向けのサービスに組み込むよう働きかけてきた。国連女性開発基金（ＵＮＩＦＥＭ）や国連人口基金（UNFPA）などの国連機関から援助を受け、女性学／ジェンダー研究を専門とする教員を対象に、女性の人権に関する研修プログラムも実施されている。高等教育レベルではシラバスのモデルや購読文献が配布、活用できるようになっている。

結　語

この章では、ジェンダーと開発分野において、権利を基盤とするアプローチがどのようにして採用されていったかを概観した。権利アプローチが採用されてまだ十分に時を経ていないため、このアプローチによる女性問題の改善は、まだ目に見えるものとなっていない。それでも私としては、権利アプローチはジェンダー平等の推進に有効であるとの希望を持っている。フィリピン女性の役割委員会は、ジェンダーに配慮した予算が、女性関連の法律が十全に遂行されるために使われているかどうかという点に深い関心を寄せてきた。たとえば、さまざまな政府機関におけるジェンダー予算の配分は、人身売買や女性、子どもへの暴力について取り組むことが法律で義務として定められ、説明責任を果たすことが求められていることを当該機関の職員やサービス担当者に徹底させ、訓練を実施することに使われている。ジェンダー予算は、暴力被害者のための危機カウンセリングや生活支援、加害者の更生などの付加サービスの機能を充実させるためにも活用されてきた。

最後に、ジェンダー主流化アプローチが陥ったように、権利アプローチが「標準化」もしくは「非政治化」してしまうことの危険性を指摘するフェミニスト研究者の議論を参照しつつ、本章を閉じることとしたい。ツィカタ（Tsikata）は次のように警告する。ジェンダー平等の実現を真に目的としていない勢力によって、人権という言葉が歪曲されて使われることがありえるだろう。また、女性の地位向上と人権擁護を名目として、これに要する教材や人的資本をめぐって競争が激化し、その結果、先進国、途上国を問わず女性運動が分裂するという危険も生じうる（Tsikata, 注1参照）。たとえば、グローバルに移動する女性労働者は、人権擁護のために、受入国政府からより一層の支援を必要としている。しかしながら支援のための資源についていえば、受入国の国民女性も同様に、女性の利益の向上に必要とするものである。このように、ジェンダー予算の配分において、移民女性と国民女性の間で資源をめぐる競争が生じることもありうる。ジェンダー主流化がかつてそうであったように、開発への権利アプローチの適用も、女性にとって望ましい成果が達成されないことが懸念される。NGOや研究者によるモニタリング体制の強化や、国際人権法の遂行に向けた、政府のさらなる取り組みの提唱が求められているといえよう。

（翻訳：徐阿貴）

注

（1） Tsikata, "The Rights-Based Approach to Development: Potential for Change or More of the Same?" Community Development Resources Association http://www.cdra.org.za

（2）「開発における女性の権利に関する委員会」（Association of Women's Rights in Development, AWID）は、一九八二年に北米の援助機関、大学、NGO団体に所属する二六名の有志によって、女性の人権尊重およびジェンダー平等の実現のために、開発過程の女性の役割に関する研究の奨励、情報の提供、国際的ネットワークの形成などを目的として設立された国際的な活動団体である。今日ではそ

の参加団体は世界的に広がり、参加者数は男女合わせて五千名を超える。本部をカナダのトロントにもつ。[訳注]

(3) AWID, 2002. "A Rights-based Approach to Development," Briefing Paper, Association for Women's Rights in Development, Toronto.

(4) "Advancing Women's Human Rights in the Philippines," *Pananaw*, 16, no.1

(5) Tsikata, op.cit..

(6) [訳注] 女子差別撤廃条約の全文は外務省HPを参照のこと。http://www.mofa.go.jp/mofaj/gaiko/josi/3b_001.html. なお、フィリピンは同条約に一九八〇年に署名、一九八一年に批准している。日本は一九八〇年に署名、一九八五年に批准。

(7) E. D. Battad et al. 2006. *A Gender Review of Selected Economic Laws in the Philippines.* Quezon City: Center for Women's Studies, University of the Philippines.

(8) Jean D'Cunha. 2005. Claim and Celebrate: Women's Migrants' Human Rights through CEDAW: A Briefing Paper. UNIFEM: 3.

(9) ここより Sobritchea (2006) からの抜粋。

(10) D'Cunha, op.cit.: 8.

(11) National Commission on the Role of Filipino Women. 2006. *Women's Realities and Rights: A CEDAW Brief.* NCRFW, UNIFEM and CIDA: 7.

(12) United Nations. Article 1 of the Convention of the Elimination of All Forms of Discrimination Against Women. 和訳は外務省による訳文を参照した。http://www.mofa.go.jp/mofaj/gaiko/josi/3b_001.html

(13) National Commission on the Role of Filipino Women. 2000. *Framework Plan for Women,* Manila.

(14) Center for Women's Studies, University of the Philippines. 2004. "Rights-Based Approach to Gender Mainstreaming: A Training Manual."

(15) この法律が規定する人身売買は以下の通り。「募集、移送、収容、被害者の同意もしくは知識を伴わない形での人の受取、国内外を問わず脅しや力の行使、強制、誘拐、詐欺、権力または社会的地位の乱用、被害者の脆弱な立場の利用、搾取を目的として被害者に対し拘束力を持つ人物の同意を得るべく金品を付与あるいは受託すること、搾取や売春、その他の性的搾取、強制労働や使役、身体組織の除去もしくは売買を含む」。

(16) Battad et al. 2006.

(17) Ibid: 186.

コメント1

村松安子

はじめに

これまでの五回のセミナーで、ジェンダー平等を巡る諸問題を、国際的枠組を示しながら現代フィリピンの諸課題として論じ、あわせて聴講者のそれぞれの問題として考えさせる設定を作られたことに対し、ソブリチャ先生にお礼を申し上げます。また熱心な取組みに敬意を払うものです。先生が示された現状認識、方法や課題、進むべき方向などから大きな示唆を受け、新たな課題を与えられた思いです。

コメントの前提として私のGADに対する視点を明示したうえで、以下に、概念・方法に関して二点、さらに、実践に関して二点のコメントをさせていただきます。

まず私の「ジェンダーと開発」（GAD）概念の理解を述べておきます。私は、GADを、ジェンダー研究と開発研究が交差するところに成立する新しい研究・実践領域であると捉えます。そしてジェンダー平等は、公正で持続的な人間を中心とする開発（人間開発）の重要な構成要素であり、その必要条件でもあると。さらに「人間開発」とは、人々が自由と尊厳をもって十分創造的な生活を送ることができるよう選択肢を広げることと定義します。しかしこれは手段であって目的ではありません。人々の選択肢を広げるうえで重要なのが「潜在能力」（capability）、すなわち、人間が行うことのできる様々な事柄の範囲を拡大することです。潜在能力を構成する最も基本的なものは健康で長生きすること、教育を受けること、人間らしい生活水準を享受すること、そして自らが属する地域社会での活動に参加する政治的・市民的自由を享受することです。

さらにもう一つフェミニスト経済学からの視点があります。このコメントの文脈に限定して言えば、「人間らしい生活水準を享受すること」を、通常の経済学が捉える「貨幣で評価される市場向け」の活動だけで測るのではなく「非市場向けの不払い」の活動も含めて捉える立場をとることです。

これらの立場からセミナーでの講義を検討すると、幾つかの不明確な点や、一層の展開を期待したい点が出てきます。それらを指摘することで、ソブリチャ先生の含意を明確にできると考え、以下のコメントをいたします。

1．女性の地位向上と開発・GADとの関係性

今回のセミナーでは、従来のジェンダー主流化のアプローチ（GAD）が期待に応えなかったことへの反省として「権利アプローチ」を推奨しておられます。そして、「女性の地位向上」と「開発」を別のものとする二分論では、グローバリゼーションと世界的な政治の不安定性による女性が直面する諸課題に取り組めないとし、ソブリチャ先生は、両者の統合、すなわち、「従来の」開発（GAD）論への権利アプローチの統合を提起されます。統合的な取組みが必要であるという論点には全面的に賛成ですが、統合を説得的に論じるためには、少なくとも以下の二点を明確にする必要がありそうです。

第一は、「女性の地位向上」と「開発」と「GAD」が互換的に使用されていますが、「開発」の具体的内容が明示されていなかったり、また、「開発」と「GAD」の詳しい説明がないまま同一視されているように思われます。「GAD」の「GAD Plan, Gender Budget, Gender Initiative」などとの関連が曖昧で、女性の地位向上と開発やGADの関係が開発を規定する枠組みとして提示されているようでありながら、実態があまり明確ではありません。

これは第一回目のセミナーでの提示、すなわち、フィリピンの女性運動が政治的な運動から「開発関連の仕事」(development work) に直線的に移行したとの説明に納得がゆかなかったことと関連があるかもしれません。「開発関連の仕事」とは具体的に何であり、女性の地位向上（後にジェンダー平等）と開発とはどのような関係にあるのでしょうか。

これまでのセミナーでは、ＧＡＤが国家開発政策に充分包摂されておらず、開発成果が女性の生活向上に繋がらなかったとの指摘がありました。その際、ＧＡＤが具体的に何であり、それが包摂されるべき国家開発政策がどのような政策であったのかをご提示頂ければ、グローバリゼーションの進展の下で、フィリピン女性が国内の開発に果たしうる能力と役割をもちながら、なぜ、有能な人材が移住労働者として人的資源の流出になるかの解明に手がかりを与えることになったと思われます。

講義からは、開発の成功と女性の地位向上はコインの表裏との印象を受けましたが、現在、「開発」が自動的に女性の地位向上や人々の生活のよさ（well-being）に直結しないというのが定説になっています。開発・ＧＡＤ・女性の地位向上の間の関連をより明確に捉える必要があると思います。

そもそも開発と女性（の地位向上）問題を統合しようとして最初に用いられた手法が「開発と女性」（ＷＩＤ）であり、一九七五年の第一回国連世界女性会議前後のことでした。これに対して一九八〇年代の中頃から、男女の構造的不平等の巨大な壁を破る手法として「ジェンダーと開発（ＧＡＤ）」が提起されたと、私は認識しています。このように、ＷＩＤとＧＡＤの間には大きなパラダイム転換があったことは、再度確認する必要があります。私は「ジェンダーと開発」を、ジェンダー研究と開発研究が交差するところに成立する「人間開発」と捉えています。そして、この転換が、一九八〇年代の構造調整政策期、一九九〇年代後半のアジア金融・経済危機、今日まで続くリーマン・ショックなど、この間の経済的状況が大きく変化した時期と対応していることを想起すべきだと思います。国内外での大量失業貧富、不安定雇用の増大、貧富の差の拡大など、九〇年代の中頃から起こり始めた権利アプローチのポジティヴな効果は出ていないどころか、逆の状態が生じました。「ＧＡＤ」アプローチは、ネオ・リベラルな組織・開発政策への対応手段であり、概念であるとも考えられます。権利アプローチは、確かにＧＡＤアプローチの補完となって来ました。権利アプローチは、八〇年代の構造調整期時代から人権原理・規範・原則を「徹底した」方法ではないかもしれないが、「恩恵概念ではなく」ニーズに注意を払いながら「人々の生活」に注意を払ってきたように思われます。

さらに、現在、開発計画の背後にあるマクロ経済政策やマクロ経済学のジェンダー視点の欠如が計画にジェンダー・バイアスを持ち込み、女性が開発からより厳しいマイナスの影響を受けるとの理解が進んでいます。とくに経済の大きな変動期に、経済政策の変更がもたらすジェンダー・インパクトの非対称性を注視する必要があります。フィリピンでも構造調整政策の影響があったはずですし、また一九九七年のアジアの金融・経済危機時の女性の経験は厳しいものであったと理解しています。これらの経験への言及があれば、より具体的に、理論と実践の乖離、あるいは、フェミニスト・スカラーと運動・実践家との関係にもより具体的な知見が得られたと感じます。

第二は、開発（ＧＡＤ、女性の地位向上）への権利アプローチがジェンダー主流化の代替戦略であるのか、両者は補完関係にあるのかが明らかでないことです。ジェンダー主流化はジェンダー平等を実現するための手段であり、権利アプローチはジェンダー平等の正当性を根拠付ける原理です。両者は不可分であり、ジェンダー主流化には「mainstreaming into nothing」との評価もありますが、権利アプローチで補強され、今日でもその意義を失っていないと思います。「ジェンダー主流化」が主要戦略になる一九九五年以前に世界人権会議などが開催されたことも留意すべきでしょう。

権利アプローチは、権利の保持者にはもっている権利についての理解を、権利の保護・擁護者にはその義務の履行の重要性を、そして両者にそれぞれの権利の行使と保護・擁護能力向上の増進を前提とします。これらの条件整備なしには、権利アプローチは機能しません。

2. 開発概念の明確化と「権原と権原の失敗」(entitlement と entitlement failure)

先述したように、権利アプローチは主流化の代替戦略ではなく、ミレニアム開発目標（ＭＤＧｓ）の第一が、二〇一五年までの貧困の半減であるように、貧困の克服は二一世紀の主要な人権問題です。人間らしい生活水準、適切な栄養、保健医療、教育、まともな仕事、災害からの保護は開発の目標であると同時に、人権そのものです。国家の人権に対する義務は、もっとも権利を剥奪されている人々に経済的、社会的、文化的権利を保障し、合わせて社会的進歩への参加を確保するための有効な仕組み、つまり規範、制度、法的枠組み、人権の促進を可能とする経済的環境を強化することです。このためには適切な資源の確保が必要で、女性の人権を不可分とする人権実現のための、人間を中心とする開発―人間開発（human development）―をジェンダー主流化が目指す開発目標と明確に位置付ける必要があります。私は、セミナーでの議論の延長線上で、フィリピンで主流化が必ずしも期待通りに進まなかった原因の一つを、主流化を手段としつつ人権の実現を根拠として、明確な開発概念を構築しなかったことにあるのではないかと考えています。

経済成長を仲介とするのではなく、経済的・社会的権利と経済政策をより直接的にリンクすることが、ジェンダー平等社会構築を可能とする環境作りを助けることになるはずです。女性の地位向上を明記する男女平等社会実現には、アマルティア・セン（A. Sen）が提起する、権原と権原の失敗（entitlement と entitlement failure）の概念が有効です。この概念を適用するには、「資源に対するコマンド」（支配権を握る）が必要であり、人間開発の中心概念である潜在能力（capability）の獲得を可能にするからです。これは開発を明示的にジェンダー主流化と結びつける必要を強く示唆します。権原概念は個人に適応可能であるだけでなく、社会システムとしても有効なはずであり、それが真の人権概念に基づく開発になると思います。

3．女性のアンペイド・ワーク

セミナーでは、その多くを女性が担い、女性の well-being を男性のそれより低く押さえる傾向がある女性のアンペイド・ワーク（不払いの仕事）に、殆んど触れられませんでした。特に経済的に貧しい階層の女性に負担の重いアンペイド・ワークの軽減は、とかく政府（国および地方の）の開発計画には盛り込まれないのが現実です。市など地方政府のＧＡＤ planは、どの程度この問題への取組みを盛り込んでいるでしょうか。予算制約がある場合に、この取組みと他の施策（たとえば所得創出プロジェクト）とがトレード・オフの関係になりがちですが、そうなった時、どちらに優先順位がつけられるのか、これらの具体的状況に言及されると議論により具体性が備わり、説得的な展開ができたと思われました。今後に期待します。

4．ジェンダー予算

本書の第二章の橋本ヒロ子さんのコメントに、フィリピンのジェンダー政策と開発支援資金（支援供与国からのＯＤＡ）との関係についてのコメントがありました。今回の講義のなかでのジェンダー予算の内容を見ると、ＯＤＡによる支援で実現したプロジェクトやプログラムが散見されます。すべての政府機関・部署でその予算の五％をジェンダーと開発のために使うというフィリピン版のジェンダー予算とＯＤＡとの直接的な関連を想起させます。もし何らかの関係があるとすると、ＯＤＡ予算の削減が高い蓋然性を持つとき、フィリピンのジェンダー予算の将来をどのように見通されるのでしょう。代替的財源としてどのようなものが考えられるのか、フィリピンの女性はこの蓋然性を予見して対策を立てているのでしょうか。

政府のそれぞれの部署で予算の五％をジェンダー関連に充当する（現在は計画書をつけた申請になっているようですが）というフィリピン版ジェンダー予算は、世界の多くの「ジェンダー予算」の実践の中でも極めてユニークであり、その経験をもっと具体的な形でお示し頂けたら良かったと思いました。多くの国でジェンダー主流化が期待通りに進展しなかったのは、予算の裏付けを欠いたからとの評価があります。五％という他国に比べて大きな予算を充当されたフィリピンの成果が報告されると大いに参考になると期待するところです。

現在かなりの国でのジェンダー予算は、女性運動（ＮＧＯｓの）やＮＧＯｓと議員の連携による参加型で、国や地方政府の予算の代替案を作成し、また予算の男女（異なる階級・階層、エスニシティ、居住地、年齢などを含む）の生活に与えるインパクト分析をしています。ジェンダー予算の実践は、分析への参加と当時に、政府の説明責任と施策の透明性を求める実践運動でもあります。フィリピンでも五％予算の確保を超えて、インパクト分析へとジェンダー予算のフロンティアを拡大する動きがあるとの情報もあります。この動きの展開を次の機会に伺えることを期待しています。

最後に、一つの警告を記して置きたいと思います。権利アプローチ派は当然、主要な国際的宣言・条約――一九八六年の「開発の権利に関する宣言」や一九七九年に国連で採択された「女子差別撤廃条約」、一九八九年の「子どもの権利条約」の実現を期待・要求します。

明記されていませんが、「ジェンダー主流化」も「ミレニアム開発目標」も、これらの宣言・条約に大きく後押しされています。しかし、同時に注意すべきは、人権を保障する国家が、必ずしもそれ自体で義務を行使する必要はなく、信頼しうる公共団体・法人・その他に義務を分担ないし代行させることができるという点です。権利アプローチが盛んに行われた九〇年代は、ますます、ネオ・リベラルな諸政策が、国際機関も含めてとられるようになった時期と符合しています。「権利アプローチとネオリベラリズム」との関係性については、期待に足がすくわれる可能性にも配慮しつつ、より慎重に考察すべき大きな課題だと、私は考えております。

コメント2

本山央子

近年、多くのフェミニストたちが、権利に基づくアプローチの導入に大きな期待を寄せてきた。それは、女性をはじめ、周辺化された人々の権利保障を開発の中心目標に位置づけ、国家の遵守義務を強化するからであり、ニーズから権利への言説の転換によって、女性たちは受動的な慈善の受け手ではなく、権利の主体、能動的なエージェントとして、政府のアカウンタビリティを要求することが可能になるからである。

ソブリチャ先生は、フィリピンにおける取り組みの事例を通して、権利に基づくアプローチが、女性たちが自ら法的手段を活用し、開発のプロセスと成果をモニタリングし、政府にアカウンタビリティを要求するためのスペースを広げうるかを論じている。特にフィリピンの女性たちがいかにCEDAWを活用して、政府機関だけでなく職員の個人的責任を確保しているかという報告は非常に興味深く、日本で女性の権利運動に参加するひとりとして非常に刺激を受けた。ソブリチャ先生が権利に基づくアプローチの可能性について非常に楽観的な見通しを示されているのは、まさに、こうした現場における女性たちの積極的取り組みに基づいてのことだろう。それは女性たち自身が主体的に活用することで初めて意味をもつアプローチなのだ。

開発に女性の人権視点および人権保障に関する法的枠組みを統合する必要性について、異議を唱えるフェミニストはほとんどいないだろう。私自身も、CEDAWその他の国連人権機構へのロビーイングを積極的に行うことで、女性の人権を保障する責任を政府に果たさせようと活動してきた。しかし残念ながら日本においては、フィリピンほどには、権利にもとづくアプローチの有効性を実感しがたい状況がある。

日本のNGOは、ここ数年、どれほど国連人権諸機関からいい勧告を得ることができても、それが一向に日本政府の政策に反映されない状況に、苛立ちと失望を強めている。国連へのロビーイングなど、現実の女性たちの状況改善には何の役にも立たないのではないかと、しばしば自問するくらいだ。日本政府にとって、人権条約は、何の拘束力もない紙切れに過ぎず、数年に一度の条約審査は、何もしないことの言い訳を堂々とくりかえすだけの儀式になってしまっている。その一つの理由は、日本政府が強大な経済力を持ち、国内の資源配分の政治に影響をおよぼす海外からの開発援助資金という要素をもっていないために、国際人権規範を受け入れる外部の圧力をほとんど感じないで済んでいることにあるだろう。

何度も指摘されていることではあるが、国際人権規範は、それ自体では、女性の人権に影響をあたえる国内の資源配分の政治に対し、直接的に影響を及ぼすことはできない。そのことは、世界有数の経済大国において、ほとんど資源をもたない女性運動の一員として、日々実感させられているところである。こうした状況を考えると、権利にもとづくアプローチそれ自体の重要性や有効性を論じるよりは、どのような条件の下でこのアプローチは有効になるのか、特に、伝統的な資源配分の政治に女性運動が影響をあたえるうえで、権利アプローチはどのように機能しているのか、という問題を考える方が、より重要であるように思われる。

資源配分の政治に対する女性のアクセスを考えると、フィリピンと日本の差は歴然としている。世界的に見ても非常に低い日本の女性議員比率はほとんど変わっていない。議会を通さずに、女性運動が直接的に政府の資源配分に影響をあたえるチャンネルも非常に限られており、CEDAWなど国連機関の勧告をもっても、政治権力と諸資源のジェンダー不平等な配分は、まったくと言っていいほど是正されてこなかった。

こうしたなかで、例外的に大きな進展が見られたのは、女性に対する暴力対策の分野である。特に、二〇〇一年にDV防止法が成立し、数度の改正を経て、暴力被害女性を支援する制度は確実に拡充してきた。その過程において女性運動は、国際規範を利用しながら、女性の権利を実質的に保障させるための資源配分を政府に効果的に要求してきたのである。

しかし、「女性に対する暴力」分野での成功をもって、権利にもとづくアプローチは有効だと結論づけられるだろうか。女性をジェンダー暴力にさらされやすくしている経済的社会的な地位の低さは、暴力の根絶という目標と、明示的に関連付けて示されることはほとんどない。保守政権の下で、平等な権利を主張する「生意気な」女の運動に対する「バックラッシュ」が猛威をふるうなか、「かわいそう」な暴力被害者の支援は、唯一、正統性が認められる領域とみなされてきた。女性の権利は全的なものとは認識されておらず、権利にもとづくアプローチが恩恵にもとづくアプローチにとって代わったといえるのか、はなはだ心もとない。

権利に基づくアプローチが世界的に主流化するなかで、日本の女性運動も、このアプローチに期待をかけ、実践しようとしてきたが、資源配分の政治に関与する諸アクターが共有する枠組みとなっていない限り、このアプローチがそれ自体で効果的であるとは言いがたいのではないか。だとすれば、普遍的であるはずのこのアプローチが機能する政治的文脈について、より注意深い検討が必要であるように思われる。

この点についてはソブリチャ先生も、権利アプローチが非政治化されてしまう恐れを指摘されておられるが、その危険性は以前から具体的なものとして感じ取られていたのではないだろうか。社会主義ブロックの崩壊後、一九九〇年代には、民主主義、人権と市民参加が、開発支援における鍵概念として打ち出されたが、同時に推進されたのは新自由主義経済改革であった。市場を介する「効率的」な資源配分が推進された結果、世界のほとんどの人々、とりわけ最貧国の女性にとって、権利が実現されるための諸条件はむしろ悪化していると指摘されている。他方で、ほとんどの主権国家を上回る権力を手にしている国際企業や国際機関は、アカウンタビリティの要求をかわし続けているのである。

もちろん、こうした不平等な開発を是正するためにこそ、権利にもとづくアプローチを活用すべきだとも言える。ただ、私の見るところでは、女性の権利に関する国際規範や機構の発展にはムラがあり、女性の社会経済的権利と資源配分のメカニズムは、女性に対する暴力といった領域に比べると、理論や実践の発展は遅れているように思われる。

さらに、「イスラム原理主義者による女性への暴力」を口実に軍事侵略が正当化されたことは、女性の人権言説が利用される文脈に注意を払う必要をいっそう浮き彫りにした。個々の加害者による暴力から女性を保護する国家の責任や、国家がその責任を果たすことに失敗した場合に国家主権を超越して介入する国際社会の責任は、ずいぶんと議論されてきたが、アフガン女性たちの生活を耐え難いものにしてきた複雑な権力構造におけるトランスナショナルな要素は、ほとんど議論されていない。いくつかの女性団体は、安保理決議一三二五号を引いてアフガン女性が紛争後の開発に果たす役割を擁護しようとしたが、当の「紛争」の性質に関しては一切議論を避けたのである。あるいは、「国際人身取引」防止対策が、不平等な開発が引き起こすジェンダー化された国際移動や、入国管理レジームの問題は問われないまま、推進されている状況を思い起こしてもよいだろう。

開発における女性の権利保障という原則が、公正な開発のための不可欠な礎石であり、権利にもとづくアプローチの主流化が必要であることは疑いの余地はない。しかし、真に公正な開発と女性の権利保障をかちとるには、このアプローチが機能する文脈を、より注意深く分析するとともに、「女性の権利」の意味内容を深め、資源配分の政治の基盤となっている権力関係と規範に対して、より根本的に挑戦していくことができるようなツールを鍛え上げていく必要があるだろう。そのためにも、フィリピンの女性たちの取り組みに、さらに学ぶ機会を持ちたいと思う。

第六章　フィリピンのフェミニスト言説にみる女性問題とジェンダー不平等の表明

はじめに

フィリピンは、東南アジア地域の中でももっとも女性運動が活発な国のひとつである。フィリピンの女性運動は、さまざまな社会階級、イデオロギー、宗教、そして職業に従事する女性が担い手となって形作られてきた。長い間運動に関わってきた女性たちは、女性に対するあらゆる人権侵害を根絶し、さまざまな資源や機会アクセスにおける男女不平等を軽減するために、精力的に活動してきた。その過程で女性たちは、国家や主流社会、社会機構に対して、公／私の両領域、法制度、文化や習慣、社会関係に根強く残る性差別に対し、鋭い批判を行ってきている。

本章では、学術研究でよく参照されるフェミニスト文化人類学的な知見に関する試論を展開する。具体的には、ジェンダー不平等についての解釈、女性抑圧に関する実証研究、それらによるフェミニスト理論の方向性や展開に対する影響について検討していく。本論における私の主張とは、ＮＧＯ組織や学術研究、住民グループで活動するフェミニストたちにとって、社会的周縁化を問い直すための批判的言説は両刃の剣であり、団結にも緊張関係を引き起こす要因にもなるということである。女性やジェンダー問題に関するナラティブや文言は、調査報告書や芸術作品、開発プログラムの策定、アドボカシー資料、トレーニング・マニュアルなど、種類を問わずこれまで出されてきた幾多の文書に組み込まれている。

言い換えると、女性やジェンダーに関する論議は、フェミニスト研究という学術領域をはるかに超えて影響力を持っており、開発事業や運動に携わるフェミニスト活動家にも及んでいるのである。

本章では、フェミニストの間で「第二波女性解放運動」と目されてきた運動の生成と、その発展を示す重要な出来事を軸に、歴史的に概観していく。これを背景としながら、フィリピンのフェミニストたちが生み出してきたさまざまな議論の軌跡とその内容について、一層理解が深まることを期待したい。

前半では、ジェンダー不平等の原因、形態、表明に関する理論構築をねらいとする初期の主流的な女性解放運動の試みを検討する。初期のフェミニスト論議は、女性が置かれていた立場や状況についての異議申し立てが、階級秩序や家父長制に彩られた文化、社会、政治的文脈からの制約を大きく受けていたことを検証していく。後半では、国連という場で展開された女性の地位およびジェンダー関係をめぐる取り組みが、ローカルなレベルで実践されている女性解放的な活動にどのような影響を及ぼしてきたか、また国連での取組みが貧困階級やその他のマイノリティ集団出身のフィリピン女性が置かれてきた状況をいかにして改善しうるのかという点を検討していく。

一　民族運動、階級格差、そして女性問題

拙稿（Sobritchea 2004a）において、フィリピンの第二波女性運動は戒厳令下にあった時期（一九七二〜一九八六）[1]に萌芽したと私は指摘した。しかしながら、ピリピナ PILIPINA（Kilusan ng Kababihang Pilipina フィリピン女性運動）やカラヤーン KALAYAAN（Katipunan ng Kababihan Para sa Kalayaan 自由のための女性運動）といった、女性解放を掲げる女性たちのグループが形成されたのは、ようやく一九八〇年代に入ってからであった。創成期の女性解放運動に参加し、後にガブリエラ GABRIELA（General Assembly Binding Women for Reform, Integrity, Equality, Leadership and Action 改革・統合・リーダーシップ・行動のための女性連合）と名付けられた女性運動の連合体を創設した女性たちは、その多くがフィリピンの民族運動においてその中核を担っていた。彼女たちは軍政を終結させ、フィリピンの政治、社会、経済構造を根本的に変革するための闘いを率いる立場にあった。その他、創成期のフィリピン女性運動には、社会開発や市民のために活動するＮＧＯ出身の女性たちが数多く関わっていた。

創成期の女性運動では、女性に関する問題よりも一般大衆が抱えている社会問題、すなわちごくわずかな富裕層と、圧倒的多数の貧困層の間に横たわる階級不平等の解決が優先課題とされ、そのような認識に基づき活動を行っていた。つまり、女性たちの政治活動は、その実践において、民族運動のような主流の社会運動の行動指針と不可分であるべきと考えられていた。しかし後にこのような認識は、一部の女性活動家が階級とジェンダー不平等を同時に問題提起すべきと要求したことで修正されることとなった。その結果、一九七〇年代初頭、民主的青年運動ＳＤ（Samahang Demokratikong Kabataan）の女性組織であるマキバカ MAKIBAKA（Malayang Kilusan ng Bagong Kababaihan）が、フィリピン初の女性の民族運動家たちの運動体として設立された。マキバカは、「女性を政治運動に動員するのみならず、女性たちの意識を向上させる」必要性に基づいて設立された運動体である（De Dios 1994）。アンヘレスの表現にならえば、女性運動家たちは、「闘争を個人のレベルまで引き下ろす」ことを可能にするために、従来の運動が提供しうるより一層大きな運動空間を求めたのである（Angeles 1989：Sobritchea 2004a: 45で引用）。

ここで重要なポイントとして、フィリピン女性運動の創成期に、マルクス的概念である「農民問題」から借用された「女性問題」というフレーズが、メアリー・ジョン・マナザンにより導入され、広まったことを指摘したい（Mary John Mananzan 1987a：52）。初期のフィリピン女性運動は、女性の経験を考察するにあたり、このフレーズを使用することを通じ、ジェンダー不平等の起源を新植民地主義と、封建的な社会構造が生み出した階級という文脈に即して解釈しようとしたのである（Gomez 1987; Santos 1987）。

しかし「女性解放」への希求は、人々にあまり受け入れることがなく、とりわけ一九七〇年代はそうであった。事実、一部の民族運動のグループは、「温情的庇護者」にはならなかったとはいえ、女性解放を求める運動をあからさまに敵視し、これを民族運動を分裂させかねない無用物であると断じた（Angeles 1989）。サントス（Santos 1984：10）によると、当時の女性運動に批判的な側は、階級問題は「総合的関心を寄せるに値するが、女性問題は、あいまいかつ抽象的であり、物質的基盤を欠くもの」と批判した。サントスによれば、ありふれたナショナリズム言説、すなわち「女性問題とはより広義の運動の枠組みに照らして明示化することがつねに可能」であり、「女性解放とは大衆がすべからく階級闘争から解放された後に果たされるべきもの」という主張がされたのである。

当時はフェミニストの間でさえ、ジェンダー問題は広義の国民的な課題、すなわち、農地改革や貧困、帝国主義といった問題の下位に位置づけられていた。たとえば、カイバKAIBA（変化を求める女性）という初の女性政党を設立したメンバーであるゴメスは、次のように主張した。「ジェンダーに限定して問題を提起するやり方では、女性抑圧に対して総合的に対応しえないことが歴史的に明らかである。女性とは階級および民族を同じくする男性と利害関心を共にしているのであり、これを推進するために、危機や苦難に対してともに闘っていくべき存在である。このことは歴史により証明済のことなのである」（Gomez 1987：59）。「自由と正義のためのより広義の運動」とは別に、女性が活動することを危険視する風潮があった。

自律的な女性運動を擁護するために、サントス、ド・ディオス、カーグサン、そしてティグラオらフェミニストたちは（Angeles 1989）、これに対する際限のない疑念に応答しなければならなかった。階級闘争を優先する風潮に抵抗を挑んだ者がいた一方（Pagaduan 1989）、非難に応答せず、かわりにフェミニスト研究に専念する者もいた。彼女たちは戦略として、女性が置かれた状況や経験の分析領域を、生活に関わる文化、社会、政治、経済分野などを含む幅広いものに設定した。最終的には、貧困や依存型資本主義のような多様な国民的問題は、男性と女性とではそれぞれ異なる影響を及ぼしているうと強調することで、民族的な運動言説をジェンダー化しようとした。医療、教育、就労機会等へのアクセスにおけるジェンダー不平等はすべて、フィリピン国家の脆弱性と、帝国主義勢力による地域社会への大規模な介入に結び付けられた。

二　階級抑圧と女性——複数の重荷、性役割のステレオタイプ化、女性身体の商品化

一九八〇年代初期、フィリピン社会におけるジェンダー不平等性を証明するために私たちフェミニストたちは、これを説得的かつ確実に証明するためのデータを抽出する必要性を感じていた。私はフィリピン初のフェミニストのグループであるカラヤーンの設立メンバーであり、当時のことを鮮明に覚えている。私たちの研究は西欧フェミニスト理論の影響を受けていたが、フィリピンの草の根の女性たちと顔をつきあわせた交流から多くの示唆を受けていた。フィールド調査やコミュニティの組織化を通じて、私たちは、職業、階級、年齢等といった集団ごとではなく、これを横断する視座から女性が置かれた状況を記述するという、非常に困難かつ複雑な課題に取り組んだのである。当時の研究成果を振り返れば、フィリピン女性はなぜ、どのようにして権力から遠く離れた周縁部分に放置されてきたのか、実に様々な視角から考察を深めようとしていたことに我ながら驚くのである。

サントス（Santos 1987/2004）は、「女性は本当に天の半分を支える存在なのか?」という画期的な論考の中で、女性運動、あるいは「運動と認識されているもの」の歴史を跡づけている。「断片化され」「分裂した」女性たちの自己認識こそが、階級やジェンダーによる抑圧から女性たちが完全に解放されることを妨げるおもな障害物であると語っている。

女性たちの利害関心は、初期の段階において、フィリピン女性全体を表すイメージを具体的な歴史社会的状況の中

で形成されたものとして描き出すことに失敗したために、分断が生じたのである。われわれの歴史、とりわけ一八九〇年代後半から一九五〇年代にかけての歴史を見ると、女性は社会参加において共通の認識や目標を主張してこなかった。ゆえに分裂が生じた。とはいえ、女性たちは自身のことを真剣に考えていなかったわけではない。実際女性たちは、分断され、分裂していたにもかかわらず、（彼女たちが置かれていた）社会文化的な状況と果敢に対決をしてきたのである（略）（1987：36：2004：25）。

興味深いことにサントスは、女性の周縁化の要因を「半封建的かつ半植民地支配的な」社会構造に組み込まれた家父長制からあらがいようのない影響を受けたためというより、むしろ女性たちが自らの声をあげたうえで、女性の集団を形成し、女性の社会空間を維持することできなかったからであるという立場をとっている。この部分につきサントスの意図は、ナショナリスト運動からの一部の女性メンバーの離脱を正当化することにあったと思われる。「細分化された自己」というメタファーを使いながら、サントスは、女性たちが自律的で確固とした運動体を形成することが緊急の課題であると強調した。サントスの運動論は、カラヤーン、およびカラヤーンが設立支援をしてきた姉妹団体に採用され、フィリピンのフェミニズムとその実践を推進する社会空間の創出を政治的かつイデオロギー的に可能にしてきた。

他方ノラスコ（Nolasco 1987）は、階級と国家権力からの抑圧に対し、フェミニスト視点をより鮮明に打ち出している。ノラスコの立場は「封建的家父長制」、すなわち性に関する倫理規範が男性と女性で異なることや、男性の性役割や見解、ニーズを女性のそれよりも優先させることへの批判によく表れている。ノラスコの主張はこうである。女性は搾取される側の階級に属している。ゆえに、収入やさまざまな恩恵に浴する機会において不利を被っているのであり、意図的に価値を低められた役割や職業に追いやられているのである。フィリピン人女性は、多国籍企業や帝国主義勢力による継続的な市場操作のために経済危機が起きた際、家族の基本的ニーズを満たす役割を、男性よりも過分に負担させられてきた。以上のノラスコの見解には、第三世界の一市民としての立場が表明されている。

実のところ、女性は女性であるというだけではない。女性はすべて、特定の社会階級に属しており、その階級に付随した搾取と抑圧を受けている。

大部分のフィリピン人女性は、敵対する階級からの搾取と抑圧を受けている。フィリピンの労働者や農民階級の女性たちは、地主や資本家階級と敵対的な関係にある。多国籍企業は安価な労働力を求めて工場を設置するが、そこで働いているのはたいてい女性である。

農民階級の女性は、夫に加え、いうまでもなく封建制という抑圧と不公正に苦しめられている。とはいえ農業に従事する女性は、ほとんどが無償労働である。さらに家庭の中で食べ物がもっとも多く分配されるのは父あるいは長男であり、もっとも栄養不足であるのは母親である。

第三世界、かつ強権国家の市民である女性たちは、アメリカ帝国主義に支援された独裁政権（戒厳令）の犠牲者として、さらなる抑圧に苦しめられている（1987：83 - 5）。

研究者やＮＧＯ組織（たとえばLynn and Santos 1989；Carlos et al. 1990; Center for Women's Resources 1995）のフェミニズム論は、フェミニスト研究視角からのマルクス的分析のためにデータを提供し、女性が抱えている問題に関するより綿密な実証研究を行うようになった。さらに女性問題を明らかにするうえで、農村の実態に即して性分業を分析することがより重要視されるようになった。とりわけ機械や大量生産といった近代的農業方式の導入は、女性による農業労働や収入の獲得を困難にした主要因とみなされた。フェミニストの一部は、従来政府機関が実施してきた農地改革では、土地の名義や技能訓練の機会が女性よりも男性により多く付与され、よって農地改革を男性優遇的な制度とみなした。その原因として、東南アジアの多くの地域社会では、伝統的に女性は農業生産に関わらないものであるとする、一部の農業専門家による誤った前提があった（IRRI 1985; Illo 1989）。新植民地主義においては、多国籍企業が所有する産業に女性が安価な労働力としてますます投入されることとなった。外国資本投資や多国籍企業の増大は、都市部や米軍基地が存在する地域で売春や「エンターテイメント」産業の増殖を引き起こしたと断じた。

女性に課せられた重荷の根本的原因を既存の経済構造に求めること、それはすなわち、そのような構造を支えているイデオロギー装置を徹底的に問い直すことを意味する。この点に関して私は、日常生活の中で当然のこととみなされてきた文化的実践に埋め込まれているジェンダー・イデオロギーの解明に力を注いできた（Sobritchea 1987）。つまり、女性を家庭領域に結びつけるイデオロギーや、フィリピン女性というアイデンティティ構築が、文化的システムの中にどのように配置され、マルクス論者の言う「虚偽意識 false consciousness」をいかに生み出しているのかを明らかにしようとした（たとえば Rodriguez 1990 : Santiago 1997）。

サントスは「断片化され」「分裂した」〈女性〉アイデンティティについて語ったが、これに対し、私の女性に関する解釈とは、自己の客体性を主観に反するものとして把握しえない存在というものである。一九九〇年代初期、私たちフェミニスト・グループがフィリピン初の学術的ネットワークを設立した際、女性は「虚偽認識」に囚われているという考え方をめぐって長時間議論を尽くした。この考え方は、「眠れる女性ゴリアテ[2]」、すなわち内面的にすぐれているにもかかわらず、自己や社会を改革する能力を開花させないままにあるというイメージを固持しようとする友人から大いに批判を受けることとなった。

結局のところ女性解放の政治を推進する原動力は、これに関する政治経済的な枠組みに大きく依存している（Eviota 1992）というのが私の主張である。概念枠組みは、あらゆるジェンダー啓発ワークショップ、いわゆる「女性が置かれている状況」についての実態調査やコミュニティ活動プログラムの柱になっている。これらジェンダーに関する認識を向上させる努力は、女性がいくつもの重荷を負わされ、ステレオタイプ化された性役割を付され、性的存在として扱われることにいかに苦しんでいるかを示すことに傾けられた。

三　国連での取り組み、および女性＝「開発における男性のパートナー」とする視角

初期のフェミニスト言説は、民族的な運動言説と強く結びついていたが、これとは別に女性運動を活性化させた重要な出来事があった。ひとつは、女性の地位を人権向上と開発への参加を通じて推進させるよう締結国に圧力をかけた国連の動きである。これに加えて、全国の主要大学で女性学講座が増加し、より理論的で実証的な学術研究が推進される条件が整備されてきた。

国連による国際的、地域的な会議へのＮＧＯ参加が制度として整備され、開発の「ジェンダー化」という枠に限定されつつも、女性グループはさまざまな問題に関してアジェンダや共同声明の表明が可能になった。一九七五年のメキシコ国際女性会議は、開発に絡んで女性が抱えている問題を議論する初のグローバルな試みであった。この会議において国連組織と締約国は、開発への女性参加の増加を義務とし、これを十分に果たすという誓約をした（UNICEF 1994）。国連のイニシアティブは、一部の急進的な女性グループからの抵抗にあったものの、女性が置かれた状況に関する総合的な研究や、開発プログラムの効果にみるジェンダー格差の評価について、政府的取り組みを推進することとなった。そして一九九五年、フィリピン政府は、「フィリピン女性の役割委員会」[3]（The National Commission on the Role of Filipino Women.

二〇〇九年に「フィリピン女性委員会 The Philippine Commission on Women に改称)」を創設した。女性の役割委員会は、東南アジアで設立された、女性の地位向上に関する初の国内本部機構となった。

女性グループが蓄積してきたデータを補完する形で、国内の政府機関や学術研究もデータ分析を行うようになった。国外機関からの財政支援により、女性に関するデータの産出や問題分析が、従来よりも総合的かつ体系的に行われるようになった。こうした努力の結果、大量のデータに基づく形で、政策と制度改革が大きく促進されることとなったのである。

並行して国連では、女性の権利を擁護し、女性の社会、経済、政治的立場の低下を防止するメカニズムを推進する機構を創設した。国連は一九七九年の国際会議において、女子差別撤廃条約(CEDAW)を採択した。同条約は、開発プロセスにおいて女性が担当する役割が重要であることを確認し、締約国がこれを推進するための条件整備に努めることを要請した。この条約はまた、金融や保健サービス、教育といった資源について、男女平等の権利を保障するものであった。条約採択後の数年間で、男女間の平等な権利を保障するための一連の施策が国際規模で採用された。フィリピンの女性グループは、これら地域レベル、および国際レベルで展開されたイニシアティブに積極的に参与し、女性の利益に反する幾多の国内法制度を改正するための道具としてこれを活用し、ロビー活動を展開してきた。われわれはフィリピン女性のために、さまざまな差別からの法的保護を提唱し、これまで成功を納めてきた。

開発プログラムを通じた女性の利益向上という枠組みに関し、その発展という意味で、さらに画期的といえる出来事について述べたい。一九八五年にナイロビで開かれた第三回世界女性会議では、「国連女性の地位向上のための将来戦略」が採択された。それまで国際会議では、女性の問題を他の問題と切り離した形で検討したり、提言が行われていた。これにかわって、「国連女性の地位向上のための将来戦略」では、女性そのものを「問題」とみなすようなプログラムと異なり(UNICEF 1994; CIDA and MATCH 1990)、ジェンダー関係と、性的アイデンティティの社会構築性に焦点をあてるようになった。これにより、開発における女性の問題を分析するにあたり、資源に対する権限や意志決定プロセスにおけるジェンダー不平等に焦点があてられるようになったのである。

「国連女性の地位向上のための将来戦略」では、開発を通じた女性のエンパワメント概念が導入され、従来のアプローチ、すなわち「効果」目標の達成を主眼とする女性対象プログラムには批判的であった。「国連女性の地位向上のための将来戦略」では、開発とは、開発それ自体をねらいとするのではなく、開発を手段とすることで、両性間の平等が推進されるべきであると明確に述べられている。「将来戦略」行動計画の実施後一〇年、北京で開かれた第四回世界女性会議では、同計画で合意された行動の成果があらためて評価され、女性の地位向上のための国内的取組みを促進する、あらたな枠組みが策定された。ナイロビ将来戦略の成果をもとに策定された「北京行動綱領」では、一二の重大問題領域における行動提案と、「ジェンダーと開発」をめぐる議論に人権という視点を統合することで、「女性のエンパワメントによるジェンダー平等」という枠組みが強化された（CIDA and Match 1990：32）。

女性が置かれた状況に関するデータ収集、そして開発計画や政策プログラムにおけるジェンダー配慮を原則とする取組みを促進するために、次の二つのアプローチが取られた。「開発と女性（Women in Development, ＷＩＤ）」および「ジェンダーと開発（Gender and Development, ＧＡＤ）」である。前者の開発と女性アプローチは七〇年代初期に欧米で使われるようになり、数年後アジアにも導入された。開発と女性アプローチとは、賃金や教育、医療サービスを含む、途上国での生活水準の向上は、経済成長と工業化、教育分野への集中的投資によって改善されるものとする近代化パラダイムの前提と深く結びついていた（Rathgeber 1999：49）。開発と女性アプローチでは、男性と女性とでは、社会経済的資源へのアクセスに大きな格差があるという認識がある一方、家計指導や融資といった資源やサービスの提供により、経済生産領域への女性参加を一層可能にすることが問題解決のための中心的戦略とされた。このアプローチでは、アジア女性の圧倒的多数は経済生産性が低いと前提され、東南アジア社会のジェンダー関係や女性の地位を決定する複雑な社会的状況はほとんど考慮されることなく、トップダウン式の開発計画が行われることになった。このアプローチでは、女性の労働生産性のみが注目され、再生産あるいは家庭領域での労働分野における女性の役割や責任が看過され、矮小化される傾向があった。

一九七〇年代なかばフィリピン政府が開発と女性（ＷＩＤ）アプローチを採用したことで、女性を対象とする数多くの生活プロジェクトや融資プログラムが創出された。しかし、多くのプログラムは失敗に終わり、受益対象者の経済状況の改善には結びつかなかった。むしろこれらのプログラムは、日常生活で仕事と家事のやりくりに苦心する女性たちの負担を一層増やすものであった。女性と開発アプローチでは、経済成長のみに力点が置かれ、女性労働が、効率性と生産目標達成のために行使される結果となった。そして、このような開発と女性プログラムによる家庭生活や女性の健康に対する悪影響は、ほとんど顧みられることがなかった。ロングィLongweによれば、「女性の開発プロセスへの関与を検討し、変革に向けて努力するにしたがって、開発従事者と理論家らは、女性が抱えている問題の検証や提言が、諸問題と切り離された形で行われていることこそが問題であると認識するに至った」(UNICEF 1994 : 2)。こうして社会の中の権力関係やアイデンティティ、役割、権利と義務などの社会構築性に、より焦点があてられるようになった。このような認識的変化によって、政府と女性団体双方によるジェンダーと開発（ＧＡＤ）アプローチが具体化されることとなったのである(National Commission on the Role of Filipino Women, 2001)。

ジェンダーと開発アプローチでは、意思決定プロセスにおけるジェンダー平等を推進し、これを通じさまざまな機会アクセスにおけるジェンダー平等の向上が目標とされた。このアプローチでは、多くの社会では男性の意見や男性に付随する役割が、女性のそれよりも優先されていること自体、女性が男性と同じレベルで開発に参画することを困難にし、さらに女性が担っているさまざまな経済的役割に対する認識が深まらない原因であるとされた。女性が置かれた状況の改善には、ジェンダー関係や性役割、男女で異なる権利や義務に関する意識変革が必要とされた。ジェンダーと開発アプローチは、一九八六年までに数多くの女性グループとフィリピン政府に採用され、ジェンダー啓発セミナーや開発プログラムの策定、評価の際の枠組みとされた。

ここで強調したいのは、ジェンダー不平等に関し、その要因をフィリピン社会の政治経済構造にあるとする見方から、技術や資本、権力等の資源や利益アクセスにおけるジェンダー不平等へと焦点が移行したことである。女性解放運動がよりリベラルな方向に向かったことで、政府との連携をめぐり女性グループ間で態度や見解に変化がみられるようになった。一九九〇年代に入り、資金供与機関からの推奨によって、フィリピンにおける女性解放論や実践は、コミュニティの組織化と、女性が受ける利益への配慮や資源分配を政府に対して要求することに焦点をあてるようになった。すなわちフィリピンのフェミニスト言説は、（かつてのように）国家に対抗しその解体をめざすのではなく、国家レベルで行われる政治や機関、政策プログラムにおいて、女性の地位や社会保障に関する配慮が少ない状況を改善することに重点があてられるようになった。

他方、女性学研究では、学問分野に関わらず、当該分野で主流となっている理論や構造、教育方針に埋め込まれているジェンダー・バイアスの析出に焦点があてられるようになった。これにより、文学や口述テキスト、社会空間、芸術作品、言語などの領域で、これまで女性が周辺化されてきたことがさまざまな視角から検証され、明らかにされるようになった。フィリピン女性研究学会（Women's Studies Association of the Philippines）は一九八八年の設立以来拡大しており、大学教員や研究者など所属会員は三〇〇余名に達し、大学などの機関会員は三四にのぼる。フェミニスト視角からの知識は、学部と大学院の両レベルにおいて、教育カリキュラムに体系的に組み込まれてきている（Sobritchea 2004b）。

四　国連と女性運動、ジェンダーと開発（ＧＡＤ）の導入

開発援助への外国機関参入や、女性グループによるアジアにおける国際的、地域的な会議参加を通じて、女性グループ

の活動が極めて活発になった。たとえば私が関わったネットワークや非政府組織は、従来より頻繁に会合を行うことが可能になったことで、問題や行動プログラムについて共通の立場を形成しやすくなった。また介入プログラムの策定にもパイロット的な段階から関わり、フェミニスト視点を導入したプログラムが公的機関で恒常的に取り入れられるようになった。そのほか、学校や病院を基盤とする危機カウンセリング、児童や少女虐待に対応するワン・ストップ・サービス（暴力被害者に対し、安全保護や法的・経済的支援、生活援助等について一か所で対応可能な施設）、生活訓練センターなども含まれる。女性グループによる主な貢献は以下の通りである。

・女性を虐待から保護し、さまざまなサービスや融資などの便益にアクセスしやすくするための立法化、および法改正。
・貧困女性・子ども、その他周縁化された社会集団に対する、社会保障、保健、経済サービスの直接供与（リプロダクティブ・ヘルス・ケア、法律相談、融資プログラムなど）。
・ジェンダー行動計画、ジェンダー主流化、その他関連事項に関する公務員や政策立案者を対象とする研修
・市町村など地域レベルで行われる開発関連の協議への参加
・政府による女性対象プログラムのモニタリングと評価
・政策プログラムの策定や改善に関するアドボカシー・キャンペーンと支援
・一部の女性グループによる政党政治への参加（The Philippine NGO Beijin +10 Report Team 2005）.

以上のような展開によって、その他の緊急的課題への取り組みがしにくくなるという弊害があったが、その原因は数多くの問題が競合することで、エネルギーが拡散されることにある。より深刻な問題として、女性が抱えているすべての問題に対し、配慮を払おうとするあまり、優先順位や焦点課題が設定されず、政府プログラムにジェンダー平等原則を織り

込むだけに終始するという懸念がある。タギワロ（Taguiwalo 1998：125）は、女性学プログラムの方向性に関し、次のように主張している。

女性の不可視化や、社会に広く行き渡っているジェンダーのステレオタイプを根絶する試みは、まだ改善すべき点はあるものの、大学機関において比較的強化されてきたといえる。この間、数多くの出版物が刊行され、とりわけ社会科学や芸術、人文学などの分野では、女性の状況や女性の視点を中核にするようになった。他方コンサルティング分野でも、農業、環境、非政府組織等の分野で開発を担当する官僚機構の中で、ジェンダー啓発やジェンダー主流化はいわゆる成長産業となり、これを専門分野とする研究者の雇用創出が男女ともに進んだ。

おおむねこのような取組みは、不平等なジェンダー関係に焦点をあて、政策提言やガイドラインの提案、組織改編を通じて変革が行われるよう方向づけられてきた。だがこうした活動は、貧しいフィリピン女性を使い捨て可能な安価な労働力に仕立て上げ、家庭やコミュニティから女性たちを切り離す形で行われたのであり、支配的な経済政策や開発の推進に本質的な疑問をさしはさむことはなかった。

タギワロの言葉は、女性グループが今日直面しているジレンマを的確に表している。以上の指摘は、女性運動にみる、困難な課題を提言する能力の限界を示しており、今後議論を要する問題である。

女性をめぐる問題構成が、ジェンダー不平等の基盤構造から国連における開発モデルに移行したことにより、女性の周縁化の提示方法にも変化が起きている。とりわけジェンダーと開発アプローチに関する議論では、マクロ経済モデルにおけるジェンダー・バイアスが改善されるには至らないものの、必然的に多くの変化がもたらされ、既存の政治経済構造においてジェンダー平等が推進されている。このほか今日的な問題として、周縁化をめぐる議論の中核にジェンダーおよびジェンダー関係を据えたことで、女性をめぐる問題領域が、男性を主流とする政治に絡めとられる危険が深まったことを指摘したい。

五　労働搾取から身体的搾取へ

近年のフィリピン女性解放論にみる重要な論点として、セクシュアリティの政治や生殖に関する権利の領域における展開をあげたい。グローバルに展開されているフェミニスト運動は、紛争下や人身取引、海外出稼ぎなどにおいて、女性に対し加えられてきた身体的、性的暴力が悲惨なレベルにあることを明るみにし、この動きに影響されて、フィリピンでも性暴力等の「個人的」とされてきた問題を提起する女性運動が現われている。このあらたな運動の方向性は、アイデンティティやセクシュアリティの政治を理論的立脚点とするあたらしい世代のフェミニストたちが運動に参入してきたことで、ますます推進されたように思われる。リプロダクティブ・ヘルスに関する女性の権利や性暴力に関する取組みが一九九〇年代初期に始まって以来、多くの女性組織（フィリピン大学女性学研究所の調査では二〇〇〇年の時点で一五〇を数える）が、身体および性的暴力、性売買、ＨＩＶ／エイズ、その他の関連プログラムに関わってきた。この分野で活動する女性グループは、性売買や妊娠中絶、政府との関係などを争点として理論的および政治的亀裂があるものの、女性の身体に加えられる家父長制からの攻撃は火急に対応すべき問題であり、搾取の中でももっとも悪質なものとすることに関しては合意がみられる（Mananzan 1987b）。

「アジア太平洋地域における女性取引に反対する連合（Coalition Against Trafficking in Women Asia-Pacific, CATW-

Asia Pacific)」など、セクシュアリティおよび生殖に関する権利の分野で活動を行っているいくつかの女性グループがあるが、メンバー間で性売買をめぐる立場の違いが深刻になっている。女性取引に反対する連合のメンバーは、性売買および性奴隷制度を女性の人権に対する深刻な侵害とみなしているが、それは被害者の大部分が貧困ゆえに取引の対象とされてしまうことを理由としている。しかし、まったく異なる立場をとる女性グループも存在しており、西欧諸国の一部でみられる傾向に同調しつつ、人身売買を性的自由の一形態あるいは「新種の」人権とみなし、これを合法化しようとする動きが見られる。この動きについては、EUでは一九九七年以降オランダが率先しているが、「アジア太平洋地域における女性取引に反対する連合」は、これを強く非難している。以下は近年刊行された提言である。

注目すべきことに、自由のための女性の権利にかわって、あらたに女性の自己決定権という用語が、オランダをはじめとする国際機関の文書や会話などでますます使用されるようになっている。両性間の平等に代わって、「女性のエンパワメント」という言葉が使われるようになり、「性的権利」なるあいまいな用語が性売買の蔓延に拍車をかけている。同様に、「性労働」「性売買」が、「仲介」「売春業者」「売春宿のオーナーあるいは経営者」「性産業経営者」などに取って替わられつつある。売春婦は「性労働者」もしくは「性就業者」という用語に言いかえられつつある。オランダでは、客は「売春の消費者」と称される。彼らは抑圧団体を形成しようとする時以外、匿名であり続ける(CATW-Asia Pacific 1987 : 5)。

フィリピンでは、女性運動の大半が売春に反対する立場をとっており、これはフィリピン国内外における政治経済的現実をどう理解するかということに関わっている。というのも、人身売買に身を置くようになったり売春を強要される女性たちは、概して貧しく、ほとんど、あるいはまったく教育を受けたことがない人々だからである。さらに、そのような女性の大半は、独身あるいはシングルマザーであり、幼少期や婚姻中に暴力の被害を受けているという現実がある。

六　貧困および階級格差――フィリピン女性解放論との再統合

近年フィリピン社会を動揺させた政治経済的危機は、貧困と階級格差においてジェンダーの問題が緊急の課題であることを再認識させることとなった。女性運動は、土地に対する権利や雇用、食料、融資などへのアクセスから女性が疎外される問題を、貿易自由化やグローバル化などの社会的不安定要因に即して再考しはじめた（例としてIllo and Ofreneo 2002）。女性学研究は、貧困問題をインフォーマル・セクターで働いている圧倒的多数の女性たちの問題と結びつけ、構造調整プログラムによる甚大な弊害との関連性を明らかにしてきた。莫大な対外債務と貿易セクターの縮小が相乗的に作用した結果、農業分野への補助金削減、直接税の増大、公共インフラの民営化、保健医療分野への資源分配削減といった影響が出てきた。

フィリピン女性をめぐる問題視角は、マクロ経済政策と貧困撲滅プログラム、階級格差の解消の失敗とより一層結びつけられつつある。これは理論的にいえば、女性の権利と利害関心は社会構造レベルで勝ち取られるべく、持続的な取り組みが必要ということを意味している。女性学研究は、貧困女性やその他の周縁化された女性たちが長期にわたって利益を受けられるように、社会構造改革を続けていかなければならない（Taylor 2000）。以上のことは、開発理念の徹底的な見直し、マクロ経済計画および法制度の再編、教育制度の改革、さらに政策統治のジェンダー化によって可能となるであろう。

結語

本章では、女性の周縁性の問題をめぐって、フィリピンのフェミニスト言説は多様なアプローチをとってきたということを明らかにしてきた。女性に関する問題視角は、フィリピンでは、民族的な運動言説と国連レベルでの取り組みを通じて形作られ、法律改正や開発プログラムにジェンダー平等概念を統合することに力を注いできた。女性をめぐる問題視角は、当初、ジェンダー不平等の構造的要因――貧困、外国依存型資本主義、男性を中心とする文化――が強調されてきた。さらに、外来のさまざまなフェミニスト視点に基づく分析ツールを創造的に援用しつつ、これを国内の実践現場に適用し、さらに発展させたことにより、女性の周縁化に関する理論化は民族運動言説という枠組みをはるかに超えるものとなったのである。理論化の過程で、家父長制と関連する他の局面についても再考がなされ、セクシュアリティ、身体、ジェンダー関係の社会構築性が提起されている。この章では、見解の違いによってフェミニスト政治戦略の分化が進んだことにも言及した。フィリピンの女性運動の未来、あるいは意思決定プロセスに対する波及効果は、われわれが優先課題や女性解放に関する立場の違いを互いに尊重しつつ、いかに協働できるかということにかかっているといえよう。

（翻訳：徐阿貴）

注

（1）マルコス大統領（当時）が一九七二年に戒厳令を発して以降、社会運動の多くが非合法化された。軍による過酷な人権侵害に対し、市民は不服従で応じ、騒乱を起こした。拷問、共産主義者の嫌疑をかけられた者の違法拘束、女性拘束者のレイプ、非合法活動を匿ったとみられるコミュニティの強制移動などは、この時期に行われた罪悪の一部にすぎない。一九七二年時点で数百にすぎなかった「新人民軍」反乱兵は、一九八五年には常備・非常備あわせて三千人もの武装ゲリラに膨れ上がった（Malay 2001 : 47）。

（2）旧約聖書サミュエル記に登場する巨人兵士のこと。さしたる兵器をもたない羊飼いダビデに倒された。このことから、弱小な者が強大な者を打ち負かす喩えができた。

（3）フィリピン女性委員会（二〇〇九年以前はフィリピン女性の役割委員会）はこれまでに、さまざまな女性団体や女性学研究者と緊密に連携しつつ、国レベルで行動計画を策定しジェンダー平等を推進してきている。また地方のフェミニスト活動家と連携して、ジェンダーに関する行動計画策定やジェンダー主流化の分野で政府職員を対象とする研修を行っている。

第七章　ジェンダー、貧困、フィリピン経済——変化の潮流と展望——

一　導入

フィリピンは多くの途上国と同様に、一九九七年にアジアを直撃した一連の金融危機によって多大な被害を被った。金融・製造業部門の縮小、南部のテロ活動による政治的不安定、そして争いの絶えない全国選挙によってフィリピン経済は弱体化した。危機は直接的影響として、あらゆる部門における失業率の上昇、製造業、農業における生産性の低下、そして社会開発プログラムに割り当てられる政府資源の欠乏をもたらした。一九九〇年代初めにフィリピンが経験した経済成長は、またしても農村地域の貧困家庭の所得低下を妨げることはできなかった。

二〇〇〇年における貧困率は二八・四％であり、一九九七年の二八・一％から上昇した（NSCB 2003）。この数値はおよそ四百万五千もの家族が貧困下に生きていることを意味する。経済の弱体化が家庭に及ぼす影響は以下の現象に見てとれる。主要消費財価格の上昇、労働需要の低下、資本へのアクセスの縮小、さらに平和と秩序の乱れ、売春、その他の社会資本の圧迫。貧困人口の多いコミュニティでは、学校の落第率、非識字率の上昇が見られる。

貧困が与える影響は、人口、コミュニティ、個人によって異なる。例えば、世界の統計によると、世界の最貧困人口の大部分（九〇年代半ばでは七〇％）を女性が占めている（UNDP 1995）。七〇対三〇の貧困率における性差分配は多くの専門家から批判されているが（例えばMarcoux 1997に引用されているQuisumbing, Haddad and Pena 1995およびLipton and Ravallion 1995）、途上国で特に女性が貧困の不平等な重荷を負っていることは明らかだ（Marcoux 1997）。

フィリピンにおける近年の研究（例えばOfreneo 1998, Illo and Ofreneo 1999）も、九〇年代に起きた貿易自由化と構造改革に起因する貧困の女性化を指摘している。二〇〇二年の『人間開発報告書』（UNDP 2003）によれば、二〇〇一年の貧困就労人口の六四・四％が女性であった。しかし最近のデータによると、家庭収入の増減を左右する経済過程とジェンダーはより複雑に絡み合っている。海外で働く女性の急激な増加や、金融危機が建設業やサービス業などの異なる産業に与えた多様な衝撃は、男女の雇用状況にとって異なる影響があった。

この論文は、フィリピンにおける経済状況のジェンダー分析を行う。より具体的には、女性の経済参加の特徴と範囲、また女性がいかに地元経済の成長と縮小の循環に影響を受けているかを描写・分析する。この研究によると、女性は男性ほど製造業と農業部門の不振に起因する高い失業率を経験することはなかった。しかし、女性の経済的地位と一般的福祉におけるマイナス効果としては、雇用不安、長時間労働、および有給の仕事と家庭内での（主に無給の）仕事との両立の困難に起因する社会的問題が指摘される。最後に、政府および市民団体、特に女性団体のフォーマルおよびインフォーマル部門で働く女性の経済状況改善にむけた様々な取り組みを手短に論じてこの論文を締めくくる。

二　フィリピンの経済状況の概観

フィリピン経済は過去二〇年間において「周期的および維持不可能」な経済成長傾向を経験してきた（Bautista 2003）。周期的成長の特徴は、国民総生産（ＧＮＰ）および国内総生産（ＧＤＰ）の非常に短期的かつ維持不可能な急成長である。この現象の内因的あるいは局所的原因は多種多様である。八〇年代におけるベニグノ・アキノ議員の暗殺とそれに続くフェルディナンド・マルコスの追放、そして過去三代の政権（コラソン・アキノ、ジョセフ・エストラダ、そしてグロリア・アロヨの現政権）による自由化と輸出主導産業政策。成長と不振の周期的傾向を招いた他の内的要因は、政府が導入した効果のない開発モデルと、国民指導者の変化、汚職、ずさんな財政管理、自然資源の枯渇、高い人口成長率がもたらした政治不安定である（De la Cruz, Paderon and Bautista 2003）。バウティスタが指摘するように、

政治体制の移行は、成長戦略の移行と同様に矛盾に満ち多分に政治的であり、必要な制度的準備がないまま進みつつある。争いを解決し、安定した期待を形成し、ショックに耐える弾力性を培い、また生産的原動力を維持するために必要な人的および社会的資本、財政資源を結集するにあたって、制度的準備は必要不可欠であるにも拘らず（Bautista 2003）。

他方外的要因として、自由貿易の推進そして多国籍企業の規制緩和を後押しする世界的および地域的条約や協定の批准が挙げられる。

・貿易自由化を支持する政府の政策（De Dios 1999）

・一九九三年のテレコミユニケーションの自由化、一九九四年の銀行・保険サービスの自由化、一九九五年の空輸サービスおよび国内運送の自由化
・一九八六年におけるＧＡＴＴウルグアイ・ラウンド協定の批准と、アジア太平洋経済協力会議（ＡＰＥＣ）およびＡＳＥＡＮ自由貿易地域のメンバーシップ（一九九三〜九六年）

・一九九六年、農業における関税による輸入規制に関する法の可決により、数量規制が撤廃され、最低アクセス量が

与えられ、生産者が農産物を低い関税率で輸入することが可能になった

・共和国法第八三六六号（一九九七）および第八五五六号（一九九八）の発布により、一九九一年の海外投資法が修正され、投資・金融会社へのより広範な海外勢の株式参加が認められた。また、二〇〇〇年の小売業自由化法によって小売業の特定部分に海外投資家がアクセスすることが可能になった

・二〇〇〇年　国際衛星通信の規制緩和と、保険および銀行業の規制改革

しかしながら公式データによれば、膨大な海外債務とずさんな財政管理に束縛されているにも拘らず、海外出稼ぎ労働者からの送金に助けられ、フィリピンは過去三年間に適度な成長率を記録した。国民総生産は二〇〇三年に三・五％伸び、二〇〇四年度末までにさらに一から二％伸びるだろうと予想される。

三　フィリピン経済と労働参加のジェンダー分析

過去二〇年間において、フィリピン女性、特に最も貧しいコミュニティーや地方出身の女性の暮らしは大きく変化した。働いている、あるいは社会において非伝統的な役割を担っている女性の数が増加した。それはある程度、女性の教育水準の向上、あるいは新しい文化・社会的影響との接触との結果と言える。女性の識字率が九四％、男性の識字率が九三・七％と高レベルが維持されているが（NCRFW 2004a）、教育と職業の選択において未だにジェンダーの影響が残っている。

こうした変化にも拘らず、フィリピンは引き続き人口成長率の高い国上位一五位に名を連ねている。年間人口成長率は二・三六％で、女性一人につき出生率は三・五である。出生率を比較すると、タイでは一・九、インドネシアでは二・六、マ

レーシアでは三・〇である（Asian Development Bank 2001）。

平均的世帯規模は五人であり、多くの既婚女性は有給労働への参加が迫られる一方、家事および子育てに長年拘束されている。女性就労参加率（ＦＬＰＲ）は過去一〇年間に上昇を続け、一九九八年の四九・三％から二〇〇二年には五一・七％に伸びたが、男性の参加率（一九九八年には八二・九％で二〇〇二年には八〇・九％）よりは引き続き低いレベルにある（表七―一）。この数値は経済の周期的縮小、特に近年のアジア金融危機によって、女性労働者は男性労働者ほど解雇されなかったことを示している。この現象の原因は何であろうか。

表七―二は一九八九年から二〇〇二年までの女性と男性の失業率の比較データである。フィリピン政府は八〇年代半ばに貿易自由化と海外投資誘致を強力に推進した。この表の数値は、地元経済の再編成がいかに男女の雇用機会へのアクセスに影響を与えたかを示している。女性の失業率は男性よりも一貫して低かった。特に一九九七年の金融危機直後の女性の失業率は男性よりも著しく低い。

一方、産業グループと職業部門のジェンダー分析は（表七―三、七―四）、短期の経済成長時と不振時における男性の高い失業率の原因を明らかにしている。二〇〇三年、男性は建設業、鉱山業、採石業、農業、運送業において優位を占めている。他方で女性は保険、社会、教育、その他のサービス業において優勢である。これは常にみられるフォーマル部門の男女の職業分配の傾向であり、あるべき男性的・女性的役割に関する伝統的考え方や風習に端を発するものである。

性差の型にはまった雇用と職業の分配を背景に、女性と男性が政府の貿易自由化と輸出主導政策にどのように影響を受けたかを理解するのは容易だ。例えば、農業経済における貿易自由化の即時的・直接的効果は、地元で生産される農作物よりも安価な作物の流入である。フィリピンは伝統的に農業国であり、輸出の三分の二、および輸入の五分の一は農業部門が占めていた。しかし近年では、地元の農民は輸入生産物に対する競争力を失い、それによって農村の特に女性労働力は都市部の非農業部門へと移動している。女性の農業離れを促している他の要因は、九〇年代における一三の主な輸出農

表7-1　性別就労参加率

項目	1998		2000		2001		2002	
	女性	男性	女性	男性	女性	男性	女性	男性
全体	49.3	82.9	48.4	80.3	52.8	82.3	51.7	80.8
都市部	50.1	78.8	48.8	76.6	52.8	78.6	51.7	77.4
農村部	48.5	86.6	47.9	84.0	52.8	85.8	51.7	84.0

出典：National Statistics Coordination Board（2003）.

表7-2　性別失業人口（千人）

年	全体	男性	女性	女性（率）
1989	2,009	1,101	908	45
1990	1,993	1,099	893	45
1991	2,267	1,290	977	43
1992	2,262	1,303	959	42
1993	2,379	1,384	995	42
1994	2,317	1,362	955	43
1995	2,342	1,354	988	42
1996	2,195	1,293	902	41
1997	2,377	1,411	966	41
1998	3,016	1,857	1,159	38
1999	2,997	1,876	1,121	37
2000	3,133	1,978	1,156	37
2001	3,271	1,913	1,357	41
2002	3,423	2,076	1,346	39

出典：National Statistics Coordination Board（2003）.

作物の促進が女性よりも男性に雇用機会を与えたことが挙げられる（TESDA Women's Center 2005）。これと同時に、都市部での娯楽・観光業の成長によってサービス部門での雇用が創出された。

産業保護政策から、より自由化された「門戸開放」海外投資政策への移行によって、製造業の構成と水準も変化した。世界市場の機会に応じ、九〇年代を通してフィリピンに流入した海外投資は、鉱業や林業といった採取産業から、化学、電子、食品加工業に取って代わった。一般的に、これは男性にとっては雇用の喪失を、女性にとっては雇用機会の拡大を意味した。今日に至るまで、食品加工業は最も活気のある産業であり、製造部門の総収入の四四％を占めている。

しかし、農業・製造部門の不振はサービス業の成長とほぼ同時期であり、サー

表7-3　性別、主要産業別就労人口　2003年（千人）

主要産業グループ	全体	男性	女性	女性（率）
農業、狩猟、林業	9,970	7,132	2,838	28
漁業	1,185	1,106	78	7
鉱山業、採石業	105	96	8	8
製造業	2,892	1,519	1,373	47
電気、ガス、水	116	97	19	16
建築業	1,747	1,710	37	2
卸売り業、小売業、単車修理業、単車および家庭用品	5,636	2,117	3,519	62
ホテルおよびレストラン	709	320	388	55
運輸業、保管業、通信業	2,287	2,163	123	5
金融仲介業	286	126	161	56
不動産業	563	378	185	33
公共行政、防衛、社会保険	1,466	894	572	39
教育	934	231	703	75
健康および社会福祉	371	98	273	74
その他のコミュニティー、社会、個人サービス	901	463	439	49
被雇用者のいる世帯	1,251	191	1,060	85

出典：National Statistics Coordination Board（2003）.

表7-4　主要職業集団別就労人口　2002年（千人）

主要産業グループ	全体	男性	女性	女性（率）
公務員、特別利益団体職員、企業管理職、経営者、地主	3,287	1,355	1,932	59
専門職	1,368	420	948	69
技術職、準専門職	910	441	469	52
事務職	1,337	459	878	66
サービス業、販売員	2,547	1,224	1,324	52
農業、林業、漁業	6,199	5,202	997	16
商業	3,012	2,188	824	27
工場機器操業、組み立て業	2,343	2,178	165	7
単純労働業	9,275	5,052	4,223	46
特別職	140	124	16	11

出典：National Statistics Coordination Board（2003）.

ビス業は男女共、特に女性に雇用機会を与えた。概して、男性は運送、保管、通信部門、時に卸売り・小売業で雇用されている。他方、より多くの女性がコミュニティー・社会・個人サービスおよび卸売り・小売業で仕事を見つけている。九〇年代におけるグローバル化に起因するその他のマイナス影響は、全国の都市部における娯楽・売春産業の成長である。国際労働機関（ＩＬＯ）が一九九八年に行った研究によると、売春を営む女性の総計は五〇万人と推定される（NCRFW 2004b）。より最近のデータは、この仕事に就く女性の若年化とＨＩＶ／エイズ感染を含む衛生上の問題に対する脆弱性を指摘している。

四　職場におけるジェンダーの問題

前述のとおり、フィリピンの自由化政策は伝統的あるいは新しい職業部門から女性を締め出さなかった。それどころか、経済のマクロレベルでの再編成が女性に雇用機会を与える結果になった。伝統的に男性労働者を雇用してきた製造業・農業は、外国製品・生産物の流入と女性労働力の都市部サービス業への移動によって被害を被った。しかし、往々にして賃金が最低レベルであるサービス部門への女性の流入は、女性の経済的地位の向上にはつながらなかった。二〇〇〇年の推定では、労働者の稼ぎ一ペソの内、女性労働者が得るのはその半分以下の、わずか四五センタボスであった（NCRFW 2004a）。

イロはさらに以下のように指摘している。

一九九〇年代において電子機器を始めとする新興産業は、多くの若年女性の雇用を創出した。また、繊維産業が世界的競争力をつけるために経費削減を進める中で、繊維業の下請けへの移行は女性の雇用を支えた。両者とも女性の雇用拡大を促進したが、前者は昇進の機会と労働権の行使が限られた部門であり、後者は女性労働者の雇用のインフォーマル化を伴った（NCRFW 2004a：17）。

収入のジェンダー間不均衡に加えて、フォーマル部門で働く女性は、経済状況を改善することを妨げる雇用条件を強いられた。定期的な職から十分な収入が得られない中、多くの女性は複数の職を抱えざるを得なかった。またあるいは家政婦、介護ヘルパー、エンターテイナーとして海外に働きに出る女性も多かった。国際労働機関（ＩＬＯ）のデータをもとに、イロ（Illo 1999）は経済危機の女性への影響を分析した。多くの中小企業は、経営を維持し利益を出すために様々な経費削減策をとった。それは労働法や労働基準の不遵守（例えば、医療・社会保障の不払い、年少者労働）、契約社員としての雇用、任務の増加などを含む。この他に、特に女性が直面した問題として以下が挙げられる。

・雇用の柔軟化は労働組合の組織力を弱め、労働者の権利擁護を難しくした（Ofreneo 1997）
・零細企業が労働基準を遵守できなくなる一方、女性労働者に課せられる生産割り当ての増加により、流産、呼吸系の病気、アレルギーといった多くの健康上の問題が生じた（Arao 1997）
・売春を強制された女性が最も悲惨な虐待を受けた。彼女らはＨＩＶ／エイズを含む性感染症や性的虐待にあう危険性が高い。他にも高い中絶率、仕事の屈辱や問題から逃れるための薬物およびアルコールの摂取過多、バーのマネジャーや客引きによる詐欺や未払いといった問題が報告されている（Sobritchea 2001）
・多くの女性労働者は賃金が低く、支払能力の信用度が欠如しているため、悪徳な高利貸しから借金をするしかない
・家庭における男性と女性の理想的な役割分担に関する伝統的考え方が根強く残っているため、女性は未だ家事と子育ての大半を担っている。それを有給の仕事に行く前後にするため、結果として女性はより長時間働く

五　海外出稼ぎ労働者の女性化―その代償と便益―

アジアおよび世界各国で、フィリピンは海外出稼ぎ労働者の主要な供給国になっている。二〇〇四年現在、海外で働き生活しているフィリピン人は八〇〇万人いる（全人口の一〇%に及ぶ）。その大多数（七六%）は陸上で、それ以外は船員として働いている。実はフィリピン人の船員は全世界にいる一二〇万人の船員の二〇%にも上る（ACHIEVE 2004b：5）。フィリピン人出稼ぎ労働者は一四〇カ国で働いている。四五%は西アジア、三五%は東アジア、七%は東南アジア、その他はヨーロッパ、アメリカ大陸、アフリカ、または信託統治地域で働いている。

公的データによれば、年間国民総生産（七〇から八〇億USドルと推定される）のおよそ一二%は海外出稼ぎ労働者からの送金が占める（ACHIEVE 2004b：5）。前述の通り、海外からの送金によってフィリピン経済が成り立ち、健全な外貨貯蓄のレベルが保たれている。前外務大臣が指摘したように、「フィリピンの出稼ぎ労働者は、政府の全ての住宅プロジェクトよりも多くの低価格住宅を提供し、全ての奨学金プロジェクトよりも多くの子どもを大学に送り、わが国の産業製品の市場としての集団購買力を創出した」（ACHIEVE 2004b：1）。

以前は男性の海外出稼ぎ労働者は女性を上回ったが、近年ではその傾向は逆転している。七〇年台前半にフィリピンから労働者が海外に流出し始めた頃、女性は全体の一二%しか占めなかった。一九八七年の女性の海外出稼ぎ労働者は全体の四七%に及んだ。二〇〇二年には新たに赴任する労働者のうち女性が三分の二近く（六九%）を占めている（NCRFW 2004a）。二〇〇二年に海外に出たフィリピン女性のうち三分の一（七万三四七七人）はエンターテイナーとして働き、一三%は家政婦・看護婦としてサウジアラビアに送られ、一二%は製造業労働者、建物管理人として台湾に行き、一一%は家政婦として香港に向かった。女性の海外出稼ぎ労働者のその他の主要な目的地はクウェート（七%）、アラブ首長国連邦（七％）、またイギリス、イスラエル、カナダ（三％）といった国々であった（Kanlungan Center Foundation 2002）。

近年見られるフィリピン女性の海外出稼ぎ労働者の劇的増加は、主に二つの要因による。まず世界中で彼女らのスキル、特に家事、エンターテイメント、介護といったスキルへの需要が引き続き顕著であること。さらに、フィリピン経済が十分な雇用と所得を生み出していないこと。

近年、他にも海外出稼ぎ労働者の人口統計面での大きな変化が起きている。最も顕著なのは、既婚の女性労働者と年齢層の高い女性労働者の着実な増加である。例えば、二〇〇二年には三七％の女性海外出稼ぎ労働者は既婚で、七％は寡婦あるいは離婚していた。より多くの妻そして母親が家族を後にし、多くの場合、一家の大黒柱になる。社会科学者、保健医療業者、開発ワーカーは近年、この現象が子どもおよび家庭生活に及ぼす直接的および長期的影響について真剣な問いを投げかけている。既にいくつかの研究は長期間にわたって両親が離れること、特に母親が子どもから離れることの悪影響あるいは社会的コストを実証している（例えばGuerra and Anonuevo 2002）。

例えばバチステラとコナコ（Battistella and Conaco 1996）の研究は、海外出稼ぎ労働者の子どもの多くが、特に母親が出稼ぎに出ている場合は、他の子どもよりも怒りやすく、混乱し、無気力で、恐れを抱く傾向があると示す。ピニョル（Pingol 2001：71）は、妻が海外に出稼ぎに出ている男性の男らしさの概念の変容に関する画期的な研究の中で、離れている母親と子ども、特に子どもが小さいときに母親が離れた場合における両者間の希薄な絆について言及している。

海外に出稼ぎに出ているフィリピン女性の遠距離母親業に関する研究（Sobritchea 2003）は、フィリピン女性が離れていながらも妻、母親、稼ぎ手としての役割を果たそうとする非常に困難でしばしば感情的につらい経験を物語っている。この研究が結論付けるに、遠距離母親業の概念は、既存の自己と同時に「再構築された」自己を包含する。フィリピンの因習的な「Inay」あるいは「Nanay」（母親）の概念と、主な稼ぎ手としての役割とを両立、適合、時には拒絶するにあたって常に葛藤が生じる。適合パターンとしては、女性が「より多くの苦しみ」を受け入れる、自分の不在を償うために子どもにモノを与える、自分の必需品にかける費用を節約する、子どもをより良い学校に行かせる、物理的距離を縮めるために電話、手紙、写真の送付、インターネット、携帯メッセージなどで頻繁に連絡を取る、などが挙げられる。専門的職業に就き所得の高い女性は、子どもと頻繁かつ定期的に連絡し、会いに行くことができるため、海外での仕事と母親としての伝統的役割とを両立しやすい。

しかし、女性の海外出稼ぎ労働者の話の多くは、伝統的でありながら男性が構築した母親の概念に抵抗する過程を反映している。女性が主な稼ぎ手となりそれに伴う権力を行使することによって、ジェンダー・家族関係において好ましい影響がみられる。多くの出稼ぎ女性は、子どもの教育やキャリア、さらに彼女らの仕送りがどのように配分されるかに関して影響を及ぼすことが可能になった。中には、夫婦関係の因習的概念に抵抗し、規律にうるさいフィリピン社会の凝視をよそに性的嗜好の境界線を越えた人もいる。

六　職場においてジェンダー間の平等を促進する方策

経済成長の維持において困難に直面する一方で、フィリピンは他のアジア諸国に比べても、女性の一般的地位および福祉の改善についてはかなり進んでいる。フィリピン政府はナイロビ（一九八五）および北京（一九九五）での世界女性会議の行動計画を精力的に実行するよう努めた。フィリピンは二〇年もしない間に、ジェンダー間の平等の促進および貧しい女性とコミュニティーの福利向上のために法律を可決あるいは修正させ、プログラムを展開し、その目的に適う仕組みを取り入れることに成功した。こうした成果は、市民社会、学会、政府からの参加者による活発な組織化、能力開発、およびロビー活動を通じた女性運動によって可能となった。

ピープル・パワーが二〇年にもわたるフェルディナンド・マルコス下の厳戒令に終止符を打った後、フィリピン憲法は一九八七年に修正され、より参加型の政治および統治が可能になった。一九八七年憲法は男女間の平等、および弱者とくに貧困層の開発と質の高い生活への権利を謳っている。

一九八〇年代の後半にかけてフィリピンは、ジェンダーと開発（GAD）アプローチを政府計画、プログラム、構造、および政策に統合させる緩慢な過程に取り掛かった。フィリピン女性開発計画（PDPW）は同時期の中期フィリピン開発計画の補助的文書として採択された。この計画の趣旨は、貧困を削減し、社会的平等と公正を促進し、維持可能な経済成長を達成することにあった。しかし残念なことに、保護主義から自由主義へ移行させるにあたって相応しいモデルの欠如により、維持可能な成長は実現しなかった。一方、PDPWは所得と雇用、健康保険、決定権へのアクセスにおけるジェンダー格差を縮めるよう求めた。

女性のための国家組織、「フィリピン女性の役割委員会」（NCRFW）はコラソン・アキノが大統領になった後、八〇年代半ばに再編成された。GADの主流化が効果的に行われるよう、同委員会のプログラムは強化された。再編成の主な特徴としては、非政府組織（NGOs）の代表を加えるために理事会の席数が増えたことが挙げられる。現在ではNGO代表者は二四席のうち半数を占めており、労働、メディア、若者、農民、年配者、身体障害者、ビジネス、教育、原住民コミュニティ、といったセクターから参加している。

フィリピンの他の革新的な取り組みとして、経済、文化、および政治面での差別から女性を保護するための法律の廃棄および可決が挙げられる。こうした法律の例は、小規模商業を営む女性への援助、中小企業向けのプログラムおよび補助施設、海外に住むフィリピン人の権利保護などがある。さらに最貧困コミュニティには、危機カウンセリング・サービス、一時的収容施設、健康保険、マイクロクレジットが与えられた。

特に貧しい女性が経済的状況を改善するにあたって直面する障害を取り除くため、以下の項目が政府の主眼であった。第一にコミュニティに根ざした生活スキル開発プログラムの促進、第二に女性を対象にした生活スキル訓練プログラムの効果向上、第三に女性に対する貸付条件の改善、第四に政府間合意や地域協力を通じた女性出稼ぎ労働者の権利の保護。多くの女性団体が、貧困問題の解決と「真の」経済成長の促進のためにより急進的な改革提案したことは興味深い。北京行動宣言（The Beiging Platform for Action）の実施面での評価と、「女子に対するあらゆる形態の差別の撤廃に関する条約」（The Convention on the Elimination of All forms of Discrimination Against Women）の遵守を審査するために開かれた会議で、参加者は以下の行動案を推奨した。

・不正融資の支払い拒否
・有害なマクロ経済政策を修正し、以下の項目を優先すること。基本的社会サービス、セーフティーネット、対貧困プログラム、環境保護、食品の安全、資産改革、雇用の創造、飛躍を促す貸付、ジェンダー・開発イニシアチブ
・女性を人身売買、売春から保護するための法律の制定
・The Visiting Forces Agreement（フィリピンがアメリカと交わした共同軍事演習に関する協定）の廃止
・海外出稼ぎ労働者（特に女性）とその家族に対して、適切かつ維持可能な社会保険のようなプログラムの導入
・人権侵害、武力闘争、移動の被害者である女性や女子を対象にしたプログラムの導入

七　結論

過去二〇年間の経済成長期また停滞期を通じて、より多くのフィリピン女性が生産的労働に従事するようになったことがこの論文によって明らかになった。この現象を説明する要因のひとつとして、保護主義から貿易自由化と海外投資の積極的誘致への経済政策の転換が挙げられる。安価な海外製品の流人は、農業、建築、製造業部門に打撃を与え、企業の倒

産また労働者、特に男性労働者の解雇をもたらした。女性が労働力の大半を占めるサービス部門はそれほど影響を受けなかった。しかし、経済の縮小と企業のコスト削減策は、雇用形態の契約化、柔軟化や任務の増加をもたらし、女性労働者にとってより不利な状況を生み出した。特に貧困層の女性は、不定期で断続的な仕事に就き家族を支えるしかなかった。様々な産業が就業年齢人口を吸収できなかったこともあり、女性の売春産業への流人が進んだ。

より多くの女性のフォーマル経済への参加を促した他の要因としては、女性の家政婦、介護ヘルパー、エンターテイナーへの世界的な需要がある。海外に出稼ぎに出た女性からの仕送りによって家族の生活レベルは向上している一方、家族関係の歪みといった深刻な社会問題をもたらしている。政府が現在取り組んでいる、貧しい女性にスキルとリソース、特に融資へのアクセスを与え経済状況を改善する方策は賞賛に値するが、深刻な貧困問題とその女性への影響に取り組むには十分でないかもしれない。国の経済政策、特に貿易自由化の再考を含めた、マクロ構造レベルでの改革が必要である。農業と製造業部門の活性化による地元での雇用の創出が緊急に必要とされている。さらに重要なのは、女性労働者に差別的な労働慣行を減らすため、現行の法律が守られているかを監視することである。

（翻訳：岡史子）

＊この論文は二〇〇四年一一月二六〜二八日に東京の国際基督教大学で開催された「国際ワークショップ　アジアにおける人間の安全保障とジェンダー：社会科学の視点から」で発表された。

編者解説

舘かおる

本書は、二〇〇六年五月から同年七月まで、お茶の水女子大学ジェンダー研究センター（ＩＧＳ）外国人客員教授として赴任した、キャロライン・ソブリチャ フィリピン大学教授（以下敬称略）による夜間セミナー「フィリピンにおける女性の人権尊重とジェンダー平等」全五回の講義とコメンテーターの報告に、既発表の二論文を加え、編集・刊行したものである。なお、講義とコメンテーターの報告は、後日リライトしたものを訳出している。本書のタイトルは、夜間セミナーでのタイトルをそのまま書名とした。何故ならば、ソブリチャは、講義の中でも述べているが、フィリピン国内で暮らす女性たちの存在形態に注意を払い、どのようにしたら彼女たちの人権を保障することができるのかと常に心を砕き、長らく植民地支配を受けてきたフィリピンという国で、ジェンダー平等がもたらされることを強く希求し、日々行動しているからであり、「フィリピンにおける女性の人権尊重とジェンダー平等」とは、ソブリチャの研究と実践を如実に示したものと言えるからである。

まず、ソブリチャのプロフィールを紹介しておこう。彼女は、マニラに生まれ、フィリピン大学で文化人類学を専攻し、考古学的調査方法も学んでから一九六八年に卒業後、直ちに同大学の大学院に進み、一九七三年にはアジア研究の修士号を取得した。一九七九年から一九八〇年までニューヨーク州立大学文化人類学専攻に留学し、一九八七年にはフィリピン大学大学院で文化人類学の博士号を取得している。その後、一九九一年から一九九八年まではフィリピン大学の女性学トレーニング・エクステンションサービスの副所長を務め、一九九九年から二〇〇七年までは同大の女性学センター長を務めている。二〇〇七年以降は、フィリピン大学アジアセンター長及びフィリピン地域研究の教授である。またフィリピン大学以外にもタイのアジア工科大学院大学や韓国の淑明女子大学の女性学研究誌の編集委員を務めている。アジア八カ国女性学ネットワークのコーディネーター、アジア女性学連盟やUNESCOジェンダー研究ネットワークの創立メンバーでもある。フィリピンやアジア諸国の大学での女性研究/ジェンダー研究プログラム設立にも貢献し、一九九五年の北京世界女性会議及び北京プラス5、北京プラス10でもフィリピンの正式代表をつとめ、国連女性の地位委員会会合でもフィリピン及び東南アジア地域の女性について報告するなど、国内外で女性学研究とそのネットワークづくりに活躍している。

ソブリチャの専門は、フィリピンの女性学であり、中でも、ジェンダー・イデオロギーやジェンダー理論、リプロダクティブ・ヘルス/ライツ、評価指標やシステムの研究、ジェンダーと開発（GAD）と女性の人権の関係性などについて、先駆的な仕事を行ってきている。研究領域は広いが、一貫してフィリピン女性を対象に研究しており、国際的な場で、フィリピンの女性及び女性学の総括的な研究を提示している。例えば、ソブリチャは、フィリピンの女性学が、実社会での実践的寄与に則して、ジェンダーに敏感な視点を女性の立場から付加してきたことを示し、フィリピンの女性学の構築は、植民地化前史、植民地経験、脱植民地化を志向する現代の経験の三つの歴史的段階に関して、個人、ミクロ、メゾ、マクロな諸システムの中で、性支配システムの所在を検証する作業の中でなされたことを理論的に明らかにしている。また、女性の権利のための運動を担う東南アジアの女性グループが、女性の問題を主流化するため、一九七〇年代は「開発」を基礎におくアプローチから、一九九〇年代以降は「人権」「権利」を基礎におくアプローチへ移行したことを明らかにし、政府の義務と責任を遂行させる可能性の方向を指し示している。二〇〇五年の論考では、過去二〇年間における途上国経済に与えた、ネオリベラリズムに基づく経済政策は、女性がより良き状態に近づくための基盤形成には貢献できていないとし、グローバリゼーションによって生じる利益のために、長期的なコストを支払うことになるジレンマから、女性の政治的・文化的ネットワーク作りを通じて脱却することを提言している。なお、ソブリチャの活動は、実に多様で、国連に委託された政策やプログラム評価研究への参加、ＨＩＶ／エイズ予防に関わる国際協力などのコンサルタント、ドメスティック・バイオレンスの予防プログラムや人材・施設の確立のためのプロジェクトリーダーなどの仕事を行っている。豊富な実践的な場での講演、トレーニング、支援活動に基づいて、現状の変革につながることに焦点化し、多数の優れた教材開発書を現場の女性たちと共同で執筆していることなども、ソブリチャの仕事の国内外における重要性を示すものであろう。

本書の「日本の読者へ」において、ソブリチャは、「私は個と全体の関係性や連続性――つまり、個人と社会・国家との連関――に目を向ける必要性を認識し、また個々の事象がもつ意義を常に歴史的文脈で思考し、理解する必要性」を学び、フィリピンや周辺諸国の漁村でおこなったフィールドワークの経験をとおして、経済的、社会的出自の異なる女性たちと日常的にふれあい、ジェンダー不平等がいかに構造的に、しかも日常生活の隅々にまで組み込まれているかを認識させられたと述べている。また、本書で扱うテーマは、今日のフィリピンならびに周辺諸国の女性たちが抱えている切迫した問題の中から、教育者とフェミニスト研究者の立場から見て特に重要だと思うものを選んだと言う。それは、アジアのフェミニストたちの努力と貢献をアジアと世界との接点において位置づけることで、援助の受け手側にいるフェミニストたちとドナー国側にいるフェミニストたちの連携が、真にアジアの女性たちのニーズに応える形で結実しつつあることを強調するためであり、また称えるためでもあるからと自分の立場性と信念を述べている。

こうした認識に立った上で、ソブリチャは、日本とフィリピンの関係を「日本にとって依然近くて遠い存在であるフィリピン」と表現している。その含意を考えるために、日本とフィリピンの関係史を振り返ってみよう。実は、大野拓司・寺田勇文『現代フィリピンを知るための六一章第二版』（二〇〇九、明石書店）によれば、日本とフィリピンの関係は、五百年を超える交流の歴史があると言う。（以下同書参照）安土桃山時代から江戸初期にかけて、日本の朱印船がルソンの港に出入りし、マニラには、最盛期三千人規模の日本人町が出来ていた。十六世紀半ばにスペインによる植民地統治が始まり、徳川時代の鎖国政策で日本とフィリピンとの交易は途絶え、日本人町も消滅する。だが、明治初期には、日本人の移民は再びフィリピンに向かい、マニラやセブ、ダバオを中心に生活の基盤を築き、日本移民は二万五千人余りとなった。昭和初期までにはアメリカ統治下のフィリピンに東南アジア最大の日本人社会が形成されていた。移住を仲介する拓殖会社も乱立したと言う。一八九九年フィリピン共和国が発足したが、アジア・太平洋戦争による日本軍の侵攻後、占領、軍政を敷き激戦地となったフィリピンに投入された日本兵六十万人の九割が没し、フィリピン側には百万人の犠牲者を出した。激しい戦闘のあと、フィリピンを支配したアメリカは、「日本軍政からの解放者」として迎えられ、その後フィリピンは、旧宗主国アメリカとの特殊な関係を引きずることになる。新生フィリピンと日本が国交を正常化したのは、一九五六年である。「スペインはフィリピンにカトリックを残し、アメリカは学校制度と英語教育を与えた」と称されるが、アメリカの「恩恵的同化」政策の中で、エリート層はアメリカ的教育と文化志向を身につけ、高い社会的地位を保持し続け、一般民衆は、エリート層の「恩恵」のごく一部に浴する程度であった。フィリピン社会は、エリートと大衆からなる二層構造を引きずってきた。アメリカによる植民地期の終焉は、フィリピンからすべての米軍基地が姿を消した一九九二年と言える。その後、近年のフィリピン経済の実情としては、国内の大規模製造業は外国企業に依存し、国外で働くフィリピン人は増加し続け、国外からの送金は一層多様となり、外国政府や国際金融機関への依存度が強まったと指摘されている。

法務省『登録外国人統計』によれば、日本におけるフィリピン国籍の外国人登録者数は、一九八五年には約一二万人であったが、それ以降増加し続け、女性の場合は、在留目的別にみるとエンタテイナーとみられる「興行」が多かった。だが、二〇〇四年に日本政府が策定した「人身取引対策行動計画」により、興行ビザの厳格化が行なわれ、その後は日本人との結婚などの定住型の入国が増加した。二〇〇六年以降は、日比経済連携協定による看護婦、介護福祉士の受け入れが始まり、二〇一〇年にはフィリピン国籍の外国人登録者数は約二一万人となり、その内の七八%が女性である。

こうした状況から、日本社会におけるフィリピン女性への関心も高くなり、ジャーナリズムが注目する一方、その実態を明らかにする調査や研究も行なわれるようになった。フィリピン女性の調査や研究については、限定されたものではあるが、本書巻末の文献目録に、ソブリチャの講義に関連した英語文献のほか、日本語での研究文献も掲載したので参照されたい。なお、ここで特に述べておきたい事は、日比両国での共同調査や研究成果の意義についてである。

例えば本学の二一世紀COE「ジェンダー研究のフロンティア（F-GENS）」の研究プロジェクトでは、ソブリチャの協力を得て共同研究を行なった。本書コメンテーターの原ひろ子は、ソブリチャに対して、ドメステック・バイオレンスとリプロダクティブ・ヘルス・ライツに関わる政策決定過程について聞き取り調査を行い、「フィリピン共和国における女性とその子どもに対する暴力対策法（共和国法第九二六二号）」の制定過程を詳細にまとめた。そこには、カトリックの国フィリピンにおける性と生殖の健康と権利の尊重と暴力の根絶、その根源的連関の構造が映し出されている。（原ひろ子・中山まき子・渡辺美穂「フィリピン共和国における女性とその子どもに対する暴力対策法（RA九二六二）とリプロダクティブ・ヘルス／ライツ」戒能民江編『国家／ファミリーの再構築』二〇〇八　作品社）。

次にフィリピン女性と日本女性との共同調査と言う点では、カラカサン（タガログ語で「ちから」の意味）という移住女性のセンターの活動にも注目したい。カラカサンでは、日本人夫からDVを受けたフィリピン女性の語りの調査から、フィリピン女性たちが、エンパワメントしあい、回復し、政策提言を行う姿を伝えている。（カラカサン編『移住女性が切り拓くエンパワメントの道』反差別国際運動日本委員会、二〇〇六）。また、DAWN（Development Action for Women Network）は、一九九六年に設立された、移民のフィリピン人女性と日比国際児（JFC）を支援する非政府開発団体である。日本とマニラに事務所を置き、日本から帰国したエンターテイナーのカウンセリングや、支援、ジャパニーズ・フィリピーノ・チルドレンへの法的・社会的支援なども行っている。DAWN編著『フィリピン女性エンターテイナーの夢と現実』（明石書店、二〇〇五）では、日本で働くフィリピン女性エンターテイナーが抱える問題を、日比両国での実態調査に基づきレポートしている。なお、研究者夫婦による共著、佐竹眞明／メアリー・アンジェリン・ダアノイ『フィリピン―日本国際結婚―移住と多文化共生』（めこん、二〇〇六）も、二〇〇四年時点での四国の日比結婚の事例を中心に、その様相の展開を示しており、実践的な日比共同の調査研究の一つとなっている。

一方、同じく本学のF‐GENSプロジェクトA2では、伊藤るり他フィリピン研究班が現地調査に基づき、ケアギバーの派遣と養成プログラムの分析を行っている。そこでは、フィリピン女性に「ケア」という言葉に表象される思いやりの資質と同時に、其々の国や都市の市場の要求にあった技能労働訓練を課しており、ケアギバーが、再生産労働の「国際商品」化に対応して構築されていることを明らかにしている。（「いかにして「ケア上手なフィリピン人」はつくられるのか―ケアギバーと再生産労働の『国際商品』化」伊藤るり・足立眞理子編著『国際移動と〈連鎖するジェンダー〉』二〇〇八　作品社）

このように、日本とフィリピンの人々が共同ないし協力して調査、研究することにより、両国間に生じている数々の問題の本質を明らかにし、それを解決する方途が見えてくる可能性も生まれ得ると思われる。

ところで、ソブリチャは、フィリピン女性の国際移動による家族の形態を、「トランスナショナルな家族」と価値づけて論じることには積極的ではない。フィリピン人の国外での労働は、国際移動論の観点から論じられるようになってきたが、フィリピンの教育者であり、フェミニズム研究者として、彼女は、フィリピンを離れ、海外で働き送金することを多くのフィリピン女性は、望んではいないと言う。国外に出てお金を稼ぐのではなく、国内での雇用を増やし、国内で働き、フィリピン社会を良くしていくことを望んでいるという。それが故にソブリチャは、フィリピン国内で女性が働き、生きるための方途を探っていると自分の立場性を語り、フィリピンの女性たちの人権が尊重され、ジェンダー平等なフィリピン社会が形成されることを願う。その思いの強さは、まさしく彼女のセミナーでの講義や論考、彼女の活動に表れていると言えよう。

ソブリチャの仕事には、フィリピンの活動する女性たちとの共著が多い。研究者として研究書を書き綴る仕事をするばかりではなく、フィリピンの女性と共に考察を深め、運動を展開していく、ソブリチャの姿勢に心打たれるものがあった。

セミナーの開催と本書の刊行には、多くの方たちの支援を受けた。コメンテーターの方たちに対しては、ソブリチャの意図を呈して、院生等の若手の研究者と先達にあたる研究者や実践家のコラボレーションを期待してご参加頂いたが、その意図は十全に発揮できたものと大変有り難く思っている。

先に紹介した共同調査や研究、セミナーの開催、本の編集・刊行、この様な活動を通して、ソブリチャの言う、日本とフィリピンの「遠さ」を少しずつ近づけて行きたいと願っている。

本書の編集には、ジェンダー研究センターの研究機関研究員であったニコルス林奈津子、彼女の渡米後は徐阿貴があたった。翻訳は、ニコルス林奈津子、徐阿貴と越智方美が担った。特に徐阿貴は、彼女自身の博士論文の単行本刊行と重なり、大変な時期であったにも拘わらず、丁寧に仕事を進めてくれたことに感謝している。そしてＩＧＳのスタッフと御茶の水書房の橋本育に対して、御礼の気持ちを伝えたい。

ようやく〈国際ジェンダー研究〉のシリーズとして五冊目の本を刊行できた。多くの外国人客員教授を迎えながら、様々な仕事に追われ、単行本として刊行出来ないことに忸怩たるものがあった。ここに来て、ジェンダー研究センターの外国人客員教授の夜間セミナーでの講義を基に、日本社会にむけて、アジアの女性学・ジェンダー研究の成果とその意義を伝える仕事を続けて遂行していきたい。

コメンテータープロフィール

原ひろ子（HARA　Hiroko）

城西国際大学大学院客員教授・放送大学教授（2004年当時），現在は城西国際大学客員教授，お茶の水女子大学名誉教授．専門領域は文化人類学，ジェンダー研究．主な著作に『ヘヤー・インディアンとその世界』平凡社，1989，"Modernity, Technology, and the Progress of Women in Japan: Problems and Prospects" in *Harvesting Feminist Knowledge for Public Policy*, Eds by Devaki Jain and Diane Elson, Sage Publications,　2011.

李 麗 華（LEE　Ryowhoa）

お茶の水女子大学大学院博士後期課程ジェンダー学際研究専攻．専門領域は韓国の性労働者運動からみるセクシュアリティと労働概念の変容に関する研究．主な論文に「韓国における「性売買防止法」制定運動をめぐるジェンダー・ポリティクス」『人間文化創成科学論叢』（お茶の水女子大学大学院人間文化創成科学研究科）第10巻，2007，ムン・ウンミ著・李麗華訳「「強制」から「自発」へのパラダイム転換―性労働概念の実践的争点―」及び同論文李麗華解題「性労働者の人権のための試み」『ジェンダー研究』（お茶の水女子大学ジェンダー研究センター）第12号，2009.

中村雪子（NAKAMURA　Yukiko）

お茶の水女子大学大学院博士後期課程ジェンダー学際研究専攻．専門領域はインドの開発とジェンダー．主な論文に“Discourse and Practice in the Women's Dairy Cooperative Movement: The Case of One WDCS, Barf-samiti, in Rajasthan, India” *Beyond the Difference: Repositioning Gender and Development in Asian and the Pacific Context, Ochanomizu University the 21st COE Program Frontiers of Gender Studies, Publication Series* No.32, 2008,「女性酪農協同組合が媒介するものは何か：インド・ラージャスターン州における現地調査からの一考察」『F-GENS ジャーナル』（お茶の水女子大学21世紀 COE プログラム「ジェンダー研究のフロンティア」）第9号，2007.

橋本ヒロ子（HASHIMOTO　Hiroko）

十文字学園女子大学社会情報学部教授（2006年当時），現在は十文字学園女子大学副学長・国連婦人の地位委員会日本代表．専門領域は女性政策．主な著

作に「フィリピン『安保理決議1325及び1820実施のための女性，平和，安全保障国内行動計画』策定過程及び日本へのインプリケーション」辻村みよ子他編『アジアにおけるジェンダー平等―政策と政治参画』東北大学出版会，2012,「理系コース所属女子高校生の意識と態度における日韓比較調査」『社会情報論叢』（十文字学園女子大学社会情報学部）第14号，2010.

太田麻希子（OTA　Makiko）
　お茶の水女子大学大学院人間文化研究科博士後期課程（2006年当時），現在は日本学術振興会特別研究員（大阪府立大学）．専門領域は，社会地理学，フィリピン研究，フィリピンにおける労働移動とジェンダー．論文に「重層する戦略の場としての住民組織―マニラ首都圏のスクオッター集落住民組織における女性の活動事例から」『アジア研究』55巻3号，2009,「マニラ首都圏のスラムにおける女性住民の生活実践―移動・就労・住民組織―」『女性学研究』18号，2011.

滝村卓司（TAKIMURA Takuji）
　JICA職員，国際開発学会会員．お茶の水女子大学非常勤講師，国立民族学博物館特別研究員を歴任．専門領域は，国際開発論，開発社会学，社会発展論．主な著作に「社会関係資本と参加型開発援助プロジェクト―JICAプロジェクトのレビューを通して」佐藤寛編『援助と社会関係資本　ソーシャルキャピタル論の可能性』アジア経済研究所，2001，「地域社会開発における開発課題とソーシャルキャピタル」国際協力事業団国際協力総合研修所編・刊『ソーシャルキャピタルと国際協力―持続する成果を目指して―【事例検討編】』2002.

臺丸谷美幸（DAIMARUYA　Miyuki）
　お茶の水女子大学大学院博士後期課程ジェンダー学際研究専攻．専門はアメリカ史，特にアジア系アメリカ人史，映画表象研究，オーラル・ヒストリー研究．主な論文に "Images of the Korean War in Hollywood from Gender and Ethnic Perspectives"『人間文化創成科学論叢』（お茶の水女子大学大学院人間文化創成科学研究科）第11巻，2009，「米国における朝鮮戦争像の形成と変遷―映画『グラン・トリノ』（2008）を巡って―」『人間文化創成科学論叢』（お茶の水女子大学大学院人間文化創成科学研究科）第13巻，2011.

兵藤智佳（HYODO　Chika）
　早稲田大学平山郁夫記念ボランティアセンター助教．専門は保健医療とジェ

ンダー．最近の主な活動は大学生によるエイズやドメスティックバイオレンスのプロジェクトの主催など．著書に『世界をちょっとでもよくしたい』早稲田大学出版，2010，「国際保健をめぐる政策決定プロセスにおける日本のNGOの役割と課題」日本国際交流センター，2009.

阪上晶子　(SAKAUE Akiko)

国際協力NGO（公財）ジョイセフ勤務を経て，開発コンサルタント．専門領域はセクシュアル／リプロダクティブ・ヘルス，国際保健．2011年現在ケニアにてJICAの地域保健戦略強化プロジェクトに従事．主な論文・活動に「日本のセックスワーカーにおけるＨＩＶ／ＳＴＤ予防のニーズ評価」第7回アジア・太平洋地域エイズ国際会議（ポスター共同発表）2005，「当事者から見た日本の母子保健・小児医療と障害児」『季刊　福祉労働』第120号，現代書館，2009.

村松安子（MURAMATSU Yasuko）

東京女子大学名誉教授．専門は 開発経済学，ジェンダーと開発．最近の主な著作に『「ジェンダーと開発」論の形成と展開—経済学のジェンダー化への試み』未来社，2005,「マクロ経済学のジェンダー化」辻村みよ子編『ジェンダー社会科学の可能性』第３巻，岩波書店，2011，『エンパワ－メントの女性学』(共編書）有斐閣，1995.

本山央子（MOTOYAMA　Hisako）

神戸大学大学院で国際政治学を研究．財団法人ユネスコ・アジア文化センター，国際環境NGO「FoE-Japan」を経て，2006年4月から現在までアジア女性資料センター事務局長．専門領域は，平和・安全保障とジェンダー，女性に対する暴力など．主な論文に「反転する自由—ブッシュ政権の『女性解放』」木戸衛一編著『「対テロ戦争」と現代社会』御茶の水書房，2006, “Gender Discriminatory Criminal Justice System as Keystone for US-Japan Military Alliance.” *Voices from Japan* No.21, 2008.

編者プロフィール

舘かおる（TACHI　Kaoru）

お茶の水女子大学ジェンダー研究センター教授．専門は女性学・ジェンダー研究．最近の主な編著・論文に『ジェンダー研究のフロンティア第4巻　テクノ/バイオポリティクス—科学・医療・技術のいま』作品社，2008,『女性とたばこの文化誌—ジェンダー規範と表象』世織書房，2011,「歴史分析概念としての『ジェンダー』」『思想』1036号，岩波書店，2010.

徐　阿貴（SEO Akwi）

お茶の水女子大学ジェンダー研究センター研究機関研究員．専門は国際社会学，エスニシティ・ジェンダー論．主な著作に「在日朝鮮人女性にみる世代間の連帯とエスニシティ」伊藤るり・足立眞理子編著『国際移動と〈連鎖するジェンダー〉』作品社，2008.『在日朝鮮人女性による「下位の対抗的な公共圏」の形成——大阪の夜間中学を核とした運動』御茶の水書房，2012.

訳者プロフィール

徐阿貴　　同上（1章・4章・5章・6章）

ニコルス林奈津子（NICHOLLS HAYASHI Natsuko）（1章）

Research Analyst and Project Manager, E-Textbook Initiative, University of Michigan Library. お茶の水ジェンダー研究センター研究機関研究員（2005－2007年），米ミシガン大学女性学ジェンダー研究センター研究員（2008年）．主な論文に「フェミニズムで探る人間の安全保障—国連女性開発基金の活動を中心として—」『国際政治』155号，2009.「国際政治学におけるジェンダー研究—アメリカの研究動向を中心として—」『ジェンダー研究』（お茶の水女子大学ジェンダー研究センター）第10号，2007.

越智方美（OCHI　Masami）（2章・3章）

国立女性教育会館 研究国際室 専門職員．専門領域は女性移民研究，開発とジェンダー．主な論文に「フィリピン人移住家事労働者の帰還と再統合をめぐる政治」『ジェンダー研究』（お茶の水女子大学ジェンダー研究センター）第13号，2010.「開発途上国における女性・女子教育の推進に係る研修」『NWEC 実践研究』第1号，2011.

岡　史子（OKA Fumiko）（7章）

ロンドンスクールオブエコノミクス博士後期課程在学（2008年当時）.

参考文献

Abad-Sarmiento, La-Rainne. 2003. "Fostering Gender Equality and Equity in Local Governance: A Comparative Study of the Experiences in the Philippines and Pakistan," *Review of Women's Studies*, Vol. 3, No. 2, July-December.

Action for Health Initiatives (ACHIEVE), Inc. 2004a. *For Good: Life Stories of Filipino Migrant Workers Living with HIV/AIDS*. Quezon City: ACHIEVE.

———. 2004b. *Report on the Seminar-workshop on Migration and HIV/AIDS for Foreign Service Personnel*. Quezon City: ACHIEVE.

Alan Guttamacher Institute. 2003. "Improving Reproductive Health in the Philippines," *Research Brief Series,* No. 1. New York.

American Academy of Physican Assistants. 2006, "Global Epidemic HIV/AIDS," May 01, 2006. http://www.aapa.org/policy/globalepidemic-hiv-aids.html.

Angeles, Leonora C. 1989. *Feminism and Nationalism: the Discourse on the Women Question and Politics of the Women's Movement in the Philippines*. Unpublished M.A. Thesis, University of the Philippines, Diliman, Quezon City.

Arao, Danilo. 1997. *Ibon Facts and Figures,* vol. 20, No. 3-4, pp. 15-28.

Asian Development Bank. 2001. *Key Indicators 2001: Growth and Change in Asia and Pacific*. Manila: Asian Development Bank.

AWID. 2002. "A Rights-based Approach to Development," Briefing Paper, Toronto: Association for Women's Rights in Development.

Barua-Yap, Marilyn B. 2003. "Engendering Development," *Review of Women's Studies*. Volume 13, No. 2, July-December.

Battad, E.D., Milagros Isabel Cristobal Amar, Rosalinda Pineda-Ofreneo, Flordeliza C. Vargas, Luz Raneses-Raval and Carolyn I. Sobritchea. 2006. *A Gender Review of Selected Economic Laws in the Philippines*. Quezon City: Center for Women's Studies, University of the Philippines.

Battistella, Graziano and C. Conaco. 1996. *Impact of Labor Migration on Children Left Behind*. Manila: Scalabrini Migration Center.

Bautista, Gemelino M. 2003. *An Assessment of the Philippine Economy.*

Bridge, Emma. 2002. "Gender and HIV/AIDS: Spotlighting Inequality," *InBrief,*

Issue 11, September 2002.

Brooks, Ann. 1997. *Postfeminisms: Feminism, Cultural Theory and Cultural Forms*. New York: Routledge Press.

CATW-Asia Pacific (Coalition Against Trafficking in Women-Asia Pacific). 1987. *Promoting Women's Rights/Fighting Sexual Exploitation* (Information Kit), Manila: Author.

Carlos, Cecilia, Virginia Miralao and Aida Santos. 1990. *Women Entertainers in Angeles and Olongapo: A Survey Report*, Quezon City: Women's Education, Development, Productivity and Research Organization (WEDPRO) and KALAYAAN.

Center for Women's Global Leadership, the NGO Committee on the Status of Women and the Women's Environment and Development Organizations, 2005. *2005 CSW Review of the Beijing Platform for Action (Beijing+10) NGO Discussions at the 4th Session of the Commission on the Status of Women (March 1-12, 2004)*. Unpublished report.

Center for Women's Resources. 1995. "Subcontracting. Reinforcing Women's Stubordination and Economic Exploitation," *Piglas Diwa*, Vol. 8, No. 1.

Center for Women's Studies, University of the Philippines. 2003. *National Summit of Women Local Chief Executives and Legislators: Summit Proceedings*. Quezon City.

———. 2004. "Rights-Based Approach to Gender Mainstreaming: A Training Manual". Unpublished material.

———. "Advancing Women's Human Rights in the Philippines," *Pananaw*, Vol. XVI, No. 1. University of the Philippines.

Charkiewicz, Ewa. 2004. "Beyond Good and Evil: Notes on Global Feminist Advocacy," *Women in Action*. http://www.isiswomen.org/pub/wia/wia2-04/ewa/htm. accessed 4/22/2006.

CIDA and MATCH. 1990. *Manual for Gender Training*, Ottawa: Authors.

D'Cunha, Jean. 2005. Claim and Celebrate: Women's Migrants' Human Rights through CEDAW: A Briefing Paper. UNIFEM.

De Dios, Aurora Javate. 1994. "Triumphs and Travails: *Women's Studies in the Academy", Women's Studies Women's Lives: Theory and Practice in South and Southeast Asia*, eds. Committee on Women's Studies in Asia, New Delhi: Kali for Women.

De Dios, E.S. 1999. *The Economic Crisis and Its Impact on Labour*. Quezon

City: Philippine Center for Policy Studies.

De la Cruz, L.J., M. Paderon, and G.M. Bautista. 2003. *Policy and Literature Review: The Impact of Trade Liberalization on the Philippine Agricultural Sector. Final Project Report*, Quezon City: Institute of Philippine Culture, Ateneo de Manila University.

De Onis, Mercedes, Edward A Frongillo and Monika Blossner. 2000. "Is malnutrition declining? An analysis of changes in level of malnutrition since 1980," Bulletin of the World Health Organization 2000, Vo. 78, No.10.

Eviota, Elizabeth Uy. 1992. *The Political Economy of Gender: Women and the Sexual Division of Labour in the Philippines*, London and New Jersey: Zed Books Ltd. (reprinted by Institute of Women's Studies, St. Scholastica's College, Manila).

Gender and Health. 2003. *Gender and HIV/AIDS*. n.p.

George, Susanna. 2004. "Mainstreaming Gender as a Strategy: A Critique from a Reluctant Gender Advocate," *Women in Action*. http://www.isiswomen.org/pub/wia2-04/susanna.htm. accessed 4/22/2006.

Gomez, Maita. 1987. "Women's Organizations as Offshoots of National Political Movement," *Essays on Women*, Mary John Mananzan, ed., Manila: Institute of Women's Studies.

Guerra, Mary Grace and A. Anonuevo. 2002. "Lola, Tita, Ate … Nanay ko rin? Caretakers as Mothers." *Coming Home: Women, Migration and Reintegration*. Estrella Anonuevo and Augustos Anonuevo eds., Balikbayani Foundation, Inc. and ATIKHA Overseas Workers and Communities Initiatives, Inc.

Guinan, Mary E. and Laura Leviton. 1995. "Prevention of HIV Infection in Women: Overcoming Barriers," *Journal of American Medical Women's Association*.

Illo, Jeanne Frances ed. 1989. *Gender Issues in Rural Development*, Quezon City: Institute of Philippine Culture, Ateneo de Manila University.

Illo, Jeanne Frances 1999. *As Confidence Falters and Markets Crash, People Get Crushed: An Overview of the Asian Crisis*. Quezon City: Institute of Philippine Culture, Ateneo de Manila University.

Illo, Jeanne Frances and Rosalinda Pineda Ofreneo eds., 2002. *Carrying the Burden of the world: Women Reflecting on the Effects of the Crisis on*

Women and Girls, Quezon City: University of the Philippines Center for Integrative and Development Studies.

IRRI (International Rice in Research Institute). 1985. Women in Rice Farming, Vermont: Gower Publishing Company.

Japanese Embassy in the Philippines. 2006. "ODA: Official Development Assistance," http://www.ph.emb-japan.go.jp/oda/oda.htm.2006, accessed 4/11/2006.

Kanlungan Center Foundation. 2002. *Fast Facts on Filipino Labor Migrarion*. Quezon City.

Knodel, John, Wassana Im-Em and Chanpen Saengtienchai. 2000. "The Impacts of HIV/AIDS on Older Populations in Developing Countries: Some Observations Based on the Thai Case," *Journal of Family Issues*, Vol. 21, No. 6.

Lipton, Michael and M. Ravallion. 1995. "Poverty and policy". J. Behrman and T.N. Srinivasan, ed., *Handbook of Development Economics,* vol. 3. Amsterdam: North Holland.

Lynn, F. and Aida F. Santos. 1989. "The Debt Crisis: A treadmill of Poverty for Filipino Women," Quezon City: KALAYAAN.

Malay, Armando, Jr. 2001, "Searching for a Moderate Alternative: the Philippine Experience in the 1980's," *Colonialism, Authoritarianism, Democratization and Human Rights in South East Asia,* Gwangju City: Chonnam National University.

Mananzan, Mary John. 1987a. "The Filipino Women: Before and After the Spanish Conquest of the Philippines," Essays on Women, Mary John Mananzan ed., Manila: Institute of Women's Studies.

———.1987b. "Sexual Exploitation of Women in a Third World Setting," *Essays on Women*, Mary John Mananzan ed., Manila: Institute of Women's Studies.

Marcoux, Alain. 1997. The Feminization of Poverty: Facts, Hypotheses and the Art of Advocacy. http://www/fao/org/WAICENT/FAOINFO/SUSTDEV/Wpdirect/Wpan0015.htm.

Marks, S.P. 2003. "The Human Rights Framework for Development: Seven Approaches," *Working paper* No. 18. Francoise-Xavier Bagnoud Center for Health and Human Rights, Harvard University.

NCRFW (National Commission on the Role of Filipino Women). 2001.

Framework Plan for Women. Manila: NCRFW.

———. 2002. *Gender Mainstreaming and Institutionalization in the Budgeting Process*. Manila: NCRFW.

———. 2003. *On the Mainstream: Women's Agenda and Women's Empowerment: Term Report 1998-2001*. Manila.

———. 2004a. "Philippine Response to the 2003 UN committee on the Status of Women Questionnaire on PFA Implementation." Unpublished paper.

———. 2004b. *Framework Plan for Women (2000-2004)*. Manila.

———. 2005a. *Report on the State of Filipino Women, 2001-2003*. Manila.

———. 2005b. *Fact Sheet on Filipino Women: 10 years After Beijing*. Manila: NCRFW.

———. 2006. *Women's Realities and Rights: A CEDAW Brief*. NCRFW, UNIFEM and CIDA.

———. N.d. *From the Margins to the Mainstream: Six years of Advancing Gender and Development in Government, 1992-1998*. Manila.

National Statistical Coordination Board. 2003. *Philippine Statistical Yearbook*. Makati City, Philippines.

Nolasco, Cynthia. 1987. "The Women problem: Gender, Class and State Oppressions," *Essays on Women*, Mary John Mananzan ed., Manila: Institute of Women's Studies.

Ofreneo, Rosalinda Pineda. 1997. "Globalization, Women and Work: Three Years After Beijing." Paper presented for the Philippine NGO Beijing Score Board (PBSB).

———. 1998. "The Economic Crisis: Impact on Labor and Labor Relations." Paper presented at the Anniversary Seminar on Labor, Work and Employment of Labor the Freedom from Debt Coalition (FDC) held at the University of the Philippines Labor and International Relations (SOLAIR), November 18. 1998.

Pagaduan, Maureen. 1989. "National Liberation and Women's Liberation: the Split View," *Diliman Review*, Vo. 40, No. 4.

Pingol, Alice T. 2001. Remarking Masculinities: *Identity, Power, and Gender Dynamics in Families with Migrant Wives and Househusbands*. Quezon City: UP-Center for Women's Studies and the Ford Foundation.

Quisumbing, Agnes R., Lawrence Haddad and Christine Pena. 1995. "Gender and poverty: new evidence from 10 developing countries". FCND

Discussion Paper No. 9. Washington: IFPRI.

Rathgeber, Eva M. 1999. "WID, WAD, GAD: Trends in Research and Practice," *Journal of Developing Areas*, 24.

Republic of the Philippines. 2003. *National Statistics Office*. (Unpublished report)

Rodriguez, Luz Lopez. 1990. "Patriarchy and Women's Subordination in the Philippines", *Review of Women's Studies*, 1(1).

Rodriguez, Luz and Sobritchea, Carolyn. 2003. *Mapping of Gender Mainstreaming Initiatives in Selected LGUs*. NCRFW. Unpublished report.

Santiago, Lilia Quindoza. 1997. *Sa Ngalan ng Ina: Sandaang Taon ng Tulang Feminista sa Pilipinas 1889-1989*, Quezon City: University of the Philippines Press.

Santos, Aida. 1984. "The Philippine Women's Movement: Problems of Perception," *Proceedings: Seminar to Prepare the Alternative Philippine Report on the Impact of the Decade for Women*, Quezon City: PILIPINA.

———. 1987. "Do Women Really Hold UP Half the Sky?" Essays on Women, Mary John Mananzan (ed.), Manila: Institute of Women's Studies. Reprinted in Carolyn I. Sobritchea (ed.) (2004), *Gender, Culture and Society: Selected Readings in Women's Studies in the Philippines, Seoul*: Ewha Womans University Press.

Sobritchea, Carolyn I. 1987. "Gender Ideology and the Status of Women in a Philippine Rural Community," *Essay on Women*, Mary John Mananzan (ed.), Manila: Institute of Women's Studies.

———. 1999. *Survey of Programmes for Women and Children in the Philippines*. Quezon City: Center for Women's Studies, University of the Philippines, and Consuelo Foundation, Inc.

———. (ed). 2001. *Gender Violence: Its Socio-Cultural Dimensions*. Quezon City, University Center for Women's Studies.

———. 2003. "Reconstructing Motherhood: The Experiences of Female Filipino Overseas Workers", Paper presented at the International Workshop on Working and Mothering: Asian Women Negotiating Work Challenges and Family Commitments, Asian Research Institute, National University of Singapore, January 29-31, 2003.

———. 2004a. "Women's Movement in the Philippines and the Politics of Critical Collaboration with the State," Lee Hock Guan, (ed.), *Civil Society in Southeast Asia*. Singapore: Institute of Southeast Asian Studies.

———. 2004b. "The Second Wave of Women's Movement in the Philippines and the Evolution of Feminist Politics," *Gender, Culture and Society: Selected Readings in Women's Studies in the Philippines*, ed. Carolyn I. Sobritchea, Seoul: Ewha Womans University Press.

———. 2004c. "The Theory and Practice of Women's Studies in the Philippines," *Women's Studies in Asia Pacific*, Bangkok: UNESCO.

———. 2005a. "Representations of Gender Inequality and Women's Issues in Philippine Feminist Discourses," Asian Journal of Women's Studies. Vol. 11, No.2, 2005. pp. 67-88.

———. 2005b. "Gender and the Prevention and Control of HIV/AIDS in the Philippines", paper presented at the Forum on Gender Issues and HIV/AIDS: Trends and Practices in Southeast Asia. Institute of Southeast Asian Studies, National University of Singapore, December 4-6, 2005.

———. 2006. "Advancing Women's Economic Rights through CEDAW," Battad et. al. eds., *A Gender Review of Selected Economic Laws in the Philippines*. Quezon City: Center for Women's Studies, University of the Philippines.

Taguiwalo, Judy M. 1998. "Women and the Economy or the Limits of Gender Mainstreaming or Gender Sensitization," *UP and the Nation in the Next 100 Years*, UP Faculty Conference Report, Quezon City: University of the Philippines.

Taylor, Viviene. 2000. *Marketization of Governance: Critical Feminist Perspectives from the South*, Cape Town: SADEP.

TESDA Women's Center. 1999. Newsletter. Vol. 1, No. 1, January (1999).

———. 2004. "Helping Women Work," http://www.jijigaho.or.jp/app/0412/eng/sp10.html, accessed 4/17/2006.

———. 2005. "A Study of Employment Opportunities for Women in TWC's 12 Trade Areas". Manila: A Project Report Submitted to TESDA Women's Center.

———. 2006. *A Report on the Results of the Evaluation of the International Training Program (ITP) on GAD Based Entrepreneurship Development in TVET*. Unpublished research report.

TESDA Women's Center Brochure, n.d.

The Philippine NGO Beijing+10 Report Team. 2005. *Celebrating Gains, Facing New Challenges: A Report of Philippine NGOs*, Quezon City: Department

of Women and Development Studies, University of the Philippines, Women's Studies Program, Institute of Philippine Culture, Ateneo de Manila University and Center for Women's Studies, University of the Philippines.

Tsikata, Dzodzi. "The Rights-Based Approach to Development: Potential for Change or More of the Same?" Community Development Resources Association website – www.cdra.org.za

UNAIDS. 2000. "A Report on the Global HIV/AIDS Epidemic," December.

———. 2010 *Core Slides: Report on the Global AIDS Epidemic.*

UNAIDS. n.d. "Women and their Vulnerability," *Women and Gender and HIV/AIDS in East and Southeast Asia.* n.p.

UNCCD. http://www.gm-unccd.org/FIELD/Analyses/AID_policy.pdf, 2006, accessed 4/14/2006.

UNDP. 1995. Human Development Report（人間開発報告書）. New York.

UNDP, 2002. Human Rights Development Second UNCT Training Workshop on Rights-Based Approach to Development Programming, 5-8, June 2002.

UNDP. 2003. Human Development Report（人間開発報告書）. New York.

UNDP. 2004. *2003 Human Rights Development, 2nd UNCT Training Workshop on Rights-Based Approach to Development Programming and from the Center for Women's Studies*, University of the Philippines. Rights-Based Approach to Gender Mainstreaming.

UNESCAP, 2005. Emerging Social Issues Division, "Gender and HIV/AIDS in Asia and the Pacific Region," Gender and Development Discussion paper, Series No. 18, n.p.

UNFPA. 2005. "Child Marriage Fact Sheet." *State of World Population 2005.*

UNICEF. 1994, *Gender Equality and Women's Empowerment: A training Package*, Developed by Sarah Longwe and Associates NY: GAD Section, Reading No.3.

UNIFEM, East and Southeast Asia Regional Office. *Women, Gender and HIV/AIDS in East and Southeast Asia*, n.p.

United Nations Philippines. 2004 "United Nations Implementation Support Plan to the Philippine Response to HIV/AIDS." Unpublished report. In Sobritchea, Carolyn. 2005b. "Gender and the Prevention and Control of HIV/AIDS in the Philippines." Paper read at the ISEAS Forum on

Gender Issues and HIV/AIDS: Trends and Practices in Southeast Asia, December 5, 2005. Institute of Southeast Asian Studies. Singapore.

United Nations Population Fund, Social Watch and the Women's Studies Association of the Philippines. 2005 *A Report of Philippine NGOs*. Quezon City.

Welbourn, Alice, 2006, "Women with HIV/AIDS: Commonwealth Casualties", *The Commonwealth Health Ministers Reference Book*.

WHO. 2003. "Gender and HIV/AIDS," *Gender and Health*. November 2003.

Wolffers, Ivan, Paula Kelly and Anke Van Der Kwaak. 2004. "Sex Work in Times of AIDS, Caught Between the Visible and Invisible," Evelyn Micollier (ed.), *Sexual Cultures in East Asia: The Social Construction of Sexuality and Sexual Risk in a Time of Adis*. London and New York: Routledge Curzon.

Women in Action. "Gender Mainstreaming: An Obsolete Concept? A Conversation between to long-time feminist activists," ISIS International. http://www.isiswomen.org/pub/wia/wia2-04/marilee.hitm, accessed 4/22/2006.

Women's Studies Association of the Philippines. 2000. "The Diliman Declaration to advance the national commitments to the Beijing Platform for Action." *WSAP Newsletter*. Manila.
http://kyotoreview.ceas.kyoto-u.ac.jp./issue/issue3/article_277.html.

＊本書の第1章から第5章は、お茶の水女子大学ジェンダー研究センター夜間セミナー「女性の人権尊重とジェンダー平等の推進―フィリピン及びアジア諸国の経験から―」（講師：C. ソブリチャ、2006年）をもとにしている。セミナー時に参考テキストとして提示した文献を以下に掲げる。

第1章

Sobritchea, Carolyn. 2005. "Representations of Gender Inequality and Women's Issues in Philippine Feminist Discourses." *Asian Journal of Women's Studies*, 11(2): 67-88.（邦訳を本書第6章として収録）

Mohanty, Chandra T. 1997. "Under Western Eyes: Feminist Scholarship and Colonial Discourses." In Kemp, Sandra and Judith Squires eds. *Feminisms*. Oxford: Oxford University Press.

Brooks, Ann. 1997. "Consensus and Conflict in Second Wave Feminism: Issues

of Diversity and 'Difference' in Feminist Theorising." In Brooks, Ann ed. *Post Feminisms: Feminism, Cultural Theory and Cultural Forms*. London and New York: Routledge.

第2章

Sobritchea, Carolyn. 2001. "Women in Southeast Asia: Have They Come a Long Way?" *Perspectives*. No. 4. Manila: Konrad-Adenauer-Stiftung.

National Commission on the Role of Filipino Women. 1998. *From the Margins to the Mainstreaming: Six Years of Advancing Gender and Development in Government*. Manila: National Commission on the Role of Filipino Women.

第3章

Sobritchea, Carolyn. 2006. "A Report on the Results of the Evaluation of the International Training Program (ITP) on GAD Based Entrepreneurship Development in TVET Conducted by the TESDA Women's Center and JICA, Philippines."

TESDA Women's Center. 2005. *A Study of Employment Opportunities for Women in TWC's 12 Trade Areas*. Manila: JICA Philippines.

第4章

Sobritchea, Carolyn. 2005. "Gender and the Prevention and Control of HIV/AIDS in the Philippines." Paper read at the ISEAS Forum on Gender Issues and HIV/AIDS: Trends and Practices in Southeast Asia, December 5, 2005, Institute of Southeast Asian Studies, Singapore.

Micollier, Evelyne. 2004. "Introduction." In Micollier, Evelyne ed., *Sexual Cultures in East Asia: The Social Construction of Sexuality and Sexual Risk in a Time of AIDS*. London and New York: Routledge Curzon.

第5章

Sobritchea, Carolyn. 2006. "Introduction: Advancing Women's Economic Rights through CEDAW," in E.D. Battad et al, eds., *A Gender Review of Selected Economic Laws in the Philippines*, UNIFEM and UP Center for Women's Studies University of Philippines, pp.1-16.

UNIFEM, 2005. "Introduction" and "CEDAW's Uniqueness: An Overview," in *Claim and Celebrate: Women Migrants' Human Rights through CEDAW*. UNIFEM Jordan Office, pp.iii-iv and pp.1-17.

NCRFW, UNIFEM, and CIDA. 2006. *Women's Realities and Rights: A CEDAW Brief*. Manila: NCRFW.

(日本語文献)

＊フィリピン人女性に関する参考文献として、フィリピン国内の女性運動および政策に限らず、国際移動や表象の問題を含め、比較的入手しやすい日本語文献を収録した。(本書の出典は英語参考文献リストを参照のこと)

伊藤るり・足立眞理子編著, 2008『国際移動と〈連鎖するジェンダー〉——再生産領域のグローバル化 』作品社.

エヴィオータ, エリザベス・ウィ, 2000『ジェンダーの政治経済学——フィリピンにおける女性と性的分業』(佐竹眞明, 稲垣紀代訳) 明石書店.

小ヶ谷千穂, 2005「海外就労と女性のライフコース——フィリピン農村部の若年シングル女性と世帯内関係を手掛かりに」『ジェンダー研究』(お茶の水女子大学ジェンダー研究センター) 第8号.

————, 2007「国際移動とジェンダー——フィリピンの事例から」宇田川妙子・中谷文美編『ジェンダー人類学を読む』世界思想社.

織田由紀子, 2000「フィリピンの公教育におけるジェンダーと女性政策」『国際教育協力論集』第3巻第2号.

越智方美, 2010「フィリピン人移住家事労働者の帰還と再統合をめぐる政治」『ジェンダー研究』(お茶の水女子大学ジェンダー研究センター) 第13号.

カラカサン移住女性のためのエンパワメントセンター・反差別国際運動日本委員会, 2006『移住女性が切り拓くエンパワメントの道—— DV を受けたフィリピン女性が語る』反差別国際運動日本委員会.

クラウディオ, シルビア・エストラーダ, 2010「女性に対する暴力撲滅の取組——フィリピンの経験から」『平成21年度女性のエンパワーメント国際フォーラム報告書:女性に対する暴力の撲滅に向けて』国立女性教育会館.

ゴウ, リサ・鄭暎恵, 1999『私という旅——ジェンダーとレイシズムを越えて』青土社.

佐竹眞明, メアリー・アンジェリン ダアノイ, 2006『フィリピン——日本国際結婚——移住と多文化共生』めこん.

篠崎香子, 2004「「矛盾した階級移動」をめぐる3つの交渉の類型——在独フィリピン人移住家事労働者の事例から」『ジェンダー研究』(お茶の水女子大学ジェンダー研究センター) 第7号.

ジャヤワルダネ, クマーリ, 2006「フィリピンの民主的権利と女性の闘い」(岩井美佐紀訳) ジャヤワルダネ著, 中村平治監修『近代アジアのフェミニズムとナショナリズム』新水社.

鈴木伸枝，1997「首都圏在住フィリピン人既婚女性に関する一考察——表象と主体性構築過程の超国民論からの分析」『ジェンダー研究』（お茶の水女子大学ジェンダー研究センター）第1号.
武田丈編著，2005『フィリピン女性エンターテイナーのライフストーリー　エンパワーメントとその支援　Batis Center for Women』関西学院大学出版会.
ダトゥィン，フロウデッツ・メイ・V，1996「フィリピンにおける女性学の動向」『アジア女性研究』第5号.
DAWN，2005『フィリピン女性エンターテイナーの夢と現実』明石書店.
パレーニャス，ラセル，2008「家族を想うということ——フィリピン人海外就労の経済的原因におけるジェンダー作用」（越智方美・大橋史恵訳）伊藤・足立編，前掲書.
バリオス，ジョイ，2007「交換される身体，奪われる生，貧困と軍事化のなかのフィリピン女性」（河合大輔訳）『アジア現代女性史』第3号.
バレスカス，マリア・ロザリオ・ピケロ，1994『フィリピン女性エンターテイナーの世界』（津田守監訳）明石書店.
フィリピン大統領府フィリピン女性の役割全国委員会，1997『フィリピンの女性（アジア女性史シリーズ No. 5)』（アジア女性交流・研究フォーラム訳）アジア女性交流・研究フォーラム.
藤目ゆき，2005「タイとフィリピンにおける売春禁止主義とフェミニズム」『アジア現代女性史』創刊号.
ラムーグ，コラソン・B，1997「フィリピンにおける女性の政治参加と経済的参加」（金子幸子訳）林玲子・柳田節子監修，アジア女性史国際シンポジウム実行委員会編『アジア女性史——比較史の試み』明石書店.

フィリピンの主要女性団体一覧

名称	優先的に取り組んでいる分野	プログラム/サービスの内容
Gender Resource Network	ジェンダーと開発問題を専門として、政府機関、NGOおよび民間セクターで技術的支援を供与している大学教員、研究者およびNGO従事者から構成される全国ネットワーク	・ジェンダー・プランニング、ジェンダー予算、ジェンダー主流化等のトレーニング ・ジェンダー調査 ・モニタリングおよび評価業務に関する技術的支援
Coalition against Trafficking in Women (CACTWA), Philippines	虐待、人身売買および売春の被害女性。フィリピンおよびアジア太平洋地域間の連携	・トレーニング、教育 ・調査研究、出版 ・アドボカシー・キャンペーン ・人身売買事件での照会業務 ・グループ組織化"
Freedom from Debt Coalition (FDC) Women's Committee	工業、農業、インフォーマルセクター、NGO、政党、若者	・政策分析 ・調査研究 ・教育 ・アドボカシー・キャンペーン ・ジェンダー・トレーニング
GABRIELA-National Women's Alliance	都市部及び地方の貧困女性、性暴力被害者、先住民女性、女性労働者、国際組織の国内支部としての役割	・組織化 ・ネットワーク形成 ・教育およびトレーニング ・政策分析 ・調査研究 ・アドボカシー・キャンペーン
Katipunan ng Kababaihan para sa Kalayaan (Women's Movement for Independence)	学術研究ならびに開発実務に従事するフェミニストのための全国組織	・女性の立場にたった調査研究 ・トレーニングおよび政策提言
SARILAYA (Socialist Feminist Organization)	都市および地方の貧困女性に関する全国組織	・組織化 ・コミュニティ調査研究 ・ジェンダー・トレーニング ・アドボカシー・キャンペーン
Women's Studies Association of the Philippines (WSAP)	教師、教育機関職員、政策立案者、学生	・女性学/ジェンダー研究のカリキュラム開発 ・調査研究、出版 ・フェミニスト研究、教育、カウンセリング分野のトレーニング ・アドボカシー・キャンペーン
Ugnayan ng Kababaihan sa Pulitika (Organization of Women in Politics)	選挙および立法改革に関心がある女性	・アドボカシー・キャンペーン ・政治的リーダーシップを目的とした女性のためのトレーニング ・ネットワーキング
Network Opposed to Violence Against Women Migrants	女性移民、国内外の組織との連携	・アドボカシー ・調査研究、政策分析
Pilipina (Kilusan ng Kababihang Pilipina, The Philippine Women's Movement)	政治活動に関わる女性、 女性のコミュニティ・リーダー	・トレーニング ・アドボカシー、ネットワーキング ・政策分析
Women's Action for Development (WAND)	女性の政治経済的エンパワーメントのためのアドボカシー活動を行う女性団体の全国組織	・調査研究 ・政策分析 ・コミュニティ組織化
Women's Education, Development and Productivity Research and Advocacy Organization, Inc (WEDPRO, Inc.)	売春など性暴力被害女性たちを支援する女性	・調査研究 ・組織化 ・アドボカシー ・カウンセリング、その他社会的サービス
Women's Feature Service	女性ジャーナリスト、地方支部の全国組織	・女性の立場からのメディア形成 ・アドボカシー ・トレーニング
Women's Action for Development (WAND)	女性の政治経済的エンパワーメントのためのアドボカシー活動を行う女性団体の全国組織	・調査研究 ・政策分析 ・コミュニティ組織化
Women's Education, Development and Productivity Research and Advocacy Organization, Inc (WEDPRO, Inc.)	売春など性暴力被害女性たちを支援する女性	・調査研究 ・組織化 ・アドボカシー ・カウンセリング、その他社会的サービス
Women's Feature Service	女性ジャーナリスト、地方支部の全国組織	・女性の立場からのメディア形成 ・アドボカシー ・トレーニング

C. Sobritchea 作成（2011年現在）

フィリピン女性地位向上に関する年表

年	女性組織の設立およびフィリピン政府による女性政策	女性の地位向上に関する国際的な出来事
1912-1935	女性グループによる女性の国政参政権および政策参画の権利を求めた第一波女性解放運動	
1970	マキバカ（MAKIBAKA, Malayang Kilusan ng Bagong Kababaihan 新しい女性の自由な運動）創立。フィリピンにおける共産主義運動、民主化革命を支援する女性たちの組織化。	
1975	フィリピン女性の役割委員会（NCRFW, The National Commission on the Role of Filipino Women）創立に関する大統領令	第1回世界女性会議（メキシコ・シティ）
1976		平等、開発、平和を目指す国連女性の10年（～1985年）
1979		国連での女子差別撤廃条約（CEDAW）採択
1980		第2回世界女性会議（コペンハーゲン）
1981	国連女子差別撤廃条約の批准 ピリピナ（PILIPINA, Kilusan ng Kababaihang Pilipina フィリピン女性運動）創立。開発事業への参画における男女平等を求める女性グループの全国ネットワーク。	
1983	学術研究、マスメディア、NGOに従事するフェミニスト組織であるカラヤーン（KALAYAAN, Katipunan ng Kababihan Para Sa Kalayaan, 自由のための女性運動）創立	
1984	ガブリエラ（GABRIELA, General Assembly Binding Women for Reform, Integrity, Leadership, and Action, 改革・統合・リーダーシップ・行動のための女性連合）	
1985		第３回世界女性会議（ナイロビ）
1986	フィリピン民衆革命。コラソン・アキノ大統領就任	
1987	フィリピン共和国憲法へのジェンダー平等原則の統合。 マニラ首都圏6大学による女性学コンソーシアム創立	
1989	第1次フィリピン女性開発計画（PDPW, 1989-1992）	
1990	メールオーダーブライド禁止法立	
1991	開発と国家建設における女性法	
1992	フィリピン女性学研究学会（Women's Studies Association of the Philippines, WSAP）設立 ジェンダー配慮型開発に向けたフィリピン計画（PPGD, 1995-2025, 国家開発への女性の参画および受益を促進する政策、戦略、プログラム、プロジェクトのための30年計画。行政令273号により、1995年北京行動要綱実施のために採用された）	
1994		国際人口開発会議（カイロ）におけるリプロダクティブ・ヘルス・ライツ概念の提唱 国連総会における女性に対する暴力撤廃宣言採択
1995	セクシュアル・ハラスメント防止法制定	第4回世界女性会議（北京）
1997	レイプ防止法制定	
2003	ジェンダー配慮型ガバナンスのためのマニラ宣言 人身取引防止法制定	
2004	女性とその子どもに対する暴力防止法制定	
2005	ジェンダーと開発（GAD）予算に関する法制定	北京プラス５会議（ニューヨーク）
2009	フィリピン女子差別撤廃条約監視ネットワーク（CEDAW Watch Philippines）設立 女性のためのマグナカルタ法成立。同法の下、フィリピン女性の役割委員会はフィリピン女性委員会に改称	

C. Sobritchea及び徐阿貴作成

キャロリン・ソブリチャ（Carolyn Israel SOBRITCHEA）

フィリピン大学で文化人類学博士号を取得後、同大女性学トレーニング・エクステンションサービス副所長、女性学研究センター長を歴任。現在同大フィリピン研究教授・アジアセンター長。2006年4月～6月までお茶の水女子大学ジェンダー研究センター外国人客員教授。研究領域は、フィリピン女性研究。特にジェンダー・イデオロギー、性と生殖の健康と権利、評価指標研究、GADの問題を重視。DVや貧困とジェンダーに関する国内外プロジェクトのリーダーを務め、教育カリキュラムにおけるジェンダー平等促進に精力を傾ける。フィリピンやアジア諸大学での女性研究／ジェンダー研究プログラム設立にも貢献。1995年の北京世界女性会議、北京プラス5、北京プラス10に正式代表として参与。国連女性の地位委員会でも報告。

主な編著作に、*Health of Our Heroes: Qualitative Study on Access to Sexual and Reproductive health Services and Information of Women Migrant Domestic Workers*（Quezon City: Action for Health Initiatives, 2010）, *Gender, Culture and Society: Selected Readings in Women's Studies in the Philippines*（Seoul: Ewha Woman's University, 2005）等がある。

シリーズ〈国際ジェンダー研究〉別巻②

フィリピンにおける女性《じょせい》の人権尊重《じんけんそんちょう》とジェンダー平等《びょうどう》

2012年5月21日　第1版第1刷発行

著　者　キャロリン・ソブリチャ

編　者　舘　かおる
　　　　徐　阿　貴

訳　者　徐　阿　貴
　　　　越　智　方　美
　　　　ニコルス林奈津子

発行者　橋　本　盛　作

発行所　株式会社御茶の水書房

〒113-0033　東京都文京区本郷 5-30-20
電 話　03-5684-0751

装幀　谷田　幸

本文組版・印刷・製本　東港出版印刷(株)

Printed in Japan

ISBN978-4-275-00974-6　C3030